더 스튜던트

THE STUDENT: A SHORT HISTORY by Michael S. Roth
Copyright ⓒ 2023 by Michael S. Roth
All rights reserved.
This Korean edition was published by SOSO(Ltd.) in 2025 by arrangement with Michael S. Roth c/o Georges Borchardt, Inc. through KCC(Korea Copyright Center Inc.), Seoul.

이 책은 (주)한국저작권센터(KCC)를 통한 저작권자와의 독점 계약으로
(주)소소에서 출간되었습니다.
저작권법에 의해 한국 내에서 보호를 받는 저작물이므로
무단전재와 복제를 금합니다.

배움의 재발견

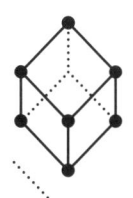

마이클 S. 로스 지음

더 스튜던트

윤종은 옮김

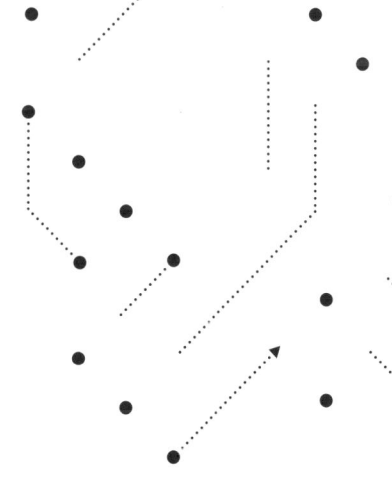

THE STUDENT
A SHORT HISTORY

찰스 살라스에게

| 서문 |

무지를 인정하다

나는 오랫동안 교사이자 학생이었다. 고등학생 때는 아이들을 가르치다가 여름이면 수영 강사로 일했다. 1970년대 초의 일이었다. 이후 역사학 박사과정에 진학해서는 학부생들을 가르치기 시작했다. 얼마나 신이 났는지 모른다. 혈기가 왕성했던 그때, 교육에 관해 허심탄회하게 이야기를 나눌 생각으로 그전까지 출입할 수 없었던 교수 휴게실로 뛰어들곤 했다. 보통은 별다른 소득이 없었다. 노련한 교사라면 수업을 위해 열정을 아껴둘 테니 당연한 일이었다. 다른 선생님들이 나의 열정적인 모습에 놀랐을까? 적어도 나는 그랬다. 교단에 서는 일이 어찌나 즐거운지 나 자신도 놀랄 정도였다. 내가 학생으로서 배우는 일을 얼마나 좋아하는지는 잘 알고 있었다. 하지만 그와 같은 애정이 이를테면 방정식의 반대편으로까지 고스란히 이어지리라곤 확신하지 못했다. 나는 교사와 학생이 이루는 방정식을 사랑한다. 좋은 학생은 교사를 더 나은 방향으로 이끌며, 훌륭한 교사는 학생들이 자기 자신에게 품은 기대조차 뛰어넘도록 배움에 동기를 불어넣을 수 있다.

학창 시절 나는 학구열이 넘치는 공붓벌레였다. 아마 선생님들을 기쁘게 하려는 마음도 있었을 것이다. 특히 웨슬리언 대학에 다니며 뛰어난 교사는 학생의 도전을 즐긴다는 사실을 깨달은 뒤에는 그런 마음이 더욱 커졌다. 나는 늘 학생으로서 배우기를 즐겼다. 그렇기에 강사가 되어서도 강의와 세미나를 듣고 동료들에게 질문하는 등 학생의 역할을 계속할 방법을 찾았다. 처음으로 교수직을 맡은 스크립스 칼리지에서는 인문학 연구소를 만들어 인문학 분야의 동료 교수와 고학년 학부생들이 서로 배우고 명사를 초청할 장을 마련했다. 돌이켜보면 이것은 내가 교사와 학생 간의 방정식에서 학생 쪽에 발을 걸치는 방법 중 하나였다.

몇 년 뒤, 나는 게티 연구소Getty Research Institute에서 연구 지원 프로그램을 운영하는 일을 맡았다. 동료들과 나는 흥미로우면서도 정답이 없어 보이는 주제를 선정했고, 이를 연구하기 위해 전 세계의 저명한 연구자와 예술가들이 로스앤젤레스로 모여들었다. 나의 역할은 주간 세미나를 이끄는 것이었지만, 이 일은 학부 시절 경험했던 지적 모험심을 느끼게 해주었고, 덕분에 나는 게티 연구소에서도 방정식의 양변에 발을 걸칠 수 있었다. 2000년, 캘리포니아 예술대학(당시에는 캘리포니아 예술공예대학)의 총장이 되었을 때도 마찬가지였다. 나는 예술가가 아니기에 동료와 학생들에게서 배워야 한다는 사실을 솔직하게 인정할 수 있었다. 그리고 나를 학생으로 받아준 동료와 학생들의 관대한 태도는 그들이 작품 활동에서 발휘하는 창의성만큼이나 많은 영감을 주었다.

 2007년, 나는 웨슬리언 대학으로 돌아와 총장직을 맡았고, 지금까지 학생들을 가르치는 동시에 학생으로 남아 있고자 최선을 다하고 있다. 캘리포니아의 예술대학을 거쳐 뉴잉글랜드에 있는 자유교양liberal arts 중심의 교육기관으로 돌아오는 과정에서 나는 우리 사회에 학문 간의 전통적 위계가 얼마나 깊게 뿌리내리고 있는지 다시 한 번 실감할 수 있었지만, 동시에 배움에 열린 자세를 유지하는 가장 좋은 방법은 대학 신입생에게나 총장에게나 다르지 않다는 사실을 깨달았다. 핵심은 바로 자신의 무지를 인정하는 것이다. 그리고 웨슬리언 대학에는 나의 무지를 깨우쳐줄 많은 사람이 있다.

 운 좋게도 나는 진지하면서도 쾌활한 태도와 장난기, 목적의식을 가진 학생들과 함께 지내며 철학, 문학, 역사, 영화 등 여러 분야에서 손꼽히는 작품을 접할 기회를 얻었다. 이를테면 나는 학생들과 장 자크 루소의 『인간 불평등 기원론』, 버지니아 울프의 『등대로』, 프레스턴 스터지스가 감독한 영화 「레이디 이브」를 두고 씨름하는 동시에 다정한 공동체 안에서 스스로 생각하는 경험을 했다. 이 책에서는 우리가 그러한 경험을 통해 주체성, 다른 사람과의 얽히고설킨 관계, 그리고 궁극적으로는 자유를 배울 수 있다고 제안한다. 가장 훌륭한 가르침은 배움과 발견, 근본적인 변화에 열린 학생이 되도록 우리를 이끄는 것이다.

 이 책을 쓰기까지 도움을 준 많은 사람에게 감사를 전하고 싶다. 먼저 예일 대학교 출판부의 창의적이고 사려 깊은 편집자 제니퍼 뱅크스에게 감사의 말을 전한다. 제니퍼는 몇 년 전 이 책의 대략적인 주제를 제안했고, 역사적 관점에서 오늘날의 문제를 조명하려는 나의 노력을 지지해주었다. 예일 대학교 출판부의 팀원 모두와 일하는 것은 대단한 경험이었다. 특히 편집 과정에서 많은 제안을 한 로빈 뒤블랑에게 감사를 전한다. 에이전트인 조지스 보차트에게도 감사를 전하고 싶다. 그는 평생 학생으로 살 수 있기에 자신의 일이 더할 나위 없이 즐겁다고 수차례 이야기한 적이 있다. 그가 나의 글에 보여준 믿음 덕분에 문화, 정치, 역사, 교육을 가로지르는 세 권의 책을 쏠 수 있었다. 그동안 배움을 향한 열망으로 도전해온 제자들에게도 빚진 것이 정말 많다. 스크립스 칼리지, 클레어몬트 대학원대학, 캘리포니아 예술대학, 웨슬리언 대학에서 내 수업을 듣거나 개별 지도를 받은 학생들은 내가 고전 작품에서 계속 배움을 얻도록 도와주었으며, 혼자서는 발견하지 못했을 문화 생산물들을 소개해주었다. 여러 학교를 거치며 만난 동료들도 많은 도움을 주었다. 특히 이 프로젝트에 시간을 낼 수 있도록 도와준 웨슬리언 대학 총장실의 헤더 브룩, 디나 부르크하르트, 앤 라스코스키, 리사 프로콥에게 감사를 전한다. 웨슬리언 대학의 동료 교수들은 유용한 제안을 해주었다. 그중에서도 교육대학의 스티브 스템러와 안나 슈스터만, 영어학과의 나타샤 코르다, 아프리카계 미국인 연구학과의 칼릴 앤서니 존슨, 철학과의 스티브 앵글, 프랑스어학과의 앤드류 커런이 많은 도움을 주었다. 이름을 알 수 없는 예일 대학교 출판부의 두 심사위원의 추천도 큰 도움이 되었다.

나는 동료이자 아내인 카리 웨일의 학생이 되는 큰 행운을 누렸다. 그녀는 내가 주체성과 배움, 자율성을 다룬 소설들, 얽히고설킨 관계의 즐거움(그리고 책임)을 더욱 엄밀하면서도 창의적으로 생각하도록 도와주었다. 나는 이 책의 대부분을 그녀 가까이에 앉아서 썼으며, 그보다 더 나은 장소가 있으리라곤 상상하기 어렵다.

나는 찰스 살라스에게서 30년 넘게 나의 생각과 가르침, 특히 글쓰기에 관한 피드백을 받는 크나큰 혜택을 누렸다. 찰스와 나는 클레어몬트 대학원대학에서 대학원생으로 만났고, 게티 연구소와 웨슬리언 대학에서 동료로 일해왔다. 우리는 오랫동안 친구이자 서로의 학생이었다. 함께 공부를 시작한 이래로 나는 그에게서 가장 중요한 것들을 배웠다. 찰스에게 이 책을 바친다.

차례

- 서문   007
  무지를 인정하다

- 들어가며 ──── 015
  자유롭게 사는 법을 배우는 길

1 | 스승-공자, 소크라테스, 예수 029

혼란한 고국을 떠나다
조화, 그리고 서로 다름
자신의 무지를 인정하라
나를 따라오너라

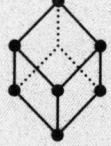

2 | 근대 이전의 배움 070

혼자서 살아남는 법을 가르치다
중세 시대의 도제 교육
루소와 프랭클린
종교 생활을 위한 가르침
초기 대학의 정체성
배움으로 자유를 쟁취한 사람들

3 | 근대적 학생의 등장 109

학교 교육의 변화
학생이 된다는 것
대학의 역할
자율성인가, 통제인가

4 | 대학의 학생   144

경제적 자립을 위한 직업교육을 뛰어넘어
여성에게도 고등교육의 기회를!
다양한 유형의 학생들
편견과 차별에 맞서는 학생 문화
사회 변혁을 요구하다

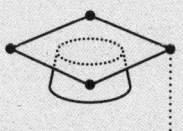

5 | 쉬지 않고 배우며 스스로 생각하라   183

스스로 생각할 줄 아는 능력을 갖추려면
고등교육을 향한 비판
누가 좋은 학생일까?
능력주의와 불평등의 심화
학생이 아닌 학습자
비판적 감정 활용과 교사의 역할
어떤 대학을 선택할 것인가

- 옮긴이의 말 ——— 230
- 주 ——— 234
- 찾아보기 ——— 252

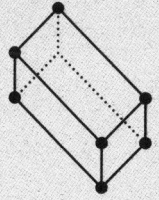

| 들어가며 |

자유롭게 사는 법을 배우는 길

학생이 되는 방법에는 여러 가지가 있다. 노련한 교사들은 학생을 일반화하는 것이 얼마나 위험한지 잘 알기에 교실에 어떤 학생이 있는지에 따라 다른 접근 방식을 취한다. 어떤 학생에게는 잘 통하는 방법이 다른 학생에게는 상처를 줄 수 있다. 어떤 학생은 교사를 기쁘게 하려는 열망이 강해서 배우는 과목을 자신이나 교사가 생각한 것보다 더 빨리 숙달하는 등 기대 이상의 성과를 내기도 한다. 어떤 학생은 자신이 처한 교육 환경에 적응함으로써 균형과 조화를 이루려 노력한다. 또 어떤 학생은 교사의 가르침을 낱낱이 비판하면서 지적 근육을 키운다. 그런 학생들은 교사의 비판적이고 경쟁적인 내담자가 됨으로써 더 열심히 공부하며 더 깊이 생각하는 법을 배운다. 어떤 학생은 모방을 통해 배움을 얻으며, 교사뿐만 아니라 반 친구들을 따라잡느라 열을 올린다.

이렇듯 학생이 되는 방법에는 여러 가지가 있지만, 핵심은 다른 사람에게서 배움으로써 스스로 생각하는 능력을 키우는 것이다. 학생이란 더 자유로워지는 법을 배우는 존재다.

이 책은 기원전 6세기부터 오늘날에 이르기까지 매우 다양한 맥락에서 발전해온 배움의 주요 형태를 탐구하며 기나긴 역사를 요약한다. 먼저 이른 시기의 역사를 개괄적으로 정리한 뒤, 자유와 학생에 관한 이상이 서로 얽히는 18세기 계몽주의 시대로 갈수록 더욱 자세한 내용을 다룬다. 이 책은 광범위한 역사를 다루지만 모든 것을 망라하려 하지는 않았다는 점을 분명히 밝힌다. 가령 여기서는 서구에서 중요한 역할을 한 유대교나 이슬람교의 학문 전통을 다루지 않는다. 후반부에는 오랫동안 논의와 불평의 대상이었던 미국의 대학생을 주로 다룬다.

오늘날 대학생들은 지나치게 비판적이고 편협하거나 취업에만 몰두한다는 비난을 받는다. 기성세대가 젊은 세대를 두고 자신들이 생각하는 학생에 부합하지 않는다고 불평하는 것은 어제오늘의 일이 아니다. 중세의 수도사들은 수련 중인 사제들이 너무 방정맞다고 투덜댔다. 1960년대에 제작된 뮤지컬 「바이 바이 버디 Bye Bye Birdie」에서 부모들은 '요즘 애들은 왜 저래?', '왜 우리처럼 매사에 완벽할 수 없지?'라고 노래한다. 이 책은 학생에 관한 이상이 등장하고 자연스럽게 그 이상에 부합하지 않는 학생을 향해 불만이 제기된 과정을 추적한다. 우리는 실제 학생들의 학습 방식에 주목하면서 다른 사람에게서 배움을 얻어 목적의식과 주체성을 키우려면 어떻게 해야 하는가를 둘러싼 고민을 살펴볼 것이다.

먼저 제1장에서는 추종자, 대담자, 종교적 제자라는 세 가지의 학생 유형을 다룬다. 첫 번째로 살펴보는 사례는 공자의 학생들이다. 공자의 학생들은 배움을 얻고자 스승을 추종하는 성인이었다. 그들에게 배움은 주로 다른 사람과의 관계에서 덕을 쌓고 조화롭게 사는 것과 관련되어 있었다. 여기서는 공자 밑에서 배움을 추구했으며, 오늘날의 학교에서도 찾아볼 수 있는 서로 다른 세 유형의 인물에 초점을 맞춘다.

다음으로는 서양에서 막대한 영향을 끼친 교육자 소크라테스의 학생들을 살펴본다. 서양 철학의 아버지로 불리는 소크라테스는 질문을 통해 청중이 모여들게 했지만, 청중이 따라야 할 교리를 제시하지 않았다. 소크라테스의 학생들은 스승과 대화를 하는 대담자였으며, 성찰하는 삶을 목표로 삼았다. 이후 그들이 실천한 자기 인식은 배움을 자유에 이르는 길로 보는 현대적 관점에 따라 배움의 필수 요소로 여겨지게 되었다.

마지막으로는 종교적 제자로서의 학생을 살펴본다. 예수의 제자들은 종종 예수를 스승(혹은 랍비)이라 칭하며 다시 태어났다고 느낄 만큼 예수의 가르침에서 깊은 영향을 받았다고 말했다. 또 그들은 예수와 함께 걸을 때보다 자유롭다고 느낀 적은 없었다고 술회하곤 했다. 물론 이러한 스승과 제자 관계는 오늘날의 학습 공동체에서도 찾아볼 수 있다.

공자와 소크라테스, 예수의 가르침은 오랜 옛날부터 지금까지 교육 전반에 여러모로 영향을 끼치고 있다. 유교적 관행의 핵심인 공경과 존중은 여전히 학교에서 중시되는 덕목이다. 하지만 소크라테스적 전통의 주축을 이루는 비판은 때로 공경을 중시하는 태도를 누른다. 많은 대학교수가 내세우는 비판(혹은 비판적 사고) 정신은 공자가 제자들과 논한 전통에의 충실과 상충하는 면이 있다. 예수의 제자들은 소크라테스적 아이러니(모르는 척하며 집요한 질문을 던져 상대방의 무지를 폭로하고 깨우침을 주는 일 – 옮긴이)와 더욱 거리가 먼 독실함을 보였지만, 그들 역시 다른 사람들이 현재 상태를 거부하고 이전의 삶을 버려 기독교인으로 거듭나도록 독려할 때는 비판의 여러 요소를 유용하게 활용했다.

한편 예수를 따르는 학생에게는 스승 예수를 모방하는 것이 무엇보다 중요하며, 예수의 가르침을 이해하는 일은 기독교인 공동체가 주는 사랑에 마음을 여는 것과 밀접하게 관련되어 있다. 공동체의 일원이 되는 것은 여전히 대학 캠퍼스가 가진 매력 중 하나이며, 오늘날 많은 대학에는 캠퍼스의 포용성을 높이는 일을 담당하는 관리자가 있다. 하지만 학생들을 진짜 종교 신자처럼 여기는 경향은 현대의 학생 문화에서 거센 비판을 불러일으키는 측면이기도 하다. 독자는 제1장을 읽으면서 수천 년 전의 모범생들에게서 자신의 모습을 발견할 수 있을 것이다.

이어 제2장에서는 초점을 넓혀 전근대 유럽에서 '배워야 할 것이 많은 사람'이 된다는 것은 어떤 뜻이었는지를 살펴보겠다. 당시 유럽에서 배워야 할 것이 많은 사람이란 아직 어른이라 할 수 없는 사람, 독립적으로 살아가기 위해 세상을 더 많이 알아야 할 사람을 가리켰다. 이 시기의 유럽에는 학교가 거의 없었지만, 독립으로서의 자유를 목표로 하는 배움은 존재했다. 물론 남자와 여자가 받는 교육은 달랐고, 도제 견습과 같은 공식적인 교육제도에 성차별이 존재했다.

중세 시대에는 대학이 세워지고, 문해력이 문화적으로나 경제적으로 더 많은 이점을 제공하면서 기초교육을 받는 사람이 늘어났다. 그러나 어떤 사람들은 배움의 영역에서 완전히 동떨어져 있었으며, 독립에 필요한 배움조차 얻지 못했다. 이 책에서 가장 중요하게 다루는 문제는 학생과 자유 사이의 관계이며, 제2장에서는 노예라는 범주가 이 관계를 얼마나 명확히 보여주는지 간략히 살펴볼 것이다. 노예제도를 옹호하는 사람들은 노예가 학생이 될 가능성 자체를 부정해야 했다.

제3장에서는 18세기 후반 이마누엘 칸트가 제시한 계몽 개념을 중심으로 논의를 전개한다. 칸트는 계몽을 스스로 초래한 미성숙에서 벗어나는 일로 정의했다. 이는 학생을 '스스로 생각하는 법을 배우는 과정에 있는 사람'으로 보는 근대적 학생관이 발전하던 시기에 울려 퍼진 선언이었다. 물론 계몽주의 문화 운동은 학생의 전유물이 아니라 많은 사회가 전통에 대한 의존에서 벗어나 합리적 사고를 활용해 세상의 고통을 줄이려 애쓰는 과정이었다. 과학과 기술은 더 많은 사람에게 유용한 도구가 되었으며, 이들에게는 학교 교육이 필요했다. 그 결과 18세기에는 점점 더 많은 가정이 학생이라는 관념에 익숙해졌다.

사람들은 교육 이론을 두고 열띤 논쟁을 벌였으며, 시간이 갈수록 교육을 둘러싼 논쟁은 신앙이나 구원보다 스스로 생각할 줄 아는 미래의 자유 시민을 양성하는 데 초점을 맞추었다. 교육에 관한 논쟁은 19세기 이후 서양에서 정규 학교 교육이 널리 보급되면서 한층 복잡해졌다. 학교는 정말로 학생들이 스스로 생각하도록 도움을 줄까? 아니면 최신 관습을 학생들에게 주입하는 기관에 불과할까? 고등교육은 사회를 이롭게 하는 과학적 성취를 가져올까? 아니면 산업화의 속도가 점점 빨라지면서 나타난 불평등을 특정 계층의 입맛에 맞게 정당화하는 근거를 만들어낼까? 모든 사람이 같은 것을 배운다면, 어떻게 스스로 생각하는 법을 배운다고 말할 수 있을까?

제3장의 말미에서는 개방적이고 창의적인 사람이 됨으로써 더욱 독립적으로 살도록 촉구한 랠프 월도 에머슨의 주장을 다룬다. 에머슨은 순응을 참지 않고 거부하는 사람이야말로 진정한 학생이라고 보았으며, 단순히 지적인 자유가 아니라 관습에 격렬히 반대하는 삶을 살 자유를 중시했다.

W. E. B. 듀보이스의 삶은 학생의 의미가 어떻게 달라졌는지를 잘 보여주는 이례적이면서도 강력한 사례다. 듀보이스는 놀라울 정도로 다양한 교육을 경험했다. 그는 어린 시절 서부 매사추세츠에서 학교에 다닌 뒤, 남부의 흑인 대학에서 학부를 나왔으며, 미국과 해외의 유명 대학에서 당대 최고의 지성들과 공부했다. 듀보이스는 자신의 재능과 야망을 억누르는 인종차별 속에서도 뜻을 굽히지 않고 자신만의 교육을 추구했다. 학생으로서 그는 역량을 키워 자유를 얻는 것을 목표로 삼았다. 그가 살았던 시기에 미국에서는 대학 졸업장이 미래의 독립이나 세상에 기여할 능력을 보장한다고 여기는 사람이 늘어나면서 고등교육이 급격히 확대되었다.

제4장에서는 먼저 듀보이스의 사례를 시작으로, 급변하는 미국

사회에서 성공하려 노력하는 여성과 아프리카계 미국인들을 위해 대학 교육에 어떤 변화가 일어났는지 자세히 살펴본다. 다음으로는 대학 캠퍼스에 등장한 여러 학생 '유형'을 다룬다. 당시 대학에는 남학생 사교 모임인 프래터니티fraternity 안에서 안락함을 느끼는 '남자 대학생'부터 스스로 생각하는 것은 현상 유지를 전면 거부한다는 뜻이라고 확신하는 '캠퍼스 급진주의자'까지 다양한 유형의 학생이 나타났다. 전자가 보통 대학 당국에서 독립하는 것을 자유로 여겼다면, 후자는 에머슨이 말한 대로 순응을 거부하는 데서 자유를 찾았다. 마지막으로는 대학을 사회의 불의에 반대하는 장으로 삼거나 고등교육 자체를 그러한 불의의 상징으로 여기기도 한 캠퍼스 저항 운동을 살펴본다.

이어 제5장에서는 1960년대의 학생운동 이후 오늘날 흔히 생각하는 학생의 이미지가 만들어진 과정을 다룬다. 베트남 전쟁이 끝나고 학생운동이 시들해지자 일각에서는 학생들이 좋은 성적을 받거나 출세하는 데 치중한다며 한탄했다. 그들은 젊은이들이 더는 의미와 가치에 관한 물음을 던지지 않고 교육을 도구주의적 관점에서 바라보며, '어떻게 하면 졸업장을 활용해 더 좋은 전문 대학원에 진학하거나 더 경쟁력 있는 구직자가 될 수 있을지'에만 관심을 보인다고 우려했다. 하지만 대학생들을 향해 비판의 목소리를 가장 높인 사람들은 주로 엘리트 대학에 다니는 소수의 학생을 겨냥해 청년들이 다른 유형의 순응에 빠져 있다고 지적했다. 바로 정치적 올바름에 대한 순응이다.

많은 사람은 대학생들이 자신의 진보적 믿음에 관한 까다로운 물음을 회피하면서 사회적 배척을 무기 삼아 정치적 올바름을 강요한다고 비판했다. 냉전이 끝나자 보수적 지식인들은 대학 캠퍼스에서 내부의 적을 찾았다. 그들이 캠퍼스에서 찾은 적은 세상을 자신이 상상한 대로 바꾸려 하는 독선적인 급진주의자들이었다. 심지어 진보주의자들도 현상 유지에 반대하는 학생들이 자신들에게까지 화살을 돌리자 이를 못마땅하게 여기고 학생들에게서 등을 돌렸다.

오늘날 대학생은 지나치게 비판적이거나 상대주의적이고, 편협하거나 급진적이고, 응석받이로 자라 매사에 예민하거나 말로만 사회 정의를 부르짖는다는 비난을 받는다. 최근 몇 년간 정치적 올바름에 반대하는 사람들은 정치적 올바름이라는 유령이 자신이 깨어 있다고 생각해 의견이 다른 사람을 공격하는 문화를 가져왔다고 지적해왔다. 그와 동시에 기성세대는 자신의 불안과 두려움을 학생이라는 관념에 투사한다는 사실이 그 어느 때보다 분명해지고 있다.

수십 년 동안 정치인과 평론가들은 학생들이 표현의 자유를 행사하거나 억압하는 일을 우려해왔다. 최근에는 주의회 의원들이 학교에서 어떤 종류의 역사와 문학을 가르칠지 결정하는 데 직접 개입하고 있다. 얼마 전, 몇몇 주에서는 교사가 '비판적 인종 이론'을 논하는 것을 금지하는 법안을 통과시켰다. 이 법안에 찬성한 의원들은 반흑인 인종주의를 미국 역사의 규범에서 벗어난 일탈로 여기지 않는 모든 학문을 뭉뚱그려 '비판적 인종 이론'이라 부르는 듯하다. 그중 일부 법안은 특정 집단이 불편함이나 죄책감을 느끼게 만들어 '분열을 일으키는 개념들'을 금지하는 규정을 담고 있다. 일각에서는 인종차별적 억압의 잔혹성을 논하는 일이 사람들의 애국심을 뒤

흔들 수 있다고 우려한다. UCLA의 연구원들에 따르면 노예제와 차별에 관한 교육을 제한하는 법안은 미국 전역에서 500개 가까이 쏟아져 나왔다.[1]

이 같은 제한에 찬성하는 사람들은 주변에 영향을 받기 쉬운 학생들을 보호하겠다는 명분을 내세우며, 지난 몇 년 동안 반인종주의가 주도권을 잡는 데 반발해 행동에 나섰다. 하지만 이들이 제한하려는 것은 아프리카계 미국인에 관한 학문만이 아니다. 2022년 테네시 주 교육구는 홀로코스트를 다룬 아트 슈피겔만의 그래픽 노블 『쥐』를 금지 도서로 지정했으며, 몇몇 주에서는 성소수자 문제를 다룬 책을 학교 도서관에서 치우려는 움직임이 거세지고 있다. 극단화의 시대에 팽팽한 사회적 긴장이 학생과 관련한 문제로 표출되는 것은 그리 놀라운 일이 아니다. 우리는 때로 어린 학생들을 해를 입기 쉬운 존재로, 위험한 생각을 가진 존재로 보기 때문이다.

한편 기술과 교육이 점점 긴밀하게 얽히면서 디지털 중심적 사고를 가진 교육자들은 특정 기술의 습득을 강조하는 방식으로 학생들을 둘러싼 양극단의 논쟁에서 벗어나려 한다. 이를테면 어떤 학생이 코딩 교육을 받거나 법회계학 학위를 따는 동안에는 정치적 논쟁에서 거리를 두기가 더 쉽다는 것이다. 일부 교사들은 아예 '학생'이라는 용어를 배제하고 '학습자'라는 용어를 선호한다. 학습자가 기술을 개발하는 교육을 받고 마이크로 자격(단기간의 교육 프로그램을 이수하고 얻는 자격 - 옮긴이)을 받는 일은 주로 온라인 교육과 관련되어 있지만, 학습을 게임화하고 학습에 인증서를 발급하는 방식은 다양한 환경에서 활용할 수 있다.

예를 들어 학생들은 온라인 수업에서 프로프봇ProfBot(대학생에게 실시간으로 피드백을 제공하는 AI 기반 챗봇 - 옮긴이)의 도움을 받을 수 있으며, 대학의 화학 수업에서 재미있는 안전교육 게임을 완료하고 디지털 인증서를 받을 수도 있다. 머신러닝은 이미 학생들이 리포트를 첨삭(또는 작성)하는 데 쓰이고 있으며, 교육에 관한 가장 진보적인 비전을 제시하지는 못하더라도 학습 내용을 섭취·소화하는 데 중점을 둔 교육 모델로 발전할 가능성이 있다. 교사들은 이미 '말이 씨가 될 수 있으니 조심하는' 단계를 넘어 교육 기술을 열렬히 받아들이고 있다. 기술에 능통하고 '학습자'라는 말을 선호하는 교사들은 교실이 수동적으로 지시를 받는 학생이 아니라 능동적인 학생으로 가득 차기를 바란다고 말한다.

이처럼 능동적 학습을 강조하는 태도는 지난 수 세기 동안 학생 개념과 밀접히 관련되었던 자유 담론을 떠올리게 한다. 하지만 현대 사회에서 교사(혹은 봇)에게 특정 기술을 인증받으려는 욕구는 효율성을 향한 욕구, 반복해서 활용할 수 있는 지식을 향한 욕구에 더 가깝다. 어쩌면 이것은 유교에서 말하는 조화의 자본주의 버전이라고도 할 수 있다. 학습자로서 학생들은 생산적으로 조화를 이루는 방법, 성공하기 위해 순응하는 방법을 보여주어야 한다. 졸업장, 더 정확히는 증명서나 자격증은 학생들이 고용주에게 순응이라는 가르침을 잘 받아들였음을 보여주는 증거다.

그러나 디지털 시대에도 학생을 자유롭게 사는 법을 배우는 과정에 있는 전인全人으로 보는 시각은 굳건하게 남아 있다. 오늘날 성년에 이른 젊은이들은 특정 기술을 익혀 알고리즘과 기계의 세상에서 살아가는 능력을 키우지만, 한편으로 우리는 그들이 개인으로서나 공동체의 구성원으로서 번영을 이루는 데 필요한 습관을 기르기를 바란다. 그러한 습관은 예로부터 '덕목'이라 불린 자질을 개발하는 것을 목적으로 하며, 우리는 지금도 이웃과 동료, 지도자들이 이같은 자질을 갖추기를 기대한다.

공자, 소크라테스, 예수는 저마다의 방식으로 공동체에 중요한 덕목을 강조했으며, 그들의 가르침은 추종자와 대담자, 제자들이 주변 사람들과 더불어 번영을 이루도록 이끌었다. 중세의 도제들은 직업훈련을 하는 동시에 공동체의 일원이 되어 이웃과 서로 도움을 주고받는 법을 배워야 했다. 마찬가지로 오늘날 우리는 학생의 인성과 공동체를 이야기하면서 모호함을 있는 그대로 받아들일 줄 알며 진실하고 연민 어린 태도로 세상을 여행하는 평생학습자가 필요하다고 지적한다. 물론 우리 사회에는 기술에 능통한 사람들이 필요하지만, 학생의 자세로 세상을 살아가며 호기심과 판단력, 창의력을 키우는 시민도 없어서는 안 된다.

모든 사람은 저마다의 역량이 있으며, 학생은 자신의 역량을 발견하고 개발하고자 노력하는 사람이다. 세상에는 이렇게 다차원적으로 역량을 개발할 기회조차 얻지 못하는 사람이 많다. 역량을 개발할 기회가 있는데도 그 기회를 잡지 못하는 사람, 자신의 역량을 의도적으로 무시하고 잠재력을 발휘할 기회를 낭비하는 사람은 아무리 좋게 말해봐야 미성숙한 상태에 매달리는 것이며, 나쁘게 말하면 일종의 자해 행위를 하는 것이다.

진정한 학생은 성장할 가능성을 기꺼이 받아들인다. 그가 추구하는 성장은 교사에게서 과제를 수행하는 훈련을 받거나, 시장에서 물건이나 경험을 획득함으로써 만족을 얻는 일과 다르다. 물론 학생들은 특정 과제를 수행하면서 배움을 얻고 경험을 즐기기도 하지만, 그들은 학생으로서 더 근본적인 일을 하고 있다. 학생들은 자신이 누구이며 무엇을 할 수 있는지(어떤 식으로 사고할 수 있는지)를 배우면서 자유를 배운다. 그리고 이러한 배움은 대부분 다른 사람들과 함께 있을 때 일어난다. 학생들은 각자의 역량을 함께 발견하고 개발함으로써 번영을 이루는 것이다.

이러한 번영의 중요성은 지난 몇 년 사이에 한층 두드러졌다. 번영을 뒷받침하는 조건들이 사라졌기 때문이다. 코로나19 팬데믹 기간에 많은 학교가 문을 닫거나 원격 수업을 실시했다. 학생으로서의 경험이 단절되는 것은 많은 사람에게 고통스러운 일이었으며, 장기적으로도 부정적인 영향을 끼칠 수 있다. 인터넷을 이용한 학습만으로는 이 문제를 해결할 수 없다. 나는 수년간 온라인 수업을 진행했고, 많은 사람이 각종 플랫폼을 활용해 다양한 분야를 배울 수 있다는 사실을 잘 알고 있다. 원격 교육에는 분명 장점이 있다. 하지만 많은 교사가 그랬듯, 나 역시 대면 수업이 다시 시작되면서(계속 마스크를 쓰기는 했지만) 활력을 얻었다.

교사들만 그런 것이 아니었다. 친구나 가족과 온라인으로 관계를 유지하는 데 익숙한 학생들도 대부분 나처럼 교실로 돌아와 활기를 되찾았다. 동료들과 나는 많은 학생이 짐을 챙겨 교실을 나서면서 다시 수업을 해주어 감사하다고 말하는 것을 보고 깜짝 놀랐다. 게다가 그런 일은 매주 반복되었다. 학생들은 우리에게서 정부를 얻어서가 아니라 지적 근육을 키우고 상상력을 펼칠 기회를 얻었다는 사실에 감사를 표했다. 혼자서 공부나 훈련을 할 때도 분명 깨달음의 순간이 찾아오지만, 내가 가르치던 학생들은 자신처럼 역량을 키우는 동료들과 함께 배울 수 있다는 데 감사했다.

이 책에서 우리는 추종자와 대담자, 제자와 반항아, 어린이와 성인으로서 인정받는 청년 등 다양한 면모를 가진 학생들을 살펴볼 것이다. 모든 사람에게 맞는 하나의 길은 존재하지 않지만, 자신의 무지를 인정하는 것은 대부분의 사람에게 좋은 출발점이다. 학생이라는 개념은 배움을 과정으로 보는 시각과 떼려야 뗄 수 없다. 수습생이나 초보자 딱지를 뗀 사람이라도 진정한 배움을 추구한다면 그 길에 종착지는 존재하지 않는다.

배움의 과정에서 최종적인 진리에 도달하는 일은 일어나지 않는다. 한 분야를 탐구하다가 종착지에 도달한 것처럼 보일 때도 우리는 곧장(운이 좋다면) 눈앞에 또 다른 길이 있음을 깨닫기 때문이다. 모든 사람은 저마다의 역량이 있기에 이를 탐구할 기회를 얻기 전에 사람들의 역량을 섣불리 재단해서는 안 된다. 그리고 모든 사람에게는 자유를 누릴 잠재력이 있다. 우리는 이 같은 사실을 인식하면서 학생의 중요성을 깨닫는다. 학생이란 세상과 상호 작용하는 법을 탐구하면서 가르침을 얻고 그 가르침에 창의적으로 반응하는 상태를 말한다.

그러니 우리는 언제까지나 학생으로 남아 있기를 바라야 하지 않을까?

스승-공자, 소크라테스, 예수

 배움을 얻거나 새로운 길을 가려는 사람이라면 누구나 적합한 교사를 찾아야 한다. 하지만 자신에게 맞는 교사를 찾기란 쉬운 일이 아니다. 사람들은 자신과 세상에 관한 가르침을 줄 수 있는 현명한 사람, 주어진 지식에 의문을 제기할 수 있는 사람, 혹은 단순히 본받을 만한 삶을 사는 사람을 찾으려 애쓰곤 한다. 어떤 교사는 추종자를 끌어들인다는 점에서 강한 영향력을 발휘하며, 어떤 교사는 독립성을 중시하고 다른 사람이 자신의 선례를 따르기를 원하지 않는다는 점에서 매력적으로 보이기도 한다.

 교사가 적합한 학생, 즉 배우고자 하는 의지와 역량을 가진 학생을 찾는 것도 어려운 일이다. 이는 자신의 기술과 아이디어, 사명을 나누길 바라는 사람들이 끊임없이 탐구해온 문제다. 이 문제는 오늘날의 교육기관에도 여전히 중요하다. 교육기관들은 배움을 원하는 개인과 그들이 속한 사회 모두를 위해 자원을 가장 잘 활용할 방법을 찾으면서 이 문제를 고민한다. 어떤 학교와 교사는 주어진 자원으로 많은 일을 해낼 수 있음을 증명한 학생만 선별하려 한다. 그런가 하면 학생들을 만날 기회를 중시하며, 백지상태인 학생의 머릿속에 자신의 흔적을 남기려 노력하는 학교와 교사도 있다. 서양 역사의 여러 시기에 작가들은 학생을 놀라울 정도로 수용적인 사람, 자신이 접한 가르침을 스펀지처럼 흡수하는 존재로 묘사했으며, 때로는 그 반대로 현상 유지를 거부하는 법을 배운 반항아로 그렸다.

학생에 관한 상반되는 견해들을 이해하기 위해 먼저 오늘날까지 깊숙이 뿌리내린 세 가지 교육 전통에서 제시하는 학습과 학습자 모델을 살펴보겠다. 학생은 흔히 추종자, 대담자, 친구, 종교적 제자, 혹은 수혜자로 여겨졌으며, 그러한 이미지는 핵심 교육 전통에서 나온 학습 및 학습자 모델과 일맥상통한다. 첫 번째로 살펴볼 학생 집단은 공자를 따라 유랑하며 공자에게서 의례와 정당성, 격동의 시기에 좋은 삶을 사는 법을 배운 사람들이다. 두 번째 집단은 소크라테스의 대담자들로, 이들은 소크라테스에게서 철학과 비판적 사고의 역사에 지대한 영향을 끼친 문답법을 받아들였다. 세 번째 집단은 예수의 사도들이다. 그들은 예수를 스승으로 모셨으며, 예수가 제시한 길을 따르는 데 전념함으로써 예수의 가르침에 헌신하려는 의지를 드러냈다. 이 세 가지의 학생 모델을 이루는 요소는 서양 역사에서 줄곧 되풀이되었으며, 근현대에 이르러서도 인간의 자유를 둘러싼 상반되는 견해들과 관련되어 있다.

혼란한 고국을 떠나다

유교는 수 세기 동안 동아시아에서 교육제도와 관행의 근간이 된 철학 전통이다. 학자들은 날로 변화하는 정치·경제 상황에 따라, 혹은 특정 시대와 장소의 통치 권력에 대항하면서 유교의 핵심 원리를 조정해왔다. 오늘날 중국공산당의 관료나 아시아와 세계 각지에서 자유주의와 사회 변화를 추구하는 사람 중에도 성리학 지지자들이 있다. 공자는 기원전 551년에서 기원전 479년까지 살았던 인물이다(공자의 영어 명칭 '콘퓨서스Confucius'는 공자를 높여 이르는 말인 '공부자孔夫子'를 17세기에 라틴어로 옮긴 '콘푸키우스Confucius'에서 유래했다). 가난한 귀족이었던 공자의 아버지는 공자가 겨우 세 살이었을 때 세상을 떠났기에 공자는 어린 시절 형편이 어려웠다. 공자의 어린 시절에 얽힌 전설 같은 이야기들이 역사적으로 얼마나 정확한지는 알 수 없지만, 그는 일찍부터 높은 학구열로 두각을 나타냈다고 한다. 기원전 540년 무렵 중국에는 부유한 귀족이 배워야 할 여섯 가지 기예(육예六藝)로 예법, 음악, 활쏘기, 마차 몰기, 서예, 산수가 있었다. 또 학자들은 주로 시와 노래를 가지고 자신이 고전 전통을 얼마나 잘 아는지를 뽐냈다. 이 같은 기예를 통달하는 것은 특정 기술을 습득했다는 뜻이었지만, 동시에 자기 수양, 즉 자신을 다스리는 법을 익혔음을 보여주는 일이었다. 공자 역시 그러한 길을 따르고자 했다.

공자의 집안은 상류층 귀족에서 말단 귀족인 사士로 전락했다. 따라서 공자는 엘리트 계층의 문화적 전통과 접점은 있었지만, 이를 활용해 자신의 처지를 개선할 수단이 없었다. 하지만 공자는 경제적으로 어려운 상황에서도 어떻게든 교육을 받았고, 권력과 영향력을 가진 사람들에게 쓸모 있을 만한 기술을 개발하기 시작했다. 당시 공자의 고국인 노나라는 엘리트 계층의 권력 다툼으로 연이어 정치적 혼란을 겪었다. 이러한 갈등의 여파로 군주나 군벌은 기초교육을 받고 문화적 지식을 갖춘 사 계급이 통치를 안정시키고 조세를 관리하는 데 도움을 줄 수 있으리라 보고 그들을 중용하기 시작했다. 사 계급은 새로운 규범을 창시하지는 못하더라도 혼란을 정상화하는 역할을 했다. 그들은 다툼을 끝낼 방안을 마련하는 한편, 역사에서 논거를 찾고 합리적인 행동 양식을 제안해 법의 기반을 마련했으며, 통치 권력이 정당성과 안정성을 갖추는 데 기여했다.

한편 공자는 법을 통한 통치의 정당화를 진지하게 검토했지만 (그는 한때 관료로 일했다), 법을 엄격하게 따라야 한다고 가르치지는 않았다. 대신에 그는 개인이 전통과 조상을 포함한 공동체와의 관계 속에서 좋은 삶을 사는 길을 찾고자 했다. 공자는 가문의 지위에 좌우되기보다 개인의 신념과 행동의 진실성에 바탕을 둔 미덕, 조화, 역사적 연속성을 찾고 이해하는 일에 오랜 세월을 바쳤다. 그는 높은 지위나 군대의 힘을 빌리지 않았기에 신중하면서도 겸허하기까지 한 태도로 그러한 활동을 해나갔다.

공자는 교사, 혹은 '스승'이 되기 전, 노나라에서 지금의 법무부 장관에 해당하는 대사구 자리에 올랐지만, 권력자들과 사이가 틀어진 뒤에는 자진해서 일종의 유배를 떠났다. 그가 지지할 세력을 잘못 선택해 어쩔 수 없이 노나라를 떠나야 했는지, 아니면 자신이 섬기던 사람들에게 환멸을 느껴 벼슬을 그만두었는지는 알 수 없다.

분명한 것은 당시 노나라가 혼란에 빠져 있었다는 점이다. 노나라에서는 몇몇 가문이 권력을 장악하고 전통적인 권위를 뒤흔들고 있었다. 우리가 확인할 수 있는 가장 오래된 자료에서는 이렇게 전한다. '제나라 사람들이 여성 악사들을 선물로 보냈다. 계환자(노나라에서 실권을 쥔 세 가문 중 세력이 가장 강했던 계손씨 가문의 수장 - 옮긴이)가 선물을 받고 사흘 동안 조정에 나가지 않았다. 공자께서는 떠나셨다.'[1]

노나라에서는 의례 관행이 제대로 지켜지지 않았고, 공자는 공직을 떠났다. 어쩌면 공자는 군대를 거느린 가문들이 권력 다툼을 벌이는 와중에 경쟁에서 패한 세력을 지지했는지도 모른다. 삼환이라 불리는 세 가문이 노나라를 좌지우지하는 가운데 공자의 제자 중 한 명인 자로는 그들에게 맞설 것을 촉구하기도 했다. 결국 세 가문과 그들의 동맹 세력은 권력을 잃고 무너졌으며, 공자는 그들의 몰락에 어떤 식으로든 영향을 끼쳤을 것이다. 어찌 되었든 공자는 예절과 연속성을 중시한 스승이었으며, 노나라의 불안정한 정치 환경에서 정치권력에 새로운 정당성을 부여하거나 격렬한 권력 다툼을 벌이는 세력들 사이에서 합의를 이끌어내기란 불가능해 보였다. 적어도 노나라의 공직 사회에서는 전통과의 적절한 관계를 유지하기가 어려웠다. 우리가 아는 유교는 공자가 공직을 떠난 이 시기에 탄생했다. 자의든 타의든 공자는 정치의 세계를 버리고 제자들과 함께 방랑길을 떠났다.

조화, 그리고 서로 다름

공자는 기원전 490년대 말 50대의 나이에 방랑과 가르침을 시작했다. 부모님은 세상을 떠난 지 오래였고 자식들은 이미 성인이 되었으므로 공자는 전통적인 책임에서 자유로울 수 있었다. 공자의 학생들이 공자에게 기대한 것은 단순했다. 그들은 스승과 대화하기를 바랐다.『논어』는 공자와 제자들이 나눈 대화를 가장 자세히 기록한 자료이자 그 대화가 이루어진 때와 가장 가까운 시기에 편찬된 책이다.『논어』는 공자의 제자들과 그 제자의 제자들이 펴낸 것으로 알려져 있으며, 공자 사후 2세기 동안 거듭 수정을 거쳤다.『논어』에서는 공자와의 대화를 실천할수록 깊어지는 소명이자 기쁨으로 묘사한다. '배우고 때에 맞춰 실천하면 이 또한 기쁘지 아니한가? 먼 곳에서 벗이 찾아온다면 이 또한 즐겁지 아니한가? 남이 알아주지 않아도 화를 쌓아두지 않는다면 또한 군자가 아니겠는가?'[2] 여기서 군자란 학식이 높고 육예를 익혔으며, 청렴한 성품과 사회적 지위를 갖추어 균형 잡힌 삶을 이룬 사람을 말한다. 군자는 가령 정치 분야에서 자신의 재능을 인정받지 못한다고 해서 화를 내지 않는다. 공자가 그랬듯, 군자는 정치에서 실패를 겪더라도 학문과 대화의 실천을 중시하는 삶을 게을리하지 않는다.

군자는 육예뿐 아니라 예禮를 통해 일상에서 과거의 전통을 실천하려는 사람이었다. 예란 '정치적 의전과 궁정 의례, 종교의식, 마을 축제 등 공식적·비공식적 가르침에 따라 전승된 의례와 의식'이다.[3] 일상에서 다른 사람을 대할 때나 혼자 있을 때 하는 행동 역시 예의 한 부분이었다.

의례를 익히고 실천하는 주된 목적은 개인이 가진 고유의 잠재력, 즉 덕德을 개발하는 데 있었다. 육예를 비롯한 훈련은 윤리적 자제심을 기르고 이를 바탕으로 다른 사람에게 영향을 미치는 실천적 지혜를 갖추기 위해 덕을 함양하는 방법이었다. 공자는 자기 수양을 강조하는 동시에 자기self 개념을 관계적·사회적 관점에서 이해했다. 그는 개인의 잠재력은 앞선 세대의 사람들(시간적 맥락)과 현재 상호 작용하는 사람들(사회적 맥락)의 관계 속에서 실현된다고 보았다. 그리고 개인이 덕을 실현하는 것은 주위에도 영향을 끼쳐 공동체 전체가 조화를 이루는 데 기여할 수 있었다.

조화는 공자와 그의 가르침에서 탄생한 유교 전통이 가장 중시하는 개념이다. 좋은 식사, 좋은 대화, 좋은 공동체, 좋은 자기를 만들려면 차이를 없애기보다 차이 속에서 균형을 찾아야 한다. 그리고 개인이 인격 수양과 상호작용을 통해 이 모든 것 사이에서 균형을 이룬다면, 그는 인仁을 행한 것이다. 인은 자애, 인정, 선함 등 다양한 의미로 번역되어왔다. 『논어』를 해석한 한 주석가는 인을 '만물이 서로 어울리는 가치 있고 알기 쉬운 방식'이라고 표현했다.[4]

공자가 공직에서 물러나 노나라를 떠나면서 공자와 그의 제자들은 과거나 사회와의 관계가 혼란에 빠지고 불화와 폭력이 난무하는 현실을 뒤로했다. 이러한 환경에서는 주변 세계와 더 조화를 이룰 수 있으리라는 희망을 품기 어려웠다. 공자와 제자들은 정치와 공적 영역에서 완전히 거리를 두지는 않았으며, 종종 그에 관한 대화를 했다. 하지만 공자는 관직을 그만두고 교사가 되었으며, 이로써 교육의 길을 닦은 개척자가 되었다. 길, 즉 도道는 유교에서 중요한 단어다. 인에 이르는 도는 개인으로서, 그리고 조화로운 집단의 일원으로서 끊임없는 교육을 추구하는 여정이다.

공자를 따라 중국 전역을 방랑한 제자가 정확히 몇 명이었는지는 알 수 없으며, 그 숫자는 자료에 따라 수십 명에서 수천 명에 이른다. 공자의 제자 중에서도 자공, 자로, 안회는 저마다의 방식으로 배움을 얻고 스승의 가르침을 충실히 따랐으며, 유교 전통에서 학생과 교사 모두에게 모범이 되는 인물이다.[5]

자공은 『논어』에서 공자의 주된 대화 상대 중 한 명이다. 공자보다 나이가 서른한 살 어린 그는 외교관과 관료를 지냈고, 사업에서도 성공을 거두었으며, 좋은 삶에 관한 공자의 보편적인 선언을 바삐 돌아가는 상업과 정치 영역에 어떻게 적용할 수 있을지에 관심을 가졌다. 자공은 공자의 제자 중 언변이 가장 뛰어난 인물로 꼽히지만, 공자는 때로 그의 한계를 지적하며 훌륭한 연설이나 치밀한 행동, 남을 모방한 실천이 성찰과 이해를 대신할 수 없음을 일깨우곤 했다.

사업과 정치에서 풍부한 경험을 쌓은 자공은 다른 사람을 평가하는 데 능하며, 새로운 기술을 쉽게 익히고 변화하는 상황에 효율적으로 적응한 인물로 알려져 있다. 그러나 이는 그가 청렴함과 지혜를 갖춘 군자가 되고자 끈기 있게 정진하지 못했다는 뜻으로도 볼 수 있다. 자공은 세속적 성공을 좇은 탓에 자신의 진정한 잠재력을 계발하기보다 일상적인 성취를 거두려 애썼다. 공자 역시 정치가나 사업가와 많은 교류를 했지만, 그는 일찍이 군자란 단순한 '그릇'이 아니라고 말했으면서도 세속적인 활동에 열을 올리는 자공을 그릇으로 묘사했다.[6] 혹자는 이를 두고 자공이 창의적이거나 진취적이지 못하다는 점을 지적한 말로 해석하지만, 공자는 자공을 제사에서 공물을 담는 데 쓰는 특별한 그릇에 비유하며 "비로소 너와 시를 논할 만하겠구나"라고 말하기도 했다. 따라서 자공은 고전 시의 중요한 가르침을 깊이 이해할 만큼 영민한 인물이었으리라 짐작할 수 있다.[7]

공자는 때로 자공이 사람들을 지나칠 정도로 가혹하게 비판한다고 나무랐다. 교사가 학생더러 너무 엄하다고 꾸짖은 것이다. 공자는 자공이 남을 강하게 비난하거나 사소한 일로 트집을 잡을 때면 이렇게 에둘러 말했다. "자공은 참으로 대단하구나! 나는 그럴 틈이 없는데." 하지만 공자 역시 때로는 직설적인 비판을 아끼지 않았다. 두 사람이 나눈 유명한 대화에서, 자공이 "남이 제게 하기를 원치 않는 일은 저도 남에게 하지 않으려 합니다" 하고 말하자 공자가 대답했다. "자공아! 그것은 네가 해낼 수 있는 일이 아니다."[8] 공자는 자공이 가르침을 잘 이해하고 배운 것을 충분히 익히려 노력하지만 진정한 통찰력과 공감 능력이 부족하다고 보았다.

위의 대화에서 알 수 있듯, 자공이 스승에게서 배운 대로 자신이 원하지 않는 일을 남에게 해서는 안 된다는 호혜의 원칙(서恕)을 언급하자 공자는 이 원칙이 삶의 방식으로서 담고 있는 의미를 자공이 제대로 이해하지 못했으리라 보았다. 자공은 리포트를 잘 쓰고 학점을 잘 받는 법은 알지만, 공부한 내용을 실천할 만큼 내면의 힘을 기르지는 못한 학생처럼 보인다. 공자는 자공처럼 세속적인 성공을 거두었고 실리를 중시하는 학생은 도덕적 상상력을 키우려 노력해야 한다는 점을 알았기에, 때로는 자공을 격려하고 때로는 비판했다.[9] 공자는 학생이 성장하기를 바랐지만, 노력해도 한계가 있는 사람에게 무리한 요구를 하지는 않았다.

자공의 단점이 남을 섣불리 판단하는 것이었다면, 자로의 단점은 성급하게 행동해 싸움을 벌인다는 것이었다. 자로는 때로 무모할 만큼 용감했던 것으로 잘 알려져 있으며, 스승을 향한 충성심으로는 둘째가라면 서러운 인물이었다. 어느 날 자로가 스승에게 군대를 이끌고 적과 싸운다면 누구와 함께할 것인지 물었다. 아마 자로는 공자가 자신을 고르기를 기대했을 것이다. 하지만 공자는 이렇게 대답했다. "맨손으로 호랑이와 싸우거나 큰 강을 걸어서 건너다 목숨을 잃어도 후회하지 않을 사람과는 함께하고 싶지 않다. 나는 걱정에 차서 신중하게 일에 임하며 성공을 위해 치밀하게 계획할 줄 아는 사람과 함께할 것이다." 공자는 자로가 도덕적 존재로서 자신을 갈고닦으려면 무엇을 해야 하는지 일깨우려 그렇게 말했지만, 행동이 앞서는 거친 제자를 무척 아꼈으며 자로처럼 스승을 위해 자신을 기꺼이 희생할 사람은 없다는 것을 알았다. 두 사람이 나누는 대화에서는 공자가 매정해 보일 때가 많지만, 자로를 향한 공자의 직설적인 말은 애정에서 우러난 것이며 자로가 배움을 얻는 데 필요한 조언이기도 하다.

공자는 제자에게 무엇이 필요한지에 따라 다른 가르침을 주었으며, 때로는 학생을 채찍질하고 때로는 말렸다. 어느 날 공자는 부도덕한 세상에 실망해 이렇게 말했다. "도가 행해지지 않는구나! 차라리 뗏목을 타고 바다로 나갈까보다. 유(자로)는 나를 기꺼이 따르겠지." 여기까지만 읽으면 자로가 자신의 충성심을 칭찬하는 스승의 말에 기뻐했으리라 생각하기 쉽지만, 공자가 곧장 덧붙인 말은 이야기를 복잡하게 만든다. "유는 용감하기로는 나보다 낫지만, 나무를 구할 곳이 없구나." 요컨대 공자는 현재 상황에 진정으로 적합한 재료를 찾을 길이 없다고 탄식한 셈이다.[10] 해설자들은 이 대목에서 공자가 자로를 두고 농담을 한다고 보기도 한다. 자로는 충직하고 용감한 인물이지만, 그것만으로는 충분하지 않다는 점을 돌려 말했으리라는 것이다. 『논어』의 가르침에 따르면 인을 기르고 도를 따라 나아가기 위해서는 용기와 실천을 하나로 합쳐야 한다.

공자는 자로가 무모한 성격 탓에 언젠가 큰 화를 입지 않을까 걱정했고, 그 우려는 결국 현실이 되었다. 자로는 훗날 공자의 곁을 떠났고, 자기 수양 대신 정치에 뛰어들어 위나라에서 벼슬을 얻었다. 그러는 중에 위나라에서 반란이 일어나자 자로는 주군을 구하기 위해 용감하지만 경솔하게 나섰고, 끝내 목숨을 잃었다.

자로는 비판이 필요한 유형의 학생이었고, 그렇기에 공자는 자주 그의 잘못을 지적했다. 재능 있는 학생이 고집을 부릴 때, 공자는 그를 바로잡거나 공격적인 에너지를 덜 위험하고 더 교육적인 방향으로 돌리려 노력했다. 공자가 자로를 나무라는 것을 들은 다른 제자들은 자신이 다혈질인 자로보다 낫다고 생각했고, 공자는 그들의 생각 또한 고치려 했다. 자로는 공자가 목표한 수준에 이르지는 못했지만, 발전을 이루겠다는 마음가짐으로 정진했다. 그는 스승을 존경했고, 스승은 그의 충직함을 고맙게 여겼다. 이 같은 헌신은 지혜나 자애와 다르지만, 조화를 추구하는 학생에게 중요한 태도다.

공자는 자로와 다른 제자들이 자기 수양과 배움을 하나로 합칠 때라야 여러 덕성이 인으로 이어져 군자의 삶을 살 수 있음을 이해하길 바랐다. '인을 좋아하되 배우기를 좋아하지 않으면, 그 폐단은 어리석어지는 것이다. 앎을 좋아하되 배우기를 좋아하지 않으면, 분수를 모르게 되는 것이다. 신의를 좋아하되 배움을 좋아하지 않으면, 그 폐단은 남을 해치는 것이다. 올곧음을 좋아하되 배움을 좋아하지 않으면, 그 폐단은 각박해지는 것이다. 용감함을 좋아하되 배움을 좋아하지 않으면, 그 폐단은 질서를 어지럽히는 것이다. 군셈을 좋아하되 배움을 좋아하지 않으면, 그 폐단은 난폭해지는 것이다.'[11] 여기서 배움을 좋아한다는 말은 늘 열린 자세로 나아갈 길을 바꾸거나 적어도 방향을 수정할 방법을 찾을 줄 안다는 뜻이다. 아무리 선을 추구하더라도 오만하고 확신에 찬 태도를 보이거나 학생의 자세로 배움에 애정을 품지 않는다면, 나쁜 결과로 이어질 수 있다.

자공이 상업에 능하고 자로가 전쟁에 능했다면 안회는 배움에 전념해 스승에게 누구보다 감명을 준 제자로, 공자는 안회를 다음과 같이 평가할 정도였다. "안회라는 제자가 배움을 좋아했습니다. 안회는 자신의 화를 남의 탓으로 돌리지 않았고 같은 실수를 두 번 다시 되풀이하지 않았는데, 불행히도 명이 짧아 죽고 말았습니다. 그런 사람은 세상에 또 없습니다." 공자보다 서른 살 정도 어렸던 안회는 보통 공자가 가장 아끼는 제자로 묘사된다.

공자가 안회를 두고 쓴소리를 한 것은 안회가 비판 없이 자신을 따르기만 한다는 생각이 들었을 때였다. '안회는 내게 도움을 주지 않는다. 내가 말하면 무엇이든 기뻐한다.' 그러나 공자는 안회가 많은 가르침을 흡수하면서도 끊임없이 도를 고찰하는 것을 보고 놀라는 일이 더 많았다. 안회는 공자가 제자들과 대화하는 동안에도 조용했으며, 스승과 논쟁하지 않았다. 처음에 공자는 그가 무엇을 배웠는지 궁금해했다. '그러나 안회가 물러간 뒤에 그의 생활을 보면 나의 가르침을 빠짐없이 익힌 것을 알 수 있다. 안회는 결코 우둔하지 않다.'[12] 안회는 스승의 가르침을 마음에 새길 만큼 깊이 받아들인 것이다.

안회는 몸이 약했기에 공자는 그의 건강을 걱정하곤 했다. 안회는 스승님께서 살아 계시는데 어찌 감히 자기가 죽을 수 있겠냐며 농담처럼 말했지만, 결국 공자보다 먼저 세상을 떠나고 말았다. 안회가 죽자 공자는 슬픔에 빠져 "하늘이 나를 버리는구나!" 하고 통곡했다. 몇몇 제자는 공자의 애도가 지나치다며 "스승님께서는 너무 애통해하십니다"라고 지적했다. 제자들의 말에 공자는 이렇게 답했다. "내가 안회를 위해 통곡하지 않는다면 누구를 위해 통곡한단 말이냐?" 공자와 안회 사이의 정은 그만큼 깊었다.[13]

때로는 훌륭한 학생이 교사에게 깨달음을 주듯, 안회의 순수한 학구열은 공자에게 큰 영감을 주었다. 안회는 자공이나 자로와 달리 소유나 승리를 목표로 삼지 않았다. 안회는 상업이나 전쟁에서 얻은 이득을 소유하는 것처럼 배움을 소유할 수는 없음을 깨달았다. 그는 스승에게서 '완벽에 가깝다'는 평가를 받으면서도 궁핍하게 살았고, 자기 수양으로서의 배움, 즉 도道란 끝이 없는 과정임을 이해했다. "안회가 크게 한숨을 쉬며 탄식했다. '스승님의 가르침은 우러러볼수록 더욱 높고, 뚫을수록 더욱 견고하며, 앞에 있는 듯 보이다가도 어느새 등 뒤에 와 있구나.'"[14] 안회는 오늘날 이야기하는 '평생학습'의 의미를 잘 알고 있었다.

안회는 세속적으로 성공을 거두지 못했고, 젊은 나이에 요절하고 말았다. 하지만 그는 배움에 전념하는 자세로 오늘날까지도 유교 교육의 귀감으로 꼽힌다. 안회는 배우기 위해 살았으며, 어떤 목적지에 도달하기보다 도를 따라가고자 했다. 공자의 훌륭한 제자들은 스승 역시 도를 따르고 있을 뿐이라는 사실을 알았다. 최고의 교사는 어떤 경지에 이르기를 열망하지 않으며, 오직 배우기만을 바란다. 이러한 태도를 가진 교사는 학생들이 자신의 가르침을 개선하고 나아가 반박하도록 허락한다.

공자는 "인과 관련한 문제를 대할 때는 스승에게도 양보하지 마라"고 말했다. 공자에 따르면 '군자는 다름을 인정하되 같아지려 하지 않으며, 소인은 같아지려 할 뿐 다름을 인정하지 않는다'.[15] 배움을 좋아하는 군자는 누군가를 모방하지 않고도 다른 생각을 받아들이며, 그렇기에 지위와 상관없이 학생이자 교사가 될 수 있다. 배움에 충실하고 독립적으로 사고하며 다름을 인정하면서도 비판할 줄 아는 군자는 오랜 세월 동안 전 세계의 학생들에게 모범이 되고 있다.

자신의 무지를 인정하라

소크라테스는 지구 반대편에서 공자가 세상을 떠나고 몇 년 뒤인 기원전 469년에 태어났다. 그의 아버지는 석공이었고, 어머니는 산파였다. 소크라테스의 가족은 아테네의 알로페케에서 살았는데, 당시 아테네에서는 모든 남성이 시민 생활에 참여할 수 있도록 기초교육을 받는 것이 일반적이었다. 소크라테스는 공자처럼 교육 면에서 대부분의 사람보다 많은 혜택을 누렸고 음악, 시, 운동 등의 분야에서 수준 높은 교육을 받았다. 석공인 아버지는 아들에게 장사를 가르쳤지만, 소크라테스가 시장에서 나눈 대화를 장사로 보지 않는다면 그가 실제로 장사를 했다고 볼 근거는 없다. 여러 자료에 따르면 소크라테스는 아고라(시장)를 돌아다니며 청년들과 크고 작은 화제를 두고 체계적인 토론을 벌였다. 그중 몇몇은 직접 소크라테스의 제자가 되거나(가장 유명한 제자는 플라톤이다) 훗날 소크라테스를 자신의 스승으로 칭했다.

    공자와 마찬가지로 소크라테스는 혼란스러운 시대를 살았다. 남성 자유민이 통치하는 민주적 도시국가였던 아테네는 남쪽으로는 스파르타와 오랜 전쟁을 벌였고 동쪽으로는 페르시아와 일촉즉발의 갈등을 빚고 있었다. 아테네와 스파르타가 벌인 펠로폰네소스 전쟁은 기원전 431년부터 기원전 404년까지 계속되었다. 소크라테스는 군에 복무하며 조국에 헌신해 명성을 높였지만, 아테네의 지도층이 될 사람들은 그를 의심의 눈초리로 보기 시작했다. 소크라테스의 제자와 친구 중에는 적국 스파르타 편에 선 사람들도 있었기 때문이다. 전쟁에서 승리한 스파르타는 아테네에 '삼십인 정권'이라고 불리는 과두정을 세웠다. 그리스의 다른 도시국가들은 아테네를 멸망시켜야 한다고 주장했지만, 스파르타인들은 과두정치를 시행하면 아테네의 긍정적인 면을 보존하는 동시에 아테네가 더는 이웃 국가를 위협하지 못하게 막을 수 있다고 생각했다. 삼십인 정권의 통치 기간은 비방과 토지 몰수, 처형으로 점철된 잔혹한 시기였다. 결국 삼십인 정권의 폭군들은 8개월 만에 물러났다.

삼십인 정권에는 소크라테스와 가까운 동료들이 있었지만, 그들은 소크라테스가 아고라에서 대화하지 못하게 막는 규칙을 만들었다. 그런데도 소크라테스는 삼십인 정권이 무너진 뒤, 아테네가 전쟁에서 패했을 때 도망가지 않았다는 이유로 비난을 받았다. 그러나 수년간 전쟁을 벌이고 수천 명이 처형당하는 등 정치적으로 심한 내분을 겪은 아테네인들은 평화가 이어지기를 바랐다. 그들은 과거의 잘못, 적어도 정치 영역에서 벌어진 잘못은 잊자며 사면을 약속했다. 소크라테스는 훗날 아테네의 청년들을 타락시키고 신을 모독했다는 등의 죄목으로 기소되었지만, 이 시기에 있었던 정치적·군사적 혼란은 그가 아고라에서 벌이는 대화를 보는 아테네인들의 시각에 분명 영향을 끼쳤다.

철학자들은 종종 '소크라테스 문제'를 언급한다. 우리가 소크라테스에 관해 알고 있는 많은 것은 후대의 철학자들이 자신의 사상을 소크라테스에게 투영한 결과물이라는 것이다. 소크라테스는 글을 쓰기보다는 다른 사람들과 대화를 하면서 자신의 생각을 발전시켰다. 우리는 소크라테스의 대화 상대들을 그의 제자로 여기지만, 공자가 그랬듯 소크라테스도 자신은 특별히 가르칠 것이 없다고 말했다는 점을 잊어서는 안 된다. 그러나 소크라테스는 분명 젊은 남성(때로는 여성)과 철학적 대화를 하며 자기 자신, 그리고 세상과의 관계에서 무언가를 발견했다. 게다가 소크라테스는 이러한 교류를 무엇보다, 심지어 자신의 목숨보다 중요하게 여겼다.

그렇다면 소크라테스의 학생이 된다는 것은 어떤 뜻이었을까? 이번에도 세 가지 사례를 중심으로 그 의미를 살펴보겠다. 바로 크세노폰, 플라톤, 아테네 시민들이다. 첫 번째로 크세노폰은 군사적 업적으로 잘 알려진 인물이며, 그는 소크라테스를 고결한 삶이란 무엇인지를 몸소 보여주는 본보기로 여겼다. 두 번째로 플라톤은 소크라테스를 문학적 인물로 창조하고 그 인물을 끝없는 깊이를 가진 철학적 자원으로 활용함으로써 서양 철학의 역사에서 가장 위대한 스승이 되었다. 마지막 세 번째 사례는 한 명의 학생이 아니라 소크라테스가 교육이 필요하다고 말한 한 무리의 남성들이다. 그들은 자신의 스승이 될 수 있었던 사람에게 사형을 선고했으며, 이 과정에서 오늘날까지 전해지는 교육적 유산을 의도치 않게 만들어냈다.

소크라테스는 크세노폰과 처음 만났을 때, 그에게 어디에 가면 필요한 물건을 살 수 있는지 물었다. 크세노폰이 답을 하자 이번에는 소크라테스가 영혼을 고양하려면 어디에 가야 하는지 물었다. 크세노폰이 대답하지 못하자 소크라테스는 자신을 따라오라고 말하며 그를 시장으로 데려가 토론을 했다고 한다.

영혼을 어떻게 고양할 것인가 하는 물음은 소크라테스가 벌인 활동의 핵심이다. 크세노폰은 『소크라테스 회상록』에서 이렇게 말했다. '나는 소크라테스처럼 주변 사람들이 저마다 무엇을 알고 있는지 알아내려 애쓰는 사람을 본 적이 없다.'[16] 이 대목을 얼핏 보면 소크라테스는 마음이 넓은 대화 상대처럼 보인다. 자기 생각을 내세우기보다 먼저 다른 사람의 생각에 관심을 보였다는 뜻으로 들리기 때문이다. 하지만 소크라테스가 다른 사람은 무엇을 아는지에 관심을 보이며 던진 질문은 예리하게 날이 서 있었다. 소크라테스는 델포이 신전을 찾았다가 자신이 가장 현명한 사람이라는 신탁을 들은 뒤, 철학에 눈을 떴다고 한다. 어떻게 된 일이었을까? 소크라테스는 주변에서 현명하기로 소문난 사람들에게 묻고 답을 구했다. 하지만 그는 이렇게 주변 사람들이 아는 것을 알아내려 질문하는 과정에서 그들이 전혀 현명하지 않다는 사실을 드러냈다. 소크라테스가 주변인들에게 보인 호기심은 회의주의, 즉 사람들은 자신이 안다고 생각하는 것을 실제로는 모를 수 있다는 의심에서 비롯되었다. 반면에 소크라테스는 자신이 무지하다는 사실만큼은 알고 있었으며, 우리는 신탁이 그를 가장 현명한 사람으로 꼽은 이유가 여기에 있다고 생각한다.

크세노폰은 한동안 소크라테스의 주된 대담자였다. 군인이었던 그는 아테네 인근 지역의 유복한 가정에서 자라며 좋은 교육을 받았고, 기사 계급(아테네의 시민은 재산에 따라 네 계급으로 나뉘었으며, 기사 계급은 두 번째로 높았다 - 옮긴이)의 일원이었기에 승마와 사냥을 할 줄 알았으며, 별다른 의무를 짊어지지 않았다. 크세노폰의 가문에서는 소수의 구성원이 재산을 관리했으며, 크세노폰 역시 군인이 되기 전에 재산을 관리하는 법을 배웠는데, 이때의 경험은 그가 군을 나온 이후에 큰 도움이 되었다.

그리고 크세노폰은 무엇보다 군인으로서 대단한 경력을 쌓았다. 그는 페르시아에서 군사 작전에 참여했다가 작전이 실패로 끝나자 동료 군인들의 지지를 받아 그들을 이끌고 위험천만한 상황에서 벗어나는 중책을 맡았고, 이 후퇴 작전을 성공으로 이끌어 수천 명의 목숨을 구했다. 크세노폰은 그리스로 귀환하는 과정에서 앞길을 가로막는 사람들을 망설임 없이 죽였다. 또 그는 한때 경쟁자였던 사람들은 물론이고 조국 아테네의 적들과도 기꺼이 손잡았으며, 나중에는 스파르타 편에서 전쟁에 나서기도 했다. 그는 이 일로 아테네에서 추방당했지만 제2의 조국이 된 스파르타는 그에게 거대한 영지를 마련해주었고, 그곳에서 그는 군사적 업적과 정치권력, 기마술 등에 관한 글과 스승이자 친구인 소크라테스를 상세히 묘사한 책을 썼다.

크세노폰은 현실적인 사람이었으며, 그가 묘사한 소크라테스는 플라톤이 그린 소크라테스보다 일상생활, 일상적인 문제에 관한 추론에 많은 관심을 보인다. 크세노폰의 설명에 따르면 소크라테스는 모든 경우에 두루 적용할 수 있는 하나의 원칙을 찾기보다 구체적인 문제와 씨름하는 사람에게 현실적인 조언을 주고자 했다. 또 소크라테스는 대담자들이 세상일에 더 잘 대처하면 더 나은 인간이 될 수 있음을 깨닫기를 바랐다. 소크라테스는 대담자들에게 노력에서 배움을 얻고, 어려운 일을 해내는 경험에서 즐거움과 지식을 얻으라고 충고하면서 자제력을 거듭 강조한다. '에우프락시아 Eupraxia(좋은 삶)'는 어려운 과제를 성공적으로 완수하고 얻는 배움에서 비롯된다. '신들이 보기에 가장 훌륭하고 귀한 사람은 농업에서는 농사를 잘 짓는 사람이고, 의학에서는 의술이 뛰어난 사람이며, 정치에서는 나랏일을 잘 처리하는 사람이다.'[17] 우리는 어떤 일이 다른 일보다 본질적으로 더 낫다고 말할 수 있을까? 철학은 과연 전차 경수보다 훌륭한 일일까? 크세노폰은 소크라테스라면 철학을 고르겠지만, 자신이 전차를 모는 사람이었다면 달리 생각했으리라 말한다.

크세노폰은 소크라테스의 입을 빌려 어떻게 하면 삶에서 실제적인 문제에 능숙하게 대처할지에 관한 견해를 밝힌다. 그는 필요에 따른 배움과 실천, 자제력과 당면한 과제에 대한 주의력을 바탕으로 자신을 단련하는 능력을 중시했다. 크세노폰은 소크라테스 역시 같은 생각이었다고 보았다. 그는 스승이 테오도테라는 매춘부와 나눈 대화에서 재기 넘치는 방식으로 이러한 믿음을 극한까지 밀어붙인 일화를 소개한다. 『소크라테스 회상록』의 앞부분에서 소크라테스는 화가, 장인, 갑옷 제작자와 대화를 한 데 이어, 이번에는 재정적 지원을 대가로 남자들에게 쾌락을 선사하는 아름다운 테오도테를 만난다. 그녀는 남자들의 지원 덕분에 부유한 생활을 하고 있었다. 소크라테스는 한 학생이 테오도테의 아름다움은 말로 다 표현할 수 없다고 이야기하는 것을 듣고는 장난스럽게 대답했다. "듣기만 해서는 말로 다 표현할 수 없는 것이 무엇인지 알 길이 없으니 그 여자를 직접 보러 가야겠구나."[18]

테오도테를 만난 자리에서 소크라테스는 함께 온 젊은이들과 그녀에 관해 이야기하기 시작한다. 테오도테가 자신을 떠받드는 남자들에게서 얻는 이익과 남자들이 그녀를 떠받들면서 얻는 기쁨 중 어느 쪽이 더 클까? 평소 검소하게 생활한 소크라테스는 테오도테의 부(좋은 옷과 잘 차려입은 시녀들)에 주목한다. "그 부는 어떻게 얻었습니까?" 소크라테스의 물음에 테오도테가 답한다. "제 친구가 된 사람이 저를 잘 대해주기를 원하면 그가 제 소득원이 되지요." 그러자 소크라테스는 그녀가 남자들을 친구로 삼아 자신을 따르고 지원하게 만들기 위해 어떤 노력을 하는지 물으면서 거미는 먹이를 잡으려

거미줄을 짜고, 사냥꾼은 사냥감을 잡으려 정교한 그물을 준비한다는 비유를 든다. "그럼 저는 어떤 그물을 가지고 있나요?" 테오도테가 되묻자 소크라테스는 이렇게 답한다. "물론 당신은 아주 잘 짜인 그물을 가지고 있지요. 바로 당신의 몸 말이에요. 그리고 당신의 몸 안에는 영혼이 있어요. 당신은 그 영혼이 있기에 어떤 눈빛이 사람들을 즐겁게 하고, 어떤 말씨가 사람들을 기쁘게 하는지 알 수 있지요. 또 친절한 사람은 반갑게 맞이하고, 거만한 사람에게는 등을 돌리는 것도 모두 영혼이 시키는 일입니다." 여기서 소크라테스는 테오도테가 강한 매력으로 친구를 끌어들이는 사람임을 지적한다. 이에 테오도테는 소크라테스 역시 많은 추종자를 거느리고 있다는 점에 주목해 이야기를 돌린다. 소크라테스라면 자신에게 맞는 친구를 구해줄 수 있으리라는 것이다. 이 장면에서 소크라테스는 때로 뚜쟁이처럼 묘사되며, 테오도테는 농담조로 이 철학자에게 포주 역할을 해달라고 부탁한다.[19]

그러자 소크라테스는 자신이 정말로 사랑을 불러일으키는 주문을 알고 있다며 너스레를 떨고는 대화의 핵심 주제로 넘어간다. 그는 어떤 사람이 우리가 줄 수 있는 것을 원하지 않는다면 아무리 그의 마음을 사로잡으려 해도 소용이 없다고 말한다. 다시 말해 욕망이 전혀 없는 사람의 마음을 사로잡으려 애쓰는 것은 무의미한 일이라는 뜻이다. 배가 터지도록 부른 사람은 눈앞에 맛있는 음식이 있어도 손대지 않을 것이다. 따라서 철학을 전파하는 사람이든, 남에게 육체적 쾌락을 주는 일을 하는 사람이든 간에 친구를 만들고 싶다면 상대방이 욕망을 느끼는 순간을 기다려야 한다. "배가 부른 사람이 있다면 배가 꺼져서 다시 고파지기 전에는 가까이 가지도, 먹을 것을 떠올리게 하지도 말아야 합니다. 그런 다음에는…… 가장 점잖은 방식으로 친밀감을 표현하고 그의 바람을 들어주겠다는 뜻을 내비치고…… 그 사람이 욕망에 빠질 때까지 도망치는 겁니다. 그렇게 하면 같은 선물을 주더라도 그 사람이 그것을 원하기 전과 전혀 다른 반응을 불러일으킬 수 있지요."[20]

여기서 말하는 선물은 교육을 뜻한다고도 볼 수 있지 않을까? 사람들은 배움이 필요하다는 것을 알거나 자신의 무지를 인식하기 시작할 때, 비로소 교육을 향한 욕망을 품는다. 그리고 그때가 바로 그들이 학생이 되는 순간이다. 소크라테스와 테오도테는 '인간의 본성을 이해하고 그에 맞는 방식으로 다른 사람을 대하는 것이 큰 차이를 만든다'고 입을 모았다.[21] 배움을 갈망하며 자신의 무지를 깨닫는 사람이야말로 훌륭한 교사가 주는 선물을 받을 수 있는 것이다.

한편 플라톤은 자신의 무지를 인정하는 자세를 소크라테스라는 인물의 가장 중요한 특징으로 묘사한다. 플라톤의 저서에서 소크라테스는 철학의 창시자이자 끈질긴 질문 끝에 자신의 믿음에 확고한 근거가 없음을 깨닫게 만드는 상징적인 인물로 그려진다. 물론 플라톤이 소크라테스의 입을 빌려 자신의 철학 원리를 세운 것은 사실이며, 플라톤 철학은 우주론에서 윤리학에 이르는 다양한 주제를 다룬다. 하지만 금욕주의와 쾌락주의의 양극단을 아우르는 서양 철학의 모든 학파가 소크라테스와 그 제자들의 계보를 잇는 것도 부정할 수 없는 사실이다. 그리고 이 학파들은 소크라테스식 대화법으로도 알려진 문답법을 철학적 전통으로 받아들였다. 지금부터는 이 문답법에 초점을 맞춰 학생 플라톤이 스승 소크라테스를 어떻게 상상했는지 살펴보겠다.

플라톤이 쓴 여러 대화편에서 소크라테스는 대담자들이 겉으로 보이는 것만큼 자기 자신에게 확신이 있는지 따져 묻는다. 가령 그는 대담자들이 사용하는 단어를 정말로 이해하는지, 그들이 말하는 권위나 전문성이 실제 지식에 기댄 것인지 아니면 단순한 습관이나 착각에 지나지 않는지 캐묻곤 한다. 소크라테스는 자신의 학생에게만 이러한 물음을 던지지 않는다. 때때로 그는 아무나 붙잡고 질문 세례를 퍼붓는다. 그러나 소크라테스의 학생들은 다른 사람들이 의도치 않게 스승의 가르침을 받는 모습을 보면서 자신의 확신이 잘못되었다는 깨달음을 얻는다.

소크라테스는 자신의 운명을 가른 재판에서 '최초의 고발자들'이 자신의 문답법을 왜곡했다고 주장했다. 아테네인들은 자신의 무지가 탄로 나자 당황한 나머지 '현자로 불리는 소크라테스라는 자가 하늘 위의 일을 내다보고 땅 밑의 일을 캐고 다니면서 나쁜 것을 좋은 것으로 꾸몄다'는 식으로 중상모략을 했다는 것이다. 소크라테스는 자신은 그와 같은 주제를 논한 적이 '전혀 없다'고 반박했다.[22] 또 그는 변론에서 자신은 가르침의 대가로 돈을 받은 적도 없다고 강조했다.

그러나 소크라테스는 자신의 무지를 인정하고 다른 사람의 무지를 드러낼 줄 안다는 점을 자랑스럽게 여겼다. 소크라테스는 자신이 그의 질문을 받는 사람들보다 나은 점이 있다며 '그들의 오류(자신의 지식을 과신하는 태도)가 그들의 지혜를 무색하게 만들었다'고 주장했다. 『소크라테스의 변론』에 묘사된 마지막 재판에서 소크라테스는 그가 자신의 운명을 결정할 시민들보다 '조금 더 유리한 점'이 있다고 말한다. 바로 그가 학생들 앞에서 폭로한 무지다. 학생들은 소크라테스에게서 진정으로 중요한(그리고 조금 위험할 수도 있는) 사실을 배웠다. 사람은 돈이 있다고 해서 현명해지지 않으며, 권력이 있다고 해서 고결해지지 않는다는 것이다. 돈과 권력이 있으면 다른 사람의 존경을 받을 수 있지만, 소크라테스의 문답법은 그러한 존경이 모래성에 지나지 않는다는 점을 드러낸다. 대화편에서 소크라테스는 자신이 다른 사람의 무지를 폭로함으로써 신탁이 내린 의무를 이행하고 있다고 주장한다. 그는 아는 것이 많고 현명해 보이는 사람들이 실제로는 자신이 무슨 말을 하는지조차 모른다는 사실을 폭로한다. 소크라테스의 말에 따르면 이것이 바로 그가 업으로 삼는 일이며, 그를 찾아온 청년들은 소크라테스가 '현자로 자처하는 사람들을 신문하는 데 귀를 기울이며 즐거워했다'.[23] 그러나 분명 모든 사람이 그런 상황을 즐기는 건 아니었다.

아테네에서 존경받는 시민들이 소크라테스에게 적대감을 보인 이유는 어렵지 않게 이해할 수 있다. 그들은 소크라테스를 따르는 청년들 앞에서 무지를 폭로당했으며, 청년들은 아테네에서 잘나간다는 사람들이 코가 납작해지는 광경을 보며 기뻐했다. 또 소크라테스가 자기 생각을 드러내지 않은 채 대화 상대의 주장이 틀렸다는 점만 밝히며 '지혜'를 과시하는 모습도 아테네 시민들의 눈에 거슬렸을 것이다. 가령 소피스트 트라시마코스는 "소크라테스는 늘 그렇듯 트집을 잡는다. 그자는 직접 답을 제시하지 않으면서 다른 사람이 내놓는 답을 난도질한다"고 지적했다. 소피스트는 그리스의 여러 도시국가를 다니며 청년들에게 수사학과 탐구 기술 등을 가르치고 그 대가로 수강료를 받는 교사들이었다. 후대의 철학자들은 소피스트를 진리나 지혜를 추구하기보다 남을 설득하는 기술만 가르친 사람들로 묘사하곤 한다. 소크라테스는 소피스트들이 연설과 논증의 힘을 강조하지만, 그러한 기술은 원칙과 목표에 대한 무지를 감추기 쉽다고 비판했다.

플라톤의 『국가』 제1권에서 현실적인 인물인 트라시마코스는 소크라테스와 청년들이 정의란 무엇인지를 놓고 이야기하는 모습을 보다가 화를 낸다. 소크라테스는 자기 생각은 이야기하지 않은 채 청년들이 말하는 정의의 허점을 지적하며, 청년들은 그런 소크라테스의 말을 하나하나 귀담아듣는다. 그러자 트라시마코스는 대화에 끼어들어 이렇게 쏘아붙인다. "이게 바로 소크라테스 선생이 늘 사용하는 아이러니지요. 나는 당신(소크라테스)이 자기 생각을 말할 뜻이 없고, 누가 질문을 해도 시치미를 떼거나 갖은 수를 써서 대답을 피하리라는 걸 알고 있었소." 트라시마코스는 정의란 강자의 권리라고 주장하지만, 소크라테스가 계속해서 질문을 던지자 그가 자신의 말을 '논쟁에 가장 해가 되는 의미로 왜곡'하는 저열한 행동을 하고 있다고 불평한다.[24] 이에 소크라테스가 자신의 의도는 그런 것이 아니었다고 변호하자 트라시마코스는 그제야 흥분을 가라앉힌다.

소크라테스가 던지는 의심과 질문들은 사회의 존경 외에도 많은 것을 뒤흔들었다. 고대 아테네에는 경건함과 사회의 관습을 준수하는 태도를 아우르는 '유세비아Eusebia'라는 개념이 있었는데, 아테네 시민들은 이 유세비아를 바탕으로 시민의 의무를 이해했다. 아테네 사람들은 일상생활을 통합하는 시민적 의례를 비롯한 의무를 이행하면서 많은 것을 '당연하게' 받아들였다. 유세비아를 이루는 핵심 덕목 중에는 개인이 가족, 부족, 도시 등 자신이 속한 집단에 갖는 충성심이 있었다. 그런데 이 충성심이라는 덕목은 소크라테스가 살았던 시기에 벌어진 군사적·정치적 충돌로 크게 흔들렸다.

가령 소크라테스와 관계있는 인물 중에 스파르타와의 전쟁 도중 스파르타에 동조하거나 대놓고 스파르타 편에서 싸운 사람은 크세노폰만이 아니었다. 젊은 시절 소크라테스 덕분에 목숨을 건졌다고 전해지는 알키비아데스도 그중 한 명이었다. 알키비아데스는 펠로폰네소스 전쟁 중에 스파르타로 망명했고, 그런 다음에는 페르시아로 건너갔다가 다시 아테네로 돌아왔다. '도시의 청년들을 타락시켰다'는 혐의로 소크라테스를 고발한 아테네 사람들은 그의 제자 중 몇몇이 유세비아를 거리낌 없이 저버렸다는 사실을 잊지 않았다. 그렇다면 소크라테스는 제자들에게 충성심을 가져야 할 다른 이유를 제시하지 않은 채, 널리 받아들여지는 정치적 통념을 아이러니로 '난도질'하라고 가르쳤을까? 소크라테스의 제자가 된다는 것은 무언가에 충성하지 않아도 된다는 뜻이었을까?

플라톤의 대화편 『에우튀프론』은 충성심과 경건함이라는 주제를 명시적으로 다룬다. 소크라테스는 불경죄를 저질렀다는 혐의에 변론하러 가던 중, 하인을 죽인 혐의로 자신의 아버지를 고발하기 위해 법정으로 향하던 에우튀프론을 만난다. 소크라테스는 아버지를 고발하는 것이 지극히 경건한 일이라 확신하는 에우튀프론에게 감명받은 척 시치미를 떼면서 자신이 받는 불경죄 혐의에 잘 대답할 수 있도록 공경을 표하는 법을 가르쳐달라고 부탁한다. 이어지는 대화에서 소크라테스는 에우튀프론이 경건함이 무엇인지 제대로 정의하지도 못하며(에우튀프론은 신을 기쁘게 한다면 무엇이든 경건한 일이라고 주장한다), 그가 실천하는 경건함은 믿을 만한 것이 못 된다는 점을 폭로한다. 에우튀프론은 그리스어로 '올곧은 사상가'라는 뜻인데, 이 대화는 자기 생각을 과신하는 청년이 경건함을 잘못 정의한 탓에 순환논법에서 빠져나오지 못하는 모습을 묘사하면서 소크라테스의 아이러니가 얼마나 강력한 효과를 발휘하는지 잘 보여준다.

『에우튀프론』이 재미있는 이유 중 하나는 이야기의 중심인물이 매우 우둔하다는 것이다. 에우튀프론은 경건함을 이야기하면서도 정작 불경할 정도로 과신에 빠진 모습만 되풀이한다. 소크라테스가 보기에 과신은 결코 사소한 문제가 아니며, 배움을 방해한다는 점에서 치명적인 결함이다. 자신의 무지를 인정함으로써 배움을 얻는 것은 학생에게 꼭 필요한 일이며, 인간에게 없어서는 안 되는 능력이다. 하지만 불쌍한 에우튀프론은 우스꽝스러울 만큼 지적으로 오만한 탓에 학생과 정반대의 길을 간다. 그는 아무것도 배울 수 없는 사람처럼 보인다. 배움을 받아들이려면 자신이 가진 확신을 어느 정도는 포기할 줄 알아야 하기 때문이다.[25]

이 대화에서 작동하는 소크라테스의 아이러니는 보기보다 교묘하다. 대화편을 읽는 우리는 에우튀프론이 자만과 과신에 빠져 있으며, 위대한 교사인 소크라테스를 만난 뒤에도 달라지지 않으리라는 것을 쉽게 알 수 있다. 그렇다면 우리 자신은 어떨까? 에우튀프론이 얼마나 어리석은지 알아챈 자신에게 만족하는 데서 그치지 않는가? 이 대화는 독자에게 자신이 에우튀프론만큼 어리석지는 않다는 잘못된 자신감을 심어줄 수 있다. 학생들은 대화편을 읽으며 자연스레 소크라테스의 편에 서지만, 그러다 보면 잘못된 지적 자신감을 가지기 쉽다. 하지만 이것이야말로 소크라테스의 관점을 받아들인다면 있어서는 안 될 일이다. 이 대화편은 경건함에 대한 만족스러운 정의를 제시하지 않는다. 그렇다면 우리는 에우튀프론이 갇힌 굴레에서 어떻게 빠져나와야 할까? 나쁜 학생이 벌을 받는 광경을 보고 즐거워하다 보면 자신도 그 학생과 그리 다르지 않다는 사실을 깨닫기 어렵다.[26] 소크라테스의 질문을 우리 자신에게 돌려 에우튀프론보다 나은 학생이 되려면 어떻게 해야 할까? 또 그렇게 하는 것이 우리에게 무슨 의미가 있을까?

오랜 세월 동안 이러한 물음에 답을 찾은 사람들은 자신에게 질문을 던져 지적 겸손함을 갖추는 것이 배움이라는 끝없는 탐구 과정에서 무엇보다 중요하다고 강조한다. 플라톤의 『국가』 제7권에서 소크라테스는 배움의 과정에 따르는 어려움을 설명하면서 인간을 동굴에 갇혀 한쪽 벽에 비친 그림자밖에 못 보는 죄수에 비유한다. 우리가 눈으로 보고 알 수 있는 것은 그 그림자가 전부이기에 우리는 그것을 단순한 그림자가 아니라 실재로 받아들인다. 철학을 통한 교육은 우리가 잘못된 방향을 바라볼 때, 다시 말해 기존의 방식대로 주의를 기울여서는 진정으로 중요한 문제를 파악할 수 없을 때 우리의 이해를 돕는다. 소크라테스는 철학 교육으로 감각의 습관화를 극복해야 한다고 주장한다. 우리의 감가은 그림자를 현실로 착각해 사물을 있는 그대로 보기를 거부하도록 이끌기 쉽다. 심지어 우리는 동굴 속에서 그림자들 틈에 갇혀 살면서 진실을 목격한 사람들을 두려워하거나 처벌하고, 그들을 우리의 삶을 위협하는 존재로 취급할 수도 있다.

하지만 소크라테스의 말대로 배움을 얻는 학생은 그림자의 세계, 겉모습뿐인 세계에서 벗어나려 노력할 것이다. 이는 '몰랐던 지식을 영혼에 집어넣는' 식의 단순한 가르침을 구하는 것과 다른 일이다. 참된 교육이란 모든 사람의 영혼에 배우는 능력이 깃들어 있으며, 온몸을 돌려 어둠에서 빛으로 시선을 향할 때 비로소 그러한 능력을 발휘할 수 있음을 인식하는 것이다.[27] 요컨대 교육은 '온 영혼'이 겉모습에서 등을 돌려 선을 향하도록 이끌어야 한다.

플라톤이 묘사한 소크라테스는 지금껏 잘못된 것에 주의를 기울여왔다는 사실을 깨닫고 자신의 무지를 인정할 때라야만 우리가 선으로 눈을 돌릴 수 있다고 말한다.[28] 그에 반해 크세노폰이 묘사한 소크라테스는 다른 사람의 허위를 지적하는 동시에 대담자가 일상생활에 적용할 수 있는 통찰을 얻도록 돕는 인물이다. 크세노폰의 소크라테스는 배움을 얻기 위해 세속적인 일에서 등을 돌릴 필요가 없으며 조금 다른 방식으로 주의를 기울이면 된다고 말한다. 그러나 플라톤의 소크라테스는 위험한 메시지를 전하는 스승이며, 그의 가장 유명한 제자 플라톤은 스승의 메시지를 인간 활동의 중심지에서 떼어놓음으로써 그것을 지키고자 했다.

그리하여 플라톤은 대중이 오가는 시장이 아니라 학생들이 더 안전하게 철학 문제에 지적 관심을 쏟을 수 있는 아카데미에서 철학을 실천하도록 이끌었다. 플라톤은 소크라테스를 다른 사람의 무지를 드러내는 스승이자 동굴 같은 일상의 어둠에서 더 참되고 선한 것으로 나아가는 길을 보여주는 철학자로 여긴다. 플라톤의 대화편에 등장하는 모든 대담자가 소크라테스에게서 배움을 얻는 것은 아니다. 진정한 학생은 대화편을 읽는 독자들이며, 독자는 아카데미 안에서 더욱 안전하게 공부할 수 있다.

소크라테스의 학생은 그와 대화하거나 그에 관해 글을 쓰거나 그 글을 읽는 사람들만이 아니었다. 소크라테스는 아테네 시민들을 학생으로 삼았으며, 시민들의 고발로 어쩔 수 없이 재판소에 섰을 때도 그들에게 깨달음을 주고자 했다. 아테네는 한때 강한 힘을 가지고도 신중하게 국가를 통치한다고 자부했지만 스파르타, 페르시아와 전쟁을 벌이고 민주정이 무너지면서 어려운 시기를 보내고 있었다. 그리고 이 시기에 소크라테스는 자연스레 사람들의 표적이 되었다.

『소크라테스의 변론』에는 소크라테스가 500명의 동료 시민으로 구성된 '배심원단' 앞에서 변론한 내용이 나와 있다. 크세노폰 역시 이 변론에 관한 글을 썼으며, 소크라테스가 자신이 배심원들보다 우월한 점을 강조하면서 사형을 내릴 테면 내리라며 큰소리쳤다고 묘사했다. 플라톤의 글에서 소크라테스는 배심원단에 큰소리를 치지는 않지만, 철학을 실천한 일을 두고 사과하지도 않는다. 그는 배심원단의 예상과 달리 자비를 베풀어달라고 호소하지 않으며, 오히려 철학을 계속 실천하도록 허용하는 것이 도시에 더 유익하리라고 주장한다. 어쩌면 플라톤은 대중의 틈에서 도발적인 질문을 던져 사람들이 무엇을 알고 무엇을 모르는지 깨닫도록 이끄는 철학자가 있다면, 그가 속한 집단은 큰 행운을 누리는 것이라고 독자들을 설득하려 했을지도 모른다.

소크라테스는 군 복무를 훌륭히 마쳤지만, 대중 앞에서 아테네의 유명 인사들에게 질문을 던지는 것으로 명성을 얻었으며, 배심원단도 같은 이유로 소크라테스를 잘 알고 있었을 것이다. 하지만 플라톤에 따르면 소크라테스는 명성에 관한 회의적인 생각을 숨기려 들지 않았다. "나는 가장 명성이 높은 사람들이 실은 가장 어리석으며, 그보다 못한 것처럼 보이는 사람들이 더 아는 것이 많다는 사실을 알았습니다." 소크라테스의 말은 아테네의 전통, 유세비아를 뒤흔드는 주장으로 받아들여질 위험이 있었다. 그러나 소크라테스는 도시의 유명 인사들을 향한 경멸이 단순한 불경으로 받아들여지지 않도록 주의하면서 무지를 폭로한다는 자신의 사명은 사실상 신들의 뜻을 충실히 따르는 일이라고 주장했다. 그에게 '인간의 지혜는 보잘것없다'는 사실을 알리도록 명한 것은 다름 아닌 신탁이었다. "나는 시민이든 이방인이든 가리지 않고 지혜로워 보이는 사람을 찾아다닙니다. 그런 다음 그 사람이 지혜롭지 않다는 생각이 들면, 신의 도움을 받아 그가 지혜롭지 않음을 보여줍니다."

소크라테스는 철학이 더 높은 차원의 경건함을 실천하는 일이라고 동료 시민들을 설득하고자 했다. 하지만 시인, 수사학자, 정치가, 상인들은 모두 자신이 이해하시 못한 것을 폭로하는 소크라테스에게 분노했다. 소크라테스는 자신이 더 깊은 이해력을 가졌다고 주장하지 않고 다른 사람들의 부족한 이해력을 드러낼 뿐이었으며, 이를 두고 사과할 마음이 없었다. 그는 자신에게 무지를 폭로당한 사람들이 품은 분노는 신을 향한 순종이 얼마나 중요한지를 보여주는 또 하나의 증거일 뿐이라고 힘주어 말했다.[29] 여기서 소크라테스는 정말로 배심원들이 자신의 주장을 철학적 삶의 방식을 변호하는 말로 받아들이기를 기대했을까? 아니면 이는 플라톤이 미래의 독자들, 장차 문답법을 배울 학생들로 구성된 또 다른 배심원단에 호소하려 한 말일까?

소크라테스를 심판하기 위해 모인 아테네 시민들은 그가 비슷한 재판에서 흔히 그러하듯 자비를 구하리라 기대했다. 하지만 시민들은 이 반항적인 철학자가 사형을 두려워하지 않은 채 신의 뜻에 따라 질문을 계속하겠다고 선언하는 것을 들었다. 소크라테스는 죽음 뒤에는 무엇이 오는지 알 수 없기에 죽음을 두려워하는 것은 어리석은 일이라고 말한다.[30] 또 그는 자신에게 사형을 선고하는 대신 귀빈들이 머무는 장소인 프리타네이움으로 보내 식사를 대접받게 하는 것이 어떻겠냐며 배심원들을 비꼬는가 하면, 아테네는 언젠가 돈과 명성, 권력을 가진 자들의 지적·도덕적 부정을 폭로하는 일을 막은 대가로 고통을 겪으리라고 비난한다.

소크라테스는 목숨을 구하기 위해서가 아니라 그가 아테네에 도움이 되는 사람이라는 이유로 자신을 변호했다. 그는 자신이 동료 시민들에게 선물과도 같은 존재라며 너스레를 떤다. "나는 신이 아테네에 붙여놓은 등에라고 할 수 있습니다. (······) 거대하고 멋진 말은 덩치 탓에 움직임이 조금 둔하므로 등에가 달라붙어 자극을 줄 필요가 있는 것이지요." 그는 배심원들이 사형을 명한다면 자신을 대신할 사람을 찾기란 쉽지 않으리라 말한다. 물론 배심원들은 그의 말을 받아들이지 않지만, 소크라테스는 반항적인 태도를 굽히지 않는다. "사람을 죽임으로써 올바른 삶을 살지 못했다는 비난을 면할 수 있으리라 생각한다면 큰 오산입니다."[31]

소크라테스는 배심원단의 판결을 받아들이고, 사형 집행을 피하려는 시도조차 하지 않았으므로 반항적이라는 표현은 적절하지 않을 수 있다. 그는 아테네의 유세비아를 거부하기보다는 동료 시민들이 자신의 행동을 반성하게 함으로써 도시의 관습을 개선하려 애쓴다. 소크라테스는 마지막까지 제자들을 모아놓고 사형을 피해 도망치지 않는 것이 왜 중요한지 설명한다. 그는 죽음을 앞둔 순간에도 자신을 둘러싼 제자들에게 논증과 대화의 가치를 강조하고 판결을 받아들임으로써 끝까지 아테네의 시민으로 남는 것이 어떤 의미가 있는지 이야기한다.

플라톤의 대화편은 독자들이 무지를 드러내는 질문과 논증을 익힐 뿐 아니라 철학의 가르침이 필요한 공동체와 철학적 삶의 방식에 충실해야 하는 이유를 깨달아 진정한 학생으로 거듭나도록 이끌기 위한 글이었다.

나를 따라오너라

나사렛에서 태어난 예수도 혼란스러운 시대를 살았다. 기원전 1세기 무렵 팔레스타인은 로마에 점령당했고, 로마는 유대인을 탄압했다. 유대인들은 오랫동안 외세의 침략과 점령을 겪었으며, 기원전 200년경에는 파괴당한 예루살렘 성전을 재건했고, 수 세기에 걸쳐 헬레니즘화의 위협에 맞서야 했다. 당시 이 지역에는 유대교의 율법인 토라를 엄격히 따를 것을 강조하는 등 다양한 방식으로 외세의 영향력에 대응한 유대교 종파들이 있었다. 예수가 살았던 시기에 일부 유대인은 부도덕하고 잔혹한 로마 당국과의 충돌을 최소화하기 위해 율법을 준수하는 일을 개인의 문제로 여겼다. 그런가 하면 어떤 이들은 예루살렘을 점령한 로마인들에 맞서 저항에 불을 지피기 위해 유대교를 열성적으로 활용했다.

예수는 종교적·문화적 혼란 속에서 자연스레 정치적·군사적 분쟁이 들끓는 가운데 가르침에 나섰다. 그는 우화와 율법 해석, 그리고 사도들에 따르면 비범한 행동으로 추종자들의 마음을 사로잡는 순회 랍비이자 설교자, 스승의 면모를 보였다. 또 그는 부패한 이들이 불법적인 사업을 그만두게 하고, 병자를 고치고, 굶주린 사람들을 먹이고, 심지어는 물 위를 걸었다고 전해진다. 요한복음에 따르면 예수가 유대교의 추수감사절인 수코트Succoth 기간에 가르침을 행하자 사람들은 '저 사람은 공부한 적도 없는데 어떻게 배움을 얻었을까?' 하고 기이하게 여겼다. 이에 예수는 흥미로운 대답을 내놓았다. "나의 가르침은 내 것이 아니라 나를 보내신 분의 것이다. 하나님의 뜻을 따르려는 사람이라면 이 가르침이 하나님에게서 나왔는지 내 생각에서 나왔는지 알 것이다. 제 생각대로 말하는 사람은 자신의 영광을 좇겠지만, 자기를 보내신 분의 영광을 좇는 사람은 진실하며, 그 속에 거짓이 없다."(요한복음 7장 16~18절)

예수는 자신이 평범한 교사가 아니며, 율법이나 하나님의 말씀에 해석을 내놓지 않는다고 주장했다. 그는 자신의 가르침은 그를 보낸 하나님의 말씀을 체현한 것이므로 자신을 따르는 학생은 추종자가 되기를 요구한다. 훗날 전해진 대로 하나님의 말씀은 단순한 지적 메시지가 아니라 육신이 되었다는 것이다. 따라서 예수의 가르침은 머리로 이해하기만 해서는 안 되며, 예수의 학생들은 자신이 추구하던 길을 버리고 스승이 제시한 길을 걸어야 한다. 여기서는 예수의 제자 중 이름이 가장 널리 알려졌으며 예수의 가르침을 후대에 전하는 반석이 된 베드로, 세금징수원으로 일했으며 예수의 가르침이 가진 변화의 힘을 대변하는 마태, 스승을 배신한 유다, 선교사가 되어 예수의 가르침을 복음으로 전파하는 데 열성을 다한 바울의 예를 간략히 살펴보겠다.

베드로(본명은 '시몬'이었다)는 흔히 예수의 첫 번째, 혹은 가장 중요한 사도로 불린다. 마가복음에 따르면 예수는 갈릴리 지방에 살던 어부 형제 베드로와 안드레 곁을 지나가다가 두 사람에게 자신을 따라와 장차 사람을 낚는 어부가 되라고 말했다. 또 다른 기록에 따르면 예수는 베드로의 집을 찾아가 그의 장모를 치료했다고 하며, 요한복음에서는 세례자 요한이 예수를 메시아로 지목한 직후에 예수와 베드로가 만났다고 한다. 이러한 기록들에서 베드로는 평범한 어부였지만 부름을 받고 특별한 사건들을 목격한 제자, 때로는 그 사건들에 놀라거나 겁을 먹기도 하지만 믿음이 깊기에 다시 스승의 길로 돌아오는 제자로 그려진다.

성경에서는 많은 사람이 예수를 가리켜 그가 정말로 메시아가 맞느냐고 물으며, 예수는 자신의 제자나 제자가 되려는 사람들에게 다음과 같이 직접 질문을 던진다. "'너희는 나를 누구라고 생각하느냐?' 시몬 베드로가 대답한다. '살아 계신 하나님의 아들 그리스도이십니다.' 예수께서 말씀하신다. '바요나 시몬, 네가 복이 있구나. 그것을 네게 알려주신 분은 사람이 아니라 하늘에 계신 내 아버지시다. 듣거라. 너는 베드로(바위라는 뜻이며 아람어로는 '케파Kipha')이다. 내가 이 반석 위에 교회를 세울 터이니 지옥의 문도 그것을 이기지 못하리라. 네게 천국의 열쇠를 주겠다'."(마태복음 16장 17~19절)

예수가 베드로에게 맡긴 사명은 수 세기에 걸쳐 교회의 반석이 되었지만, 바위도 때로는 흔들리게 마련이다. 최후의 만찬에서 예수가 베드로에게 아끼는 제자가 자신을 배신하리라 말하자 베드로는 분개했지만, 몇 시간 뒤 스승이 고통을 당할 때 베드로는 잠을 자고 있었으며, 자신의 안위를 걱정해 예수를 알지 못한다고 부인했다. 베드로의 이야기는 완벽하거나 순수해야만 하나님의 아들을 따를 수 있는 것은 아님을 보여준다. 세상을 살며 순수함을 유지하기란 불가능한 일이며, 믿음은 약함을 인정하는 데서 나온다. 베드로는 반석이지만, 반석에도 갈라진 틈은 있는 법이다. 예수의 제자가 된다는 것은 자신이 결코 완벽한 학생이 될 수 없음을 인정한다는 뜻이다.

예수가 세금징수원 마태를 아끼는 제자 중 한 사람으로 삼은 이유도 이 점을 강조하기 위해서였을 것이다. 로마 통치하의 팔레스타인에서 세금징수원은 정부를 대신해 돈이나 농작물을 거두는 특권을 누렸지만, 그런 만큼 대중의 멸시를 받았으며 매춘부나 범죄자와 같은 취급을 받는 일도 많았다. 예수는 바리새파 사람들과 율법학자들에게서 이런 질문을 받았다. "어째서 당신은 세금징수원이나 죄인들과 어울려 먹고 마시는 겁니까?" 예수가 대답했다. "건강한 사람에게는 의사가 필요하지 않지만, 병자에게는 필요하다. 나는 의인이 아니라 죄인을 불러 회개시키러 왔다."(누가복음 5장 31~32절) 그렇기에 예수는 세관에 앉아 있는 마태를 보고 긴말할 것 없이 '나를 따라오너라'고 일렀고, 마태는 곧장 자리에서 일어나 그를 따라나섰다.

예수는 '재능 있는' 학생이 아니라 새로운 길을 따라야 하는 죄인들의 스승이 되었다. 공자는 자신을 따르는 제자들의 장단점을 지적하며 그들의 역량을 키우고 결점을 줄이려 애썼다. 소크라테스는 상대가 누구든 그의 지적 허영을 거침없이 폭로했으며, 특히 자기가 정말로 재능이 있다고 믿는 사람들의 가면을 벗기는 일을 즐겼다. 그런데 예수는 여기서 한 걸음 더 나아가 다른 사람들의 멸시를 받는 사람들, 혹은 인생에서 고통을 겪은 사람들을 찾아갔다. 예수의 가르침은 심오한 구원을 제공했기에 제자들의 빈곤과 결핍은 오히려 장점이 되었다. 마태는 직업 탓에 멸시를 받았지만, 덕분에 글을 쓸 줄 안다는 한 가지 장점이 있었다. 전하는 이야기에 따르면 마태는 예수의 가르침을 처음으로 필사한 사람이었다.

마태는 예수가 산상수훈에서 가르친 팔복(여덟 가지 복)을 나열하는데, 그중 앞의 넷은 약점이 어떻게 미덕이나 축복이 되는지를 설명한다.

마음이 가난한 사람은 복이 있나니
천국이 그들의 것이다.

슬퍼하는 사람은 복이 있나니
그들은 위로를 받을 것이다.

온유한 사람은 복이 있나니
그들은 땅을 물려받을 것이다.

의에 굶주리고 목마른 사람은 복이 있나니
그들은 만족할 것이다.

_마태복음 5장 3~6절

    타락하거나 약한 사람을 의와 구원으로 이끄는 것은 예수의 가르침의 근본이자 유대교 전통이나 그리스 철학을 넘어서는 점이다. 그러나 타락한 사람이라고 해서 모두 구원받지는 않으며, 예수의 한 제자는 스승과 그의 가르침에 등을 돌리고 정반대의 길을 택한 것으로 잘 알려져 있다. 예수는 자신이 배신당할 것을 알고 최후의 만찬에서 이를 세 번씩이나 언급했다. 예수는 유다 이스카리옷을 직접 배신자로 지목하지 않았지만, 유다는 당국에 예수가 그들이 찾는 반체제적 설교자임을 알려주고자 예수에게 입을 맞춤으로써 예수의 예감이 사실이었음을 입증했다. 또 그는 예수가 자신의 스승이자 랍비라고 공공연하게 말하기도 했다.

    다른 사도들과 달리, 예수가 어떻게 유다를 제자로 거두었는지는 알려지지 않았다. 성경을 읽는 독자들은 유다가 결국 스승을 배신할 '악마'라는 경고만 듣는다. 요한복음에서 유다는 예수가 왜 죄

많은 여인이 자신의 발에 향유를 바르도록 허락했는지 이해하지 못했다는 이유로 스승의 질책을 받는다. 유다가 비싼 향유를 팔면 그 돈으로 가난한 사람들을 돌볼 수 있었으리라 불평하자, 예수는 여인을 내버려두라며 이렇게 말한다. "이 향유는 여인이 내 장례 날을 위해 간직해둔 것이다."(요한복음 12장 7절) 많은 해설자는 예수를 향한 여인의 깊은 사랑을 예수가 그녀에게 베푼 깊은 용서와 연결 짓는다. 유다는 이러한 구원을 이해하지 못한 채 대의명분을 살릴 수 있었던 거래를 놓친 일을 아쉬워할 뿐이다. 사랑과 구원을 가져오는 배움은 훗날 은화 30냥을 받고 스승을 배신한 일로 악명을 떨친 유다가 이해할 수 없는 것이었다. 누가복음에서는 실패한 제자, 즉 스승을 따르지 않고 타락한 유다에게 '사탄이 들렸다'(누가복음 22장 3절)고 말한다.

사도 바울은 예수가 살아 있을 때 한 번도 그를 만나지 못했다. 하지만 바울은 스승의 가르침을 전한 위대한 선교사로서 예수의 제자 중 후대에 가장 큰 영향을 끼친 인물이 되었다. 히브리어 이름 사울로도 알려진 바울은 독실한 유대인 가정에서 태어난 것으로 보인다. 그는 학문의 중심지에서 당대의 훌륭한 교사들과 공부했으며, 젊은 시절에는 기독교인들을 이단으로 몰아 박해함으로써 종교에 헌신했다. 그러나 바울은 예수가 십자가형을 받은 뒤 다마스쿠스로 가던 중에 자신의 삶과 역사의 흐름을 뒤바꿀 더 높은 진리의 계시를 받았다.

바울이 다마스쿠스에 다다를 무렵, 갑자기 하늘에서 눈부신 빛이 번쩍였다. 깜짝 놀라 말에서 떨어진 바울은 자신에게 묻는 목소리를 들었다. "사울아, 사울아, 어찌하여 네가 나를 박해하느냐?"(사도행전 9장 4절) 어안이 벙벙하고 겁에 질린 바울이 누구시냐고 묻자, 목소리의 주인은 자신이 예수라고 답했다. 바울과 함께 길을 가던 동료들도 목소리를 들었지만 무슨 일인지 이해하지 못했다. 겨우 정신을 차리고 일어서려는 바울에게 예수는 이렇게 지시했다. "시내로 가거라. 그러면 네가 해야 할 일을 알려줄 사람이 있을 것이다."(사도행전 9장 6절) 하지만 그 직후 바울은 눈이 보이지 않게 되었고, 동료들이 그를 다마스쿠스까지 데리고 가야 했다. 이후 바울은 사흘 동안 앞을 보지 못하다가 예수의 환영에게서 바울의 눈을 고치라는 명령을 들은 또 다른 제자 아나니아에게 치료를 받고서야 시력을 되찾았다. 바울이 시력을 회복한 것은 그가 예수의 가르침을 이해해 체화했음을 상징하는 일이다. 이 사건으로 바울은 일순간에 개종을 끝마쳤고, 박해자였던 그는 제자이자 추종자로 거듭났으며, 이후 전도자라는 새로운 유형의 교사가 되었다.

예수의 가르침은 공자의 가르침처럼 전통으로 돌아가자는 요구도, 소크라테스의 질문처럼 모르는 것을 깨닫게 하는 대화도 아니었다. 그의 가르침은 다른 삶, 지금까지의 자신을 버리고 하나님이 보낸 메시아를 따르는 사람으로 거듭나는 삶으로 이끄는 데 목적이 있었다. 사람을 바닥에 내동댕이치고 눈을 멀게 만들어 이전의 삶을 보지 못하고 완전히 새로운 방향으로 나아가게 하는 계시를 두고 '가르침'이라 말하는 것은 적절하지 않을지도 모른다. 하지만 예수의 제자가 된다는 것은 스승이 구현한 사랑의 메시지에 마음을 열고 그 메시지가 전달하는 힘을 순순히 받아들인다는 뜻이었다. 예수는 배움의 변혁적 측면을 다른 차원으로 끌어올렸다. 종교적 제자로서의 학생은 스승의 가르침을 기꺼이 받아들여 다시 태어날 준비가 된 사람이다.

공자는 세 제자에게 완전히 새로운 삶을 제시하지 않았으며, 제자들의 됨됨이에 맞게 가르침을 전했다. 세 제자는 각기 다른 성격 유형을 대표하며 저마다 다른 방식으로 배움에 임한 인물들이었다. 오늘날의 표현을 쓰자면, 공자는 제자들을 '있는 그대로 만났다'고 할 수 있다. 마찬가지로 소크라테스의 제자들 역시 저마다 스승의 문답법과 특별한 관계를 맺었는데, 이들의 공통점은 비판과 그에 따르는 지적 겸손을 마음에 새겼다는 것이다. 그들은 도시의 위계질서를 흔든 소크라테스의 아이러니를 보며 변화를 경험했을지 모르지만, 소크라테스가 그들에게 삶의 방향을 바꿀 새로운 교리를 제시한 건 아니었다. 이와 달리 기독교 전통에서 학생은 사랑으로 가득 찬 열렬한 추종자가 되며, 자신이 가는 새로운 방향을 모두가 따라야 한다고 확신한다. 이 새로운 전통에서 학생은 신실한 추종자일 뿐 아니라 들을 귀가 있는 모든 사람에게 예수의 가르침인 복음을 전하는 선교사이다.

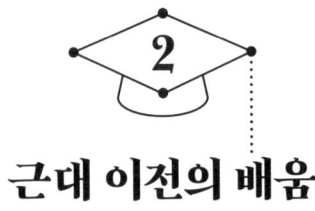

근대 이전의 배움

오랜 세월 동안 학생들은 공자, 소크라테스, 예수와 관련 있는 학습 방식을 접해왔다. 이 방식들은 스승이 제시한 길을 받아들이면 조화로운 통합, 비판적 자기 인식, 거듭남을 이룰 수 있다고 약속했다. 이를 접하는 학생들은 종종 다음과 같은 의문을 품는다. 나는 교사에게서 기술을 배워야 할까, 아니면 따라야 할 삶의 방식을 배워야 할까? 나는 교사에게 계속 충실해야 할까, 아니면 학생 상태에서 '졸업'해 독립적이고 때로는 반항적이기까지 한 사람이 되어야 할까? 평범한 학생들은 평범한 교사들에게서 어느 정도 자립을 이루는 법과 목적의식을 가지고 공동체에서 제 역할을 하는 법을 배웠다. 학교 교육이 널리 보급되기 전에도 젊은이들은 경제적으로 자립하는 동시에 전통과 위계질서에 적응하는 법을 배워야 했다.

학생이 된다는 것은 가족, 마을, 도시 등 자신이 속한 생태계에 참여하기 위해 주체성을 기른다는 뜻이었다. 전근대 서양에서 학생이 주로 사회에 적응하는 데 필요한 자립심을 기르는 사람을 가리켰다면, 근대로 접어들면서 학생은 점차 스스로 생각하는 법을 배우는 사람으로 여겨졌다. 이 시기에 이르러 스스로 생각하는 능력은 인간이 되기 위한 조건 중 하나가 되었다. 따라서 배움의 기회를 박탈당한 이들은 사회에 인간성을 부정당한 셈이었다. 역설적이게도 근대에는 사회가 노예의 범주에 속한 사람들이 교육을 받을 가능성을 부정하면서 학생이 되는 것은 곧 자유를 배우는 일이라는 연결고리가 더욱 뚜렷해졌다.

'중세 유럽'은 광범위한 시간과 공간을 아울러 이르는 말이다. 예를 들어 5세기 동유럽은 400년 뒤의 이베리아 반도와 관습 및 관행이 전혀 달랐다. 전근대의 서구는 매우 다채로운 세계였고 1,000년에 걸쳐 들쑥날쑥하게 변화했다. 이 장에서는 학교가 널리 보급되어 문해율이 높아지기 전, 주로 부모에게서 교육을 받은 청년들의 특성을 보여주는 사례를 살펴볼 것이다. 교육기관이 막 발전하기 시작한 중세 유럽에서 젊은이가 성장한다는 것은 무엇을 의미했을까? 그리고 이러한 성장 과정은 학습과 어떤 관계가 있었을까?

중세 유럽의 많은 지역에서 청년들은 가정교육 외에도 도제 교육을 받을 수 있었으며, 때로는 후자가 전자를 대신했다. 도제 교육을 받는 청년들은 특정 기술에 숙달해 도제를 고용할 자격을 얻은 연장자에게서 기술을 배웠다. 도제는 기술을 습득하면서 공예나 장사를 훈련했고, 훈련을 성공적으로 마치면 교사 또는 장인에게서 독립할 능력을 갖출 수 있었다. 그리하여 도제 훈련을 잘 끝마친 학생에게는 장인이나 교사가 될 길이 열렸다. 도제 교육은 매우 구체적인 제도였지만, 중세 시대에도 직업훈련뿐 아니라 배움의 기술 자체를 가르치는 학교에 다니는 학생들이 있었다. 종교나 행정 당국은 특정 기술을 습득하는 능력과 별개로 학생들을 배움이라는 사명을 가진 사람으로 인정했다. 학교는 책이 널리 보급되고 공식 학문이 발달하기 전에도 지식을 습득하는 능력을 개발하기 위한 곳이었다.

혼자서 살아남는 법을 가르치다

1970년대 말에서 1980년대 초 내가 역사학 박사과정에 있을 당시, 사회사는 특유의 방식으로 과거를 이해하는 강력한 수단으로 여겨졌다. 사회사학자들은 연구자들이 오래전에 살았던 사람들의 삶에 자신이 당연하게 받아들이는 가정을 투영하지 말아야 한다고 주장하며 역사 연구에서 나타나는 현재주의를 바로잡고자 했다. 오늘날 당연하게 받아들이거나 '자연스럽다'고 간주하는 것들은 특정 시대와 장소의 산물일 수 있으므로 우리는 지금 무언가를 가치 있게 여긴다고 해서 예전 사람들도 그랬으리라 가정해서는 안 된다. 예를 들어 11세기의 신성 로마 제국 사람들이 생각한 자유와 20세기 빈에 살던 사람들이 생각한 자유는 전혀 달랐다. 신앙, 성공, 사랑, 그리고 학생이 된다는 것의 의미 또한 마찬가지였다.

1960년 프랑스의 사회사학자 필리프 아리에스가 중세 유럽에는 아동기가 없었다고 주장한 것도 이러한 반현재주의 정신에서 비롯되었다. 이 말은 근대 이전에는 아동을 뚜렷한 욕구와 특성을 가진 특정한 유형의 인간으로 보지 않았다는 뜻이다. 아리에스에 따르면 아동기는 근대의 발명이므로 우리는 그 발명품을 가지고 이전의 역사를 해석하는 일을 삼가야 한다. 18세기 이전에는 아기가 첫돌이 되기 전에 죽는 경우가 많았기 때문에 작고 연약한 아이들에게 감정적으로나 경제적으로 많은 투자를 하는 것은 현명하지 못한 일이었다. '아동기'라는 범주는 유아를 어느 정도 안전하게 돌볼 수 있게 된 이후에야 만들어졌다. 사회사학자들은 많은 사람이 아기를 향한 애정을 자연스러운 것으로 여기지만, 사실상 이는 위생 개선과 같은 역사적 조건의 산물이라고 의기양양하게 지적했다.[1]

그러나 지난 수십 년 동안 학자들은 유아 사망률이 감소하기 전에는 아동기가 존재하지 않았다는 주장을 반박해왔다. 최근 역사학자들은 먼 과거 사람들의 생각과 관행이 때로는 오늘날과 비슷했으리라 주장한다. 실제로 중세의 많은 부모는 자녀를 애지중지했고, 경제적으로 어려운 상황에서도 아이를 부양할 방법을 찾으려 발버둥을 쳤다. 역사학자 바버라 해너월트는 중세 영국에서 전해 내려오는 구전 전통과 당시의 문서 자료에서 묘사하는 마을의 관행을 보면 '연약한 아동들을 보호하기 위한 논리정연한 도덕적 가치관'을 발견할 수 있다고 말한다. 아이들이 세상을 살아가기 위해 알아야 할 것들을 가르치는 일 또한 이러한 가치관을 보여주는 요소다. 해너월트에 따르면 중세의 부모들은 국가가 교육을 지원하지 않는 상황에서도 '자녀의 생존은 자신들의 자원과 훈련에 달려 있음을 알았다'.[2] 부모들의 최우선 과제는 아이들의 생명을 부지하는 것이었다. 이는 아이들이 중세의 불안정한 세계에서도 배를 곯지 않고 살얼음판을 걷거나 불장난을 하는 등의 위험한 일을 피하도록 해야 한다는 뜻이었다. 당시 유아 사망률은 생후 첫해에 가장 높았으며, 중세 영국에서는 아동의 40퍼센트가 열 살이 되기 전에 사망했다.[3]

아동은 연약했으며, 보통은 자신이 초래한 위험에 전적인 책임을 지지 않는 존재로 여겨졌다. 유럽의 기독교 중심 사회에서는 아이들이 가능한 한 빨리 세례를 받게 했고 여아는 12세, 남아는 14세 무렵 사춘기가 되기 전에는 의도적으로 죄를 지을 수 없다고 보았다. 종교와 법, 지역의 관습은 아이들이 책임감 있는 성인이 된다는 것이 어떤 의미인지 배우도록 장려하는 동시에 피치 못할 실수에는 어느 정도 융통성을 발휘했다.[4] 또 아이들은 오늘날 아동 도서처럼 당시의 기본적인 도덕규범을 알려주는 이야기를 낭송했다. 이러한 이야기는 교육을 목적으로 했으며, 종교적·세속적 환경에서 널리 퍼졌다. 가령 정직과 근면이 주는 이점, 거짓말과 게으름이 불러오는 좋지 않은 결과를 강조하는 우화는 남녀노소 가릴 것 없이 널리 알려져 있었다.[5] 물론 당시에 글을 읽을 줄 아는 사람은 소수였다. 1400년경부터 출판 시장이 발전하기 시작해 여러 연령층을 대상으로 한 이야기들이 책으로 나왔지만, 사회 전반의 문해율이 높아지기까지는 수백 년이 걸렸다.

정규 교육이 없다시피 한 상황에서 대다수 학생은 성인이 되어 가족을 꾸리고 부양할 수 있도록 기술을 익히는 것을 배움의 목적으로 삼았다. 당시 북유럽에서는 대다수 가정이 부모와 자녀 두 세대로 이루어진 반면, 남유럽에서는 여러 세대가 모여 사는 가정이 더 많았다. 역사학자들이 찾아낸 여러 증거를 보면, 중세 유럽 어느 지역에서나 많은 가정이 어린 자녀에게 애정과 관심을 쏟았다는 사실을 알 수 있다. 가족 구성원들은 보통 어린아이에게 안전한 습관을 가르치기 위해 의식적으로 놀이를 활용했다. 부모들은 아이가 안전하게 탐험할 수 있는 공간을 마련해 아이를 보호하려 애썼고, 그러한 노력이 실패했을 때는 극심한 슬픔에 빠졌다.[6] 부모들은 어린아이들이 얼마나 쉽게 목숨을 잃을 수 있는지 잘 알았지만, 그렇다고 해서 자녀를 돌보는 일을 소홀히 하지는 않았다. 아이가 태어나고 7년 정도의 시기는 부모와 자녀가 서로를 알아가는 단계로 여겨졌다. 이 시기에 부모는 자녀의 본성을 알게 되고, 자녀는 그 본성을 표현하는 법을 배웠다. 캔터베리 대주교를 지낸 성 안셀무스는 아주 어린 아이는 너무 부드러워서 틀을 잡을 수도 없는 밀랍과 같으며, 아주 늙은 노인은 더는 형태가 변하지 않을 만큼 굳어서 새로운 것을 쉽게 배울 수 없지만, 어느 정도 나이를 먹은 아동과 청소년은 '부드럽지도 단단하지도 않은 밀랍과 같아서 가르치고 교육할 수 있다'고 주장했다.[7]

농가에서 아이들은 곧 노동력이었다. 농민들은 자녀를 원했지만, 너무 많이 낳으려 하지는 않았다. '잉여'가 된 아이들은 그들을 먹여 살릴(그리고 노동력으로 활용할) 여유가 있는 가정에 고용되었다. 아이들은 여덟 살 정도가 되면 집 안이나 들판에서 장작을 줍고 농작물을 지키고 더 어린 동생을 돌보는 등 간단한 일을 할 수 있었다. 당시에는 결혼 연령이 여성은 20대 중반, 남성은 20대 후반으로 비교적 늦었다. 결혼하지 않은 청년들은 신체적으로 강해지면서 점차 성인이 해야 할 일을 맡았고, 농촌 생태계에 기여하는 법을 배워야 했다. 농촌에서 배움은 곧 모방이었으며, '졸업'은 땅을 물려받거나 결혼을 해서 스스로 부양할 수 있는 가정을 꾸리는 것이었다.[8] 생존하는 데 그 이상의 배움은 필요하지 않았다.

결국 전근대 서구 교육의 주된 목표는 교사나 부모 없이도 살아남는 법을 가르치는 것이었다. 물론 종교와 관습은 부모가 자녀를 잘 보살피도록 권장했지만, 양육에는 감정적인 만큼이나 실용적인 목표가 있었다. 자녀가 가정에 보탬이 되도록 역량을 키우고, 마지막에는 가정을 떠날 수 있도록 돕는 것이었다. 물론 중세에도 부모가 자녀에게 애정을 쏟았다는 증거는 많지만, 해너월트는 다음과 같이 강조한다. '중세 사회는 감정이 그들을 잘못된 길로 이끌 수 있으며 결국에는 자급자족이 더 중요하다는 점을 잘 알았다. 아이들은 생존하는 법을 배우면 사랑보다 생존에 필요한 감각을 더 잘 익힐 수 있었다.'[9] 그 당시 아이들은 성인이 되기 전에 부모를 여읠 가능성이 컸으므로 반드시 독립하는 법을 배워야 했다.

그러나 독립은 오늘날 대다수 서구 사회와 달리 개인주의를 뜻하지 않았다. 한 사람의 독립은 늘 그가 속한 공동체의 맥락 속에서 이해되었다. 가령 젊은 세대는 사리 분별과 살림 기술뿐 아니라 관습과 위계질서를 존중하는 법을 배워야 했다. 고대 중국에서 공자의 제자들이 그랬던 것처럼, 중세의 청년들은 질서를 중시하는 전통에 조화롭게 통합되어야 했다. 부모에 대한 순종은 종교에서 신성시되며 일상생활에서 강제되는 계명이었다. 아이들은 위계질서를 배우고 그 안에서 자신의 위치를 찾았다. 공동체에는 마을의 유력자, 지역의 귀족이나 성직자 등이 있었고, 평민 가정에서는 권위를 어기면

심각한 문제를 일으킬 수 있다는 점을 자녀에게 가르쳐야 했다.

중세 시대의 도제 교육

중세에는 많은 젊은이가 집에서 어느 정도 떨어진 곳으로 가서 일을 하거나 도제 교육을 받았다. 자녀를 집에서 내보낼지 말지는 아이가 가계에 경제적으로 의미 있는 기여를 할 수 있는지, 아니면 밥만 축내는지에 따라 정해졌다. 자녀가 일을 하도록 내보내는 경우가 흔했던 영국에서 가난한 가정은 보통 아이를 9세부터 21세까지 농장에 맡기곤 했다. 아이들은 숙식을 제공받는 대가로 농장 일을 도와야 했다. 물론 그들은 다른 가정에서도(운이 좋다면 자신이 꾸린 가정에서도) 유용하게 쓸 수 있는 기술을 배웠지만, 따로 교육을 받지는 못했다.

한편 도제 제도는 계약에 기반했다. 잉여 자녀가 있는 가정은 청소년의 노동력이 필요한 다른 가정과 계약을 맺었고, 아이들은 순종과 노동, 착한 행동을 하는 대신 새 가정의 일원이 되었다. 여자아이는 보통 하인이 되어 집안일을 했으며, 때로는 더 어린 아이를 돌보거나 가축을 모는 일을 했다.[10] 여자아이들은 계약서를 쓴다는 점을 제외하면 도제로서 해야 할 일과 하인으로서 해야 할 일 사이에 명확한 차이가 없었다. 남자 도제도 하인이 될 수 있었지만, 남자들은 집 밖에서 허드렛일을 하는 경우가 많았다. 성별과 상관없이 도제가 된 아이들은 새 가정에 봉사하면서 시간이 지날수록 일을 더 잘할 것이라는 기대를 받았다. 그런가 하면 공식적인 도제 교육은 더 구체적인 기술을 전수하기로 약속했으며, 어린 도제는 장인에게서 목공, 양조, 직조, 양초 제작, 공구 수리, 굴뚝 만들기 등과 같은 전문 기술(또는 공예)을 배울 수 있었다.

도제 교육은 대개 협상과 상세한 계약을 거쳤다. 당시에는 계약 이후 당사자 사이에 분쟁이 벌어져 당국이 개입하는 일도 많았는데, 이 같은 분쟁을 다룬 공식 기록을 보면 도제 교육이 어떻게 이루어졌는지 알 수 있다. 도제 교육을 받는 젊은이는 전문성을 갖춘 사람에게 기술을 배운다는 가정 아래 일을 했다. 계약서에는 도제가 얼마나 많은 일을 해야 하고, 장인의 가족이 가정의 일원이 된 도제의 복지를 위해 얼마나 많은 책임을 져야 하는지가 자세히 나와 있었다. 도제가 아프거나 다치면 어떻게 해야 하는가? 어떻게 적절한 수준의 숙식을 보장할 것인가? 계약서에는 보통 이러한 세부 사항이 명시되어 있었다.

그뿐만 아니라 전근대 유럽의 도제 계약서에는 도덕적인 요구 사항도 들어 있었다. 예를 들어 도제는 결혼하지 않겠다고(그리고 간음하지 않겠다고) 맹세해야 했고, 장인의 집안사람과 연애를 해서는 안 되었다.[11] 또 계약서는 도제가 유혹에 넘어가거나 부도덕한 사람들과 어울리지 않고 장인과 그의 기술, 또는 가족의 명예에 먹칠할 수 있는 활동에 관여하지 말아야 한다고 강조했다. 도제는 특정한 기술을 배울 뿐만 아니라 공동체의 일원으로서 자격을 갖추는 법도 배워야 했다.

역사학자들은 다루기 힘들거나 심하게는 대놓고 반항하는 도제들에 관한 기록을 여럿 찾아냈다. 권위 있는 사람들은 사교와 음

주에 더 관심이 많은 젊은이들을 위계질서를 존중하고 책임감 있는 행동을 하도록 이끌 방법을 고민했다. 원로 장인들은 감정 기복이 심한 어린 도제들이 길드에 해를 끼치기를 원하지 않았으며, 독실한 사제들은 부모와 떨어진 젊은이들이 도덕관념을 잃을까 걱정했다. 그렇다면 본분을 잊은 도제들을 어떻게 대해야 했을까? 더 자주 매를 들어야 했을까? 아니면 오히려 도제들에게 너무 많은 규칙을 강요한 것이 문제였을까? 해너월트는 이렇게 결론 내린다. '중세의 도덕주의자, 도시의 고위 관리, 길드의 장인들은 청소년을 어떻게 다뤄야 할지 몰라 당황했다.'[12] 세상에는 예나 지금이나 변하지 않는 것들이 있는 법이다.

가정에서 자라는 아이들과 마찬가지로 도제가 된 학생들도 독립을 목표로 삼았다. 다만 도제 교육에서는 사회 공동체를 더욱 강조했다. 직인 길드, 마을, 도시, 교회의 일원으로서 독립한다는 것은 행동 규범이 다소 다른 아이들의 세계를 떠나는 법을 배운다는 뜻이었다.[13] 도제는 적어도 관습과 권위가 부과하는 위계에서 자신의 위치를 받아들일 만큼 성숙한 모습을 보여주어야 했다. '전근대 유럽'이라는 말은 수백 년에 걸친 시기와 매우 다양한 지역을 아우르는 말이며, 당연히 도제들의 경험은 시대와 장소에 따라 다를 수 있다. 예를 들어 중세 후기 런던에서 규모가 큰 사업체들은 10대 중반의 소년만 채용했지만, 100년 뒤 바르셀로나의 가정에서는 성별과 상관없이 아이들이 열 살쯤 되면 밖에서 기술을 배우거나 집안일을 거들도록 했다. 또 르네상스 시기 피렌체의 중산층 가정에서는 훗날 결혼을 하도록 돕겠다는 약속을 하고 열 살 미만의 아이를 데려와 집안일을 거들게 했다.¹⁴ 도제 제도에는 몇 가지 공통된 핵심 요소가 있었지만, 세상의 규칙을 배우는 학생으로서 도제들이 겪는 경험은 천차만별이었다.

젊은이들이 언제 어디서 도제 생활을 시작하든, 그 목표는 장인이 가진 기술에 관한 지식을 얻는 것이었다. 이는 대개 책에서 찾을 수 있는 유형의 지식이 아니었다. 도제는 실습으로 배우는 학생이었고, 장인은 도제가 직접 일을 시작하는 데 필요한 기술을 전수하는 동시에 자신의 생산성을 유지할 방법을 찾아야 했다. 과학, 기술, 장인들의 관행을 주로 연구하는 역사학자 파멜라 H. 스미스에 따르면 '도제 훈련은 이른바 장인적 문해력을 키워주었다'. 스미스는 도제들이 '읽기나 쓰기가 아니라 경험과 노동이라는 과정을 거쳐 지식을 습득하는' 방식으로 배움을 얻었다고 강조한다.¹⁵ 도제는 반복 노동을 통해 지식을 습관처럼 몸에 깊이 새김으로써 스승의 도움 없이도 높은 수준의 작업을 수행할 수 있는 젊은 장인이 되었다. 바느질이나 그림, 양조, 목공 등의 기술이 그러한 방식으로 전수되었다.

17세기 영국에서 한 10대 소년이 일류 재단사 밑에서 배우기 위해 시골을 떠나 런던으로 향했다고 생각해보자. 그의 부모는 어떻게 대도시에 연줄을 마련했을까? 아마 소년에게는 런던에 사는 친척이나 먼저 도시로 떠난 형, 혹은 장사를 하다 만난 지인이 있었을 것이다. 17세기 영국(그리고 17세기 후반 서유럽의 다른 지역)에서는 상업 네트워크가 발달하고 있었으며, 도제 제도 역시 그 네트워크의 일부였다.¹⁶ 소년은 20대 중반에 이르러 도제 생활을 마쳤을 것이며, 교육을 잘 받았다면 경험을 살려 일을 하는 데 필요한 지식과 인맥을 갖추었을 것이다.

교육 기간을 끝마친 도제는 자기 사업을 할 수 있는 법적 권리를 얻었지만, 보통은 경쟁과 시장의 압력 때문에 다른 지역으로 떠나야 했다. 이상적인 경우라면 그들은 자기 사업으로 생계를 유지하면서 독립성이 떨어지더라도 스승의 네트워크를 활용할 수 있어야 했다. 그러나 도제 기간을 거쳐 경제적 독립을 이루었을 때 얻는 보상은 오랫동안 스승에게 종속된 생활을 할 때의 어려움을 보상할 만큼 크지 않은 경우도 많았다. 몇몇 역사학자에 따르면 17세기에는 도제의 3분의 1에서 절반 정도가 '중도 탈락'했다.[17] 장인은 도제를 상대로 권위를 행사했고, 훗날 학교의 교사들이 그랬듯 부모의 역할을 대신했다. 스승에게 복종해야 한다는 압력, 다른 사람의 권위 아래서 일하고 생활할 때의 어려움, 가족과 떨어진 삶 때문에 많은 사람이 도제 생활을 힘들어했다.

도제 자리는 대부분 아버지의 동의로 계약을 맺은 남자아이들에게 돌아갔다. 특히 북유럽에서는 많은 길드가 젊은 여성이 도제로 일하는 것을 금지했으며, 오랫동안 역사학자들은 도제 제도를 가부장적 통제 수단의 하나로 보았다. 그러나 최근 여성 도제의 세계를 다룬 연구들은 어린 여성들이 어떻게 도제 일에 뛰어들어 독립에 필요한 기술을 배웠는지를 탐구했다. 여성들은 때로 가정을 꾸린 뒤에야 도제 생활에서 배운 기술을 활용했으며, 드물게는 자기 사업체를 꾸리기도 했다.[18] 서면 계약을 하지 않은 비공식 도제들의 사례는 연구하기가 어렵지만, 수 세기 동안 여자아이들은 종종 직계가족이 아닌 사람들에게서 바느질을 비롯한 기술을 배운 것으로 보인다. 또

17~18세기에는 특히 영국에서 공식 도제가 된 여성의 수가 늘어났다. 이 시기에는 사회적 불안과 정치적 변화 속에서 이른바 '근면혁명Industrious Revolution'이 일어나면서 여성이 활동할 공간이 늘어났다고 볼 수 있다.[19] 산업혁명은 남성이 주도했으며 도시 및 공장 노동의 발전과 관계있었다면, 근면혁명은 사회 전반에서 상품 수요가 증가하면서 그에 대응해 새로운 네트워크가 형성되고 가내 노동의 규모가 다양한 방식으로 커진 것과 관계있었다.

이처럼 여성이 활동할 공간이 늘어난 상황을 기회로 활용한 인물 중에는 엘리너 모슬리Eleanor Mosley가 있었다. 경제 및 사회사학자 에이미 루이스 에릭슨은 모슬리를 비롯한 18세기 영국의 여성 도제들을 연구했다.[20] 엘리너는 여성용 모자 제조업자인 조지 타일러와 그의 아내 루시 밑에서 일을 배웠다. 타일러 부부는 이미 다른 여성 도제들을 고용하고 있었으며, 엘리너는 두 사람 밑에서 훈련한 끝에 런던에서 자기 사업을 꾸릴 수 있었다. 그녀가 '자유를 얻어' 런던에서 여성복 제조업을 관할하던 '클럭메이커스 컴퍼니Clockmakers Company'의 정회원이 되기까지는 8년이 걸렸다. 엘리너는 곧장 자신의 공방에서 훈련할 도제를 모집했다.

첫 번째 도제는 그녀의 여동생 캐서린이었으며, 한 달 뒤에는 한 성직자의 딸이 도제로 들어왔다. 엘리너는 15년 넘게 사업을 운영했고, 40대 중반에 결혼했다. 17세기 전까지 여성용 모자 제조업자는 대부분 남성이었지만, 엘리너가 도제 교육을 받을 무렵에는 많은 소녀가 변화하는 세상에서 독립하기 위한 수단을 마련하고자 이 일에 뛰어들었다. 에릭슨은 결혼한 뒤에도 계속해서 성공적인 기업가로 활동한 여성들의 이야기를 들려준다. 여자아이들은 보통 정규 학교 교육을 받지 못했지만, 도제 제도를 통해 학생으로서 성공할 수 있었다. 에릭슨은 이렇게 말한다. '여성용 모자 제조업자가 되려는 도제의 부모들은 10대 딸을 7년 동안 런던으로 보내는 위험을 감수했다. 하지만 그들은 어떤 위험이 있을지 미리 따져보았으며, 많은 부모가 자신들과 딸을 위해서 위험을 무릅쓸 가치가 있다고 생각했다. 부모의 동의하에 도제가 된 소녀들은 여성을 받아들이지 않는 직업 조직에 진출하기보다 사업가로서 확실한 경력을 쌓고자 했다.'[21]

루소와 프랭클린

여성이든 남성이든 상관없이 누구나 도제로서 성공하는 것은 아니었다. 도제 교육은 실패로 끝날 확률이 꽤 높았으며, 도제 생활의 '속박'에서 중도 이탈한 젊은이들은 사회에서 스스로 살아갈 방법을 배울 다른 길을 찾아야 했다. 18세기에 도제 제도는 문화적·경제적 변화 속에서 압박을 받았고, 도제 기간을 끝마치는 청년의 수도 줄어들었다.

이번에는 18세기에 뛰어난 업적을 남겼지만, 도제 생활에 실패한 것으로 유명한 두 인물을 살펴보겠다. 각각 제네바와 보스턴에서 도제 생활을 한 장 자크 루소와 벤저민 프랭클린이다. 제네바는 원칙상 남성 시민들이 다스리는 공화국이었으며, 제네바의 법은 이들을 독립적이고 자유로운 시민으로 간주했다. 하지만 사실상 제네바에는 강력한 계급 제도가 존재했으며, 그 위계질서를 어기는 사람은 막대한 대가를 치러야 했다. 루소 가문의 사람들은 대부분 수공업자였다. 이들은 대대로 숙련된 기술을 가진 시계공이었으며, 도시의 공직에 활발히 참여했다. 장 자크 루소의 아버지는 상류층 여성과 결혼했는데, 두 사람은 모두 교육을 잘 받았으며 폭넓은 교양을 중시했다. 훗날 루소는 프랑스의 시계공은 시계에 관해 이야기할 줄 알지만, 제네바의 시계공은 누구와 어떤 주제로든 토론할 수 있다고 말하기도 했다.[22]

그러나 루소는 가업을 잇지 않았다. 루소의 어머니는 그를 낳은 지 얼마 지나지 않아 사망했으며, 아버지는 몇 년 뒤 당국과 분쟁을 일으키는 바람에 제네바를 떠나야 했다. 이후 루소는 외삼촌의 손에 맡겨졌지만, 외삼촌은 그를 한 재판소 서기에게 보내려다 사정이 여의치 않자 뒤코묑이라는 조각공에게 맡겼다. 그리하여 루소는 '성격이 거칠고 천박하며' 강압적인 방식으로 공방을 운영하던 젊은 금속 조각공 뒤코묑에게 '종속된' 생활을 해야 했다.

젊은 시절 루소는 여러 면에서 남달랐다. 그는 유달리 독립심이 강했고, 라틴어 교육을 받은 것을 매우 자랑스러워했으며, 로마 역사에 관심이 많았다. 하지만 뒤코묑은 장차 조각공이 될 루소의 머릿속을 어지럽히는 오만함을 꺾어놓는 것이 자신의 임무라고 생각했다. 루소는 엄격한 위계 속에서 도제는 잔인할 만큼 억압을 받을 수 있다는 사실을 뼈저리게 체험했다. '장인의 횡포 탓에 좋아할 수도 있었던 일이 결국에는 도저히 못 견딜 정도가 되었고, 나는 거짓말, 게으름, 도둑질처럼 내가 혐오했을 악덕에 물들고 말았다. (……) 끊임없이 일에 매여 있다 보니 다른 사람들에게는 즐거운 일만 생기고, 나 혼자만 즐거움을 누리지 못한다는 생각이 들었다. (……) 요컨대 무언가를 즐기는 일이 금지된 까닭에 나는 눈에 보이는 모든 것을 갈망하게 되었다.'[23]

루소는 이어 뒤코묑 밑에서 일하던 한 직인을 위해 다른 사람들의 물건을 훔치다 나중에는 그 직인의 물건까지 훔치게 된 과정을 이야기한다. 도제로서 고달프게 살던 그는 장인의 기술보다 장인을 속이는 법을 배우는 데 더 흥미를 느꼈다. 물론 그는 처벌을 받았지만, 별다른 소용이 없었다. '하도 매를 맞다 보니 금세 둔감해졌다. 나는 매질을 내가 훔친 것에 대한 보상으로 여겼고, 매질을 당하는 만큼 도둑질을 계속할 권리를 얻었다고 생각했다. 나는 뒤를 돌아보며 처벌을 떠올리기는커녕 앞을 보며 복수만 생각했다.'[24]

루소는 쉬는 날이면 종종 친구들과 시골을 산책했는데, 제때 도시로 돌아오지 않으면 밤새 성문 밖에서 기다려야 했다. 그럴 때면 루소는 뒤코묑에게 심한 구타를 당했고, 한번은 가출을 결심한 적도 있었다. 결국 그는 열다섯 살 때 영영 고향을 떠났다. 그러나 루소는 이후로도 늘 자신은 제네바의 시민 제도와 관습을 존중한다고 말하곤 했다. 심지어 그는 자신을 학대해 사람들과 어울리지 못하게 만든 폭압적인 장인을 만나지 않았다면 도제 제도가 도움이 되었으리라 생각했다. 그는 이 괴로웠던 시절을 되돌아보며 뒤코묑이 자신을 좋은 학생으로 이끌 만큼 훌륭한 교사였다면 어땠을까 상상하기도 했다. '평화롭고 눈에 띄지 않는 뛰어난 상인만큼 내 기질에 알맞고 나를 행복하게 할 직업은 없었을 것이다. 특히 제네바의 조각공처럼 존경받는 계급에 속한 장인이라면 더욱 그랬을 것이다.'[25]

한편 도제 제도는 유럽뿐 아니라 유럽인들이 정착한 전 세계의 여러 지역으로 널리 퍼졌다. 벤저민 프랭클린의 가족은 급격히 팽창하던 매사추세츠 식민지에 정착했고, 벤저민은 그곳에서 태어나 자랐다. 그의 아버지는 부양해야 할 대가족이 있었지만, 어린 시절 벤저민은 지독한 책벌레였고, 아버지는 그가 성직자나 학자가 될 수 있으리라 생각했다. 하지만 그때까지 벤저민을 뒷바라지하기엔 집안 형편이 너무 어려웠고, 결국 벤저민은 열 살이 되자 양초장이였던 아버지를 도와 양초 심지 다듬는 일을 시작했다. 벤저민은 한때 선원이 되려는 생각도 했지만, 그의 형 한 명이 물에 빠져 목숨을 잃었기 때문에 가족들은 위험하다며 반대했다.

이후 벤저민은 2년 동안 아버지를 도왔고, 아버지는 그가 양초 만드는 일 외에 더 좋아하는 일이 있는지 알아볼 수 있도록 여러 일자리를 소개했다. 그러나 도제 자리 중에는 계약에 꽤 많은 돈이 들어가는 일도 있었고, 프랭클린 부부에게는 먹여 살려야 할 식구가 많았다. 그러던 중 벤저민의 형 제임스가 영국에서 돌아와 보스턴에 인쇄소를 차리자 가족들은 열두 살인 벤저민을 9년 동안 인쇄소의 도제로 보내기로 했다. 적어도 인쇄소에서는 활자 조판을 배우면서 그의 문해력을 활용할 수 있으리라는 생각이었다.

실제로 문해력은 여러모로 쓸모가 있었고, 벤저민은 자신의 재능을 살려 시를 쓰기도 했다. 하지만 지극히 실용주의적이었던 아버지의 반대로 시를 쓰지 못하게 되자 그는 산문 쓰기를 연마해 형의 인쇄소에서 발행하는 신문에 익명으로 칼럼을 게재했다. 이 사실이 알려지자 벤저민은 형에게 칭찬을 받으리라 생각했지만, 돌아온 반응은 기대와 달랐다. '형은 우리가 아무리 형제라도 자신은 장인이고 나는 그의 도제라는 점을 우선했다. 따라서 형은 내가 다른 도제들과 똑같이 일에 헌신하기를 바랐다. 하지만 나는 형이 더 너그럽게 대해주기를 기대했고, 형이 헌신을 요구하면서 때로는 나를 지나치게 무시한다고 생각했다.' 벤저민은 일을 하면서도 지식을 넓히고 글쓰기 실력을 키울 만한 시간이 있었지만, 가족과 도제라는 위계는 그를 이중으로 짓누르기 시작했다. '격정적인 기질을 가진 형은 종종 나를 때렸고, 나는 그런 형에게 몹시 실망했다. 도제 생활이 신물이 났던 나는 줄곧 도제 기간을 줄일 기회가 오기만을 바랐고, 그 기회는 예상치 못한 방식으로 찾아왔다.'[26]

'예상치 못한' 기회는 제임스가 스캔들을 다룬 기사를 신문에 실었다가 당국과 충돌한 끝에 구속되어 신문 발행을 금지당하면서 찾아왔다. 제임스는 당국의 제재를 피하려고 벤저민을 신문 발행인으로 임명했고, 덕분에 벤저민은 정식으로 도제 신분에서 벗어날 수 있었다. 제임스는 동생에게 계속 인쇄공 일을 시키기 위해 사적으로 계약을 맺었지만, 두 사람 사이에 갈등이 커지자 벤저민은 계약을 파기하기로 결심했다. 근면한 벤저민은 기술을 열심히 배웠고, 이제 자기 사업을 하고 싶어 했다. 또 그는 공적 영역 밖에서 분쟁을 해결하기가 얼마나 어려운지를 깨달았다. 그는 이제 어느 정도 독립할 능력을 갖춰 스승에게서 벗어날 준비가 되었다고 생각했지만, 그러기 위해서는 보스턴을 떠나야 했다. 이후 벤저민 프랭클린은 필라델피아에서 인쇄업자로 자리를 잡았고, 우리가 익히 아는 역사적 인물이 되었다.

루소와 프랭클린은 실패로 끝난 도제 생활에서 서로 다른 것들을 배웠다. 두 사람은 모두 비판적 지성을 바탕으로 자신의 상급자 역할을 해야 할 사람들의 정당성에 의문을 품었다. 그들은 소크라테스의 대담자들처럼 사회의 위계질서에 어떤 도덕적 근거가 있는지 따져보았고, 자신이 따라야 할 권위에 정당한 근거가 없다는 사실을 확인했다. 도제였던 두 사람은 이로써 훨씬 더 넓은 의미의 학생이 되었다.

제네바 출신의 철학자 루소는 조각에 관해서 거의 배우지 못했지만, 평등에 대한 사랑과 억압에 대한 증오라는 깊은 깨달음을 얻었다. 그는 억압받는다고 느낄수록 독립의 가치를 더 소중히 여겼다. 또 그는 장인에게 종속되어 있던 시절을 거짓과 원한, 분노로 가득 찬 타락의 시기로 회상하면서 당시의 경험에서 얻은 교훈을 평생 잊지 않으려 노력했다.

프랭클린 역시 '격정적인 기질을 가진' 형의 권위에 짓눌려 지내면서 독립의 중요성을 배웠고, 도제 생활에서 배운 것들을 늘 소중히 여겼다. 필라델피아에서 신문을 발행할 당시 프랭클린은 인쇄 기술에 관한 지식과 독자들이 매일 보는 신문에서 무엇을 기대하는지를 이해하는 예리한 감각을 십분 활용했다. 그리고 독서와 공부를 각별히 사랑했던 그는 키케로가 쓴 『노년에 관하여』를 출간하면서 노년 독자들이 '작은 글씨가 눈에 주는 고통' 탓에 '마음의 즐거움'을 만끽하지 못하는 일이 없도록 큰 글씨 책을 만들기도 했다.[27] 생계를 위해 인쇄업에 뛰어든 지 오랜 세월이 지난 뒤, 프랭클린은 인쇄 기술을 자기 것으로 만들면서 익힌 습관들이 그의 삶에 얼마나 큰 도움이 되었는지 이야기했다. 그는 그러한 습관들을 삶의 다른 측면에도 두루 적용했다.

종교 생활을 위한 가르침

학생들은 교사가 가르친다고 생각하는 내용보다 많은 것을 흡수한다. 전근대 유럽의 시골에서 아이들은 어른들을 흉내 내면서 가정에 보탬이 되는 법을 비공식적으로 배웠다. 도제들은 특정 기술과 관행을 공식적으로 배우는 동시에 사회의 위계질서와 가치관, 관습도 배웠다. 때로는 사회의 규칙을 어기는 사람이 혁신을 가져왔지만, 공식적인 도제 제도가 일반화되기 훨씬 전에도 사회의 연속성을 유지하는 데 필요한 습관을 익히는 것은 학생의 주된 본분이었다.

극소수의 아이들은 비공식적인 학습 외에도 학교에 다니며 교사에게서 정규 교육을 받았는데, 당시에는 주로 교회가 정규 교육을 담당했다. 기독교는 텍스트에 기반을 둔 종교였지만, 루소와 프랭클린이 살았던 시기보다 몇 세기 전까지만 해도 글을 읽을 수 있는 인구는 매우 적었다. 물론 그러한 상황에서도 일부 청년들은 기도에 참여하고 종교의 핵심 교리를 이해하기 위해 라틴어를 암송하는 훈련을 받았다. 종교개혁 이후 종교 영역에서 경쟁이 치열해지고 사회적·경제적 네트워크가 훨씬 복잡해지면서 문해력과 정규 교육이 주는 이점은 더욱 분명해졌다.

기독교가 중심이었던 중세 유럽에서는 유아 사망률이 높은 기간에 아기가 확실히 구원을 받도록 보장하기 위해 아기가 태어난 다음 날 세례를 받게 했다. 아주 어린 아이들은 부모나 대부모에게서 기도문을 몇 가지 배울 수 있었지만, 교회에 갈 필요는 없었다. 14세기에도 농민들은 대부분 문맹이었지만, 문자는 모든 사람의 삶에 영향을 끼쳤다. 대중 앞에서 성경을 낭독하거나 공식 문서로 출생과 사망, 매출 등을 기록하는 일이 늘어나면서 문자가 일상생활에서 차지하는 비중은 날로 커졌다.[28] 특히 부유한 가정에서는 텍스트를 읽거나 다루고 때로는 직접 써야 할 일이 늘어났고, 가문의 번영을 위해서는 문해력이 필요하다는 인식이 점차 퍼졌다. 그리하여 부유한 가정의 가장들은 아들을 학교에 보내기 시작했다.

중세 영국에서 초등교육은 알파벳을 배우고 라틴어를 읽고 암송하는 데 중점을 두었다. 학교에서는 성직자뿐만 아니라 서기처럼 글을 읽고 쓸 줄 아는 사람들이 남학생들에게 읽기와 발음을 가르쳤는데, 그 이유는 근대 초기까지는 묵독이 일반적이지 않았기 때문이다. 소수지만 집에서 라틴어를 배우는 여자아이들도 있었다. 학교에서는 성경 외에도 도덕과 삶의 교훈을 담은 몇 편의 시를 가르쳤다. 당시 학교 교육은 어디까지나 엘리트 계층을 위한 것이었으며, 대다수 가정은 아이를 학교에 보낼 시간적·금전적 여유가 없었다. 14세기에 이르러 문해율이 조금씩 증진되고 종이가 도입되면서 가족 중에 글을 읽을 줄 아는 사람이 있을 때의 이점도 확실해졌다. 이에 따라 학교는 더욱 인기를 끌었고, 도시에서 시작해 큰 마을들까지 학교가 들어섰다.

르네상스 시기에는 많은 학교가 라틴어와 성경 외에 다른 과목을 가르치기 시작했다. 이제 사람들은 종교뿐 아니라 세속적으로 중요한 성취를 이룬 시기를 가르치는 일은 학생의 삶을 풍요롭게 하며, 고대 세계의 위대한 업적은 그 자체로 가치가 있다고 생각했다. 가령 15세기 이탈리아의 소년들은 학교에서 불가타 성경(성 히에로니무스가 라틴어로 번역한 성경) 외에도 율리우스 카이사르의 『갈리아 전기』를 공부할 수 있었다. 그 밖에도 그들은 베르길리우스의 「아이네이스」나 키케로의 연설문처럼 역사와 정치의 묘미를 알려주는 복잡한 문학 작품을 접했으며, 오비디우스의 『변신 이야기』는 많은 학생의 필독서였다. 르네상스 시기에 교사들은 로마의 영웅들이 그리스의 선조들에게 얼마나 의지했는지를 알게 되었고, 그에 따라 그리스의 작품들을 수업에서 가르치기 시작했다.

 교사들은 과학 분야도 교과과정에 포함시켰는데, 그 이유는 주로 그들이 존경한 고대인들이 과학적 탐구에 관심을 기울였기 때문이었다. 수학도 마찬가지였지만, 교사와 학생들은 사회가 점차 상업화되고 도시가 커지는 상황에서 산수와 기하학이 가진 유용성을 분명히 인식하고 있었다. 또 당시의 학생들에게 하늘에 관한 연구는 천사와 성인들의 이야기를 고찰하는 일만을 뜻하지 않았으며, 학교에서는 점성술 대신 천문학을 가르치기 시작했다.

 르네상스 시대의 학생들은 학교에서 읽고 쓰는 법이나 엄격한 종교 규율 외에 더 많은 것을 배우기를 기대했다. 그들은 교육을 통해 전인적인 인간이 되어 교양 있고 충만한 삶을 살 수 있기를 바랐다. 이 같은 '사유 교양 교육' 개념은 고대로 거슬러 올라가며, 좁은 의미의 도구적 학습이 아니라 전인적 덕목과 역량을 두루 키우는 교육 방식에서 유래했다. 물론 자유 교양 교육은 신에 대한 헌신이나 공적·사적인 삶에서 유용하게 쓸 수 있는 지식을 가르치는 일까지도 아우를 수 있었다. 그러나 르네상스 시대의 학생은 내세에 정당한 보상을 받으려 준비하기보다 현생을 잘 살기 위해 꾸준히 교양을 쌓는다는 세속적인 목표로 눈을 돌렸다.

종교개혁 역시 배움의 영역을 넓히는 데 이바지했다. 하나님의 말씀을 직접 듣기를 원한 신교도들은 성경을 읽는 능력을 중시했다. 더불어 15세기 중반 유럽에서 인쇄기가 발명되면서 사회 전반의 문해력이 점차 상승했다. 이에 따라 학교는 성직자와 다른 엘리트 계층을 재생산하는 데 그치지 않고 갈수록 중요한 역할을 했으며, 가르치는 일은 그 자체로 하나의 직업이 되었다. 마르틴 루터는 1540년 한 식사 자리의 대화에서 이렇게 말했다. "만약 하나님께서 나를 목회자의 길에서 멀리 떼어놓으신다면, 나는 기꺼이 그 다음가는 직업인 교사가 되겠습니다. 교사만큼 아름답고 중요한 일은 없으니까요."[29] 루터는 사회가 왕자, 귀족, 시장 없이 돌아갈 수 있어도 학교 교사가 없어서는 안 된다고 말했다. 그는 학교 교육처럼 중요한 일을 가정에 맡겨서는 안 된다고 주장했으며, 루터의 종교적 가르침이 널리 퍼진 이후 독일어권 지역에서는 정부의 인가를 받는 학교의 수가 늘어났다.[30]

영적으로 거듭나기를 갈망하며 '나를 따라오너라'는 예수의 부름을 마음에 새기고자 했던 개신교도들은 교육이 이러한 소명에 관심을 가진 젊은이들에게 도움을 주리라 생각했다. 제네바에서는 개신교가 득세한 이후 남성은 물론 여성에게도 학교 교육을 의무화했다. 이제 학생이 되는 데 필요한 조건이 달라진 것이다. 장 칼뱅은 복음을 널리 전파한다는 사명을 가지고 많은 공적 의무를 이행하는 와중에도 시간을 내어 복음을 전하는 매개체로 활용할 커리큘럼을 개발했다.

한편 가톨릭 당국은 개신교에 맞서 신앙을 수호하고, 학생들이 교회의 영향력에서 벗어나지 않도록 하고, 올바른 기독교적 삶을 영위하는 데 필요한 도구를 제공하기 위해 자체적으로 학교를 세워 대응에 나섰다. 교육의 영역은 종교에만 국한되지 않았지만, 교육과 종교는 18세기 말 세속화의 물결이 서구 세계를 휩쓸기 전까지 긴밀한 관계를 유지했다.

그러나 모든 아이를 잠재적 학생으로 간주하는 개신교의 낙관적 시각 아래에는 비관적 사고가 깔려 있었다. 종교개혁 이전의 교육자들은 아이들을 아직 형태를 갖추지 못한 부드러운 밀랍으로 여겼다. 그들은 적절한 지식을 조합해 가르치면 학생을 공동체에 어울리는 사람으로 길러낼 수 있다고 믿었다. 그들은 단순한 사실 위주의 학습보다 조화로운 통합을 중시했다. 반면 종교개혁 이후 많은 사상가는 교육을 젊은이들에게서 악한 성향을 없애는 도구로 보았다. 특히 칼뱅주의자와 일부 복음주의 개신교도들은 아이들을 욕망에 휘둘리는 존재로 보고 욕망을 악하다고 여겼다. 가령 복음 전도자 존 웨슬리는 '아이들의 의지를 꺾어 영혼을 구원하라'고 조언했다.[31] 물론 이들도 아이들에게 읽기를 가르쳐야 한다고 생각했지만, 그 목적은 학생들이 타고난 성향에서 벗어나도록 이끄는 데 있었다.

종교적 관점에서 교육이란 학생을 악에서 멀어지게 만드는 일이었으며, 악은 인간의 본성에 내재하기에 이는 매우 어려운 과제였다. 인간은 악한 본성에서 '독립'해야 구원받을 수 있었으며, 예수를 따르기 위해서는 욕망을 따르지 않아야 했다. 더 세속적인 관점에서 보자면, 교육은 학생이 경제적으로 독립하고 공동체 생활에 참여하도록 이끌어야 했다. 근대 초기 유럽의 학생들은 부모의 품에서 벗어날 수 있을 만큼 자립하기 위해 기술을 배워야 했다. 그러나 한편으로 교육은 부모 세대의 관습을 심어주는 일이기도 했으며, 학생들은 자신이 태어난 가정을 떠나더라도 그 가정의 관습을 가지고 가야 했다.

따라서 17세기 유럽에서 교육은 종교적 차원에서나 세속적 차원에서 갈수록 중요해졌다. 지역의 교회 공동체에 참여하는 일은 점차 텍스트를 중심으로 이루어졌다. 지역에서 교회는 중요한 고용주였으며, 교회와 관련된 일자리를 얻으려면 보통은 성경을 읽고, 주요 주석가와 교류하고, 지역 교회의 당국자와 잘 어울려야 했다. 한편 상업과 시민사회 영역에서는 교역이 증가하고 공식적인 계약이 보편화되면서 문해력과 기본적인 산수 능력이 실질적인 이점을 가져다주었다. 운이 좋다면 마을에서 제공하는 기초교육을 넘어 변화하는 세상을 헤쳐나가는 데 도움을 주는 기술을 배울 수 있었다. 산수 능력이 뛰어난 사람은 상업 분야에서 일자리를 구할 수 있었으며, 상업이 성장하면서 법적 문제를 해결하는 데 도움을 줄 사람도 필요해졌다. 따라서 계약 내용을 이해하고 세부 사항을 협상하는 능력이 있다면 법조계나 시민사회 영역에서 경력을 쌓을 기회를 잡을 수 있었다. 그러나 동시에 기성세대는 학생들이 아무리 많이 공부하더라도 기존의 사회 질서를 크게 바꾸지는 않을 것이라고 생각했다. 당시에도 젊은이들이 소란을 피웠다는 기록은 많지만, 교육을 잘 받은 소수의 학생은 사회 질서에 적응해야 했다.

    17세기 학생들은 때로는 교사가 글을 쓰는 백지로, 때로는 지식의 씨앗을 뿌릴 수 있는 비옥한 밭으로 여겨졌다. 종교에서는 학생들이 가진 악한 욕망을 우려했지만, 백지와 밭이라는 두 가지 비유는 르네상스 시기에 등장한 인본주의의 낙관적 측면을 잘 보여준다. 학생들, 특히 부유한 집안 출신의 남자들은 과거의 위대한 사상가들이 남긴 유산에서 얻은 자원을 활용해 가족에게서 독립하는 법을 배웠다. 이러한 유산을 현실에 적용하는 법을 배우면 충만한 삶을 사는 데 도움이 되지만, 동시에 학생들은 악한 본성 탓에 권위를 내면화할 필요가 있었다. 요컨대 학생은 내면화한 권위에 순종하는 법을 배워야만 독립할 수 있다고 여겨졌다. 그들은 영적인 삶에서는 예수를 따랐으며, 공적인 삶에서는 소크라테스처럼 무지를 일깨우는 사람보다는 유교에서 말하는 조화를 이루는 사람이 되어야 했다. 훌륭한 학생이란 '내면의 스승'이 행동을 이끌기에 외부의 스승이 무엇을 해야 하는지 알려줄 필요가 없는 사람이었다. 철학자 존 로크는 『교육론』에서 이러한 시각을 간결하게 요약했다. '모든 미덕과 탁월함은 이성이 인정하지 않는 욕망을 자제하는 힘에서 나온다.'[32] 로크를 비롯한 종교개혁 이후의 많은 사상가에 따르면 교사들은 학생들이 악한 본성을 가지고 있더라도 자제력을 기를 수 있도록 통제하기 시작했다.

초기 대학의 정체성

12세기에 수도원과 성당학교에서 발전한 초기 대학들은 학생을 가르칠 때 통제를 우선하지 않았다. 최초의 대학은 의도적으로 설립한 교육기관이 아니라 일부 학자와 성직자가 만든 우니베르시타스universitas라는 공부 모임에서 출발했다. 때로는 1100년경 파리 근교에 학교를 세워 자신만의 신학 체계를 구축한 피에르 아벨라르처럼 카리스마 넘치는 교사가 젊은이들을 모았다. 그런가 하면 교육받은 사람들이 도시로 찾아와 날로 성장하는 도시 환경에서 일자리를 찾는 사람들을 가르치기도 했다. 볼로냐에서는 1291년 교황이 공식적으로 대학을 인정하기 전에도 수십 년 동안 교육과 연구 활동이 활발했다.

당시 대학은 구성원에게 도제(학생)와 장인(교수)의 자격을 부여한다는 점에서 여러모로 길드와 비슷했다. 대학들은 자체적으로 재정을 관리했고, 군주의 승인 아래 법적 자치권을 얻었다. 시간이 지나면서 지자체와 교회 당국은 학생과 교사의 교육 활동을 보호하기 위해 대학 구성원들에게 봉급을 지급하거나 병역 의무와 여러 시민적 책임을 면제하는 등 다양한 특권을 부여했다. 학생들은 종종 멀리서도 교육을 받으러 대학을 찾아왔고, 교육과정을 이수한 사람은 다른 기관들이 인정하는 졸업장을 받을 수 있었는데, 이는 대학의 보급에 큰 도움을 주었다. 당시 유럽의 공용어는 라틴어였지만, 규모가 큰 대학들은 유럽의 특정 지역 출신 교수진을 꾸려 '국가'별로 학교를 조직하기도 했다. 13세기 유럽 남부에서는 볼로냐와 몽펠리에가, 북부에서는 파리와 옥스퍼드가 중요한 대학으로 두각을 나타냈다. 놀랍게도 12세기에 설립된 18개 대학은 오늘날에도 명맥을 유지하고 있다.[33]

12~13세기에 대학에 입학하려는 학생은 캠퍼스 생활이 아니라 자신을 학생으로 받아주고 배워야 할 것을 설명해줄 장인, 즉 학자를 만나기를 기대했을 것이다. 이후 100여 년이 지나자 대학에서는 교사/장인이 학생의 생활까지 감독하는 독특한 주거 환경이 발전했고, 도서관과 멋들어진 사각형 광장이 들어섰다. 그리하여 15세기에 대학은 배움의 중심지이자 물리적 장소가 되었다. 당시 볼로냐 옥스퍼드 대학에 입학한 학생들은 교회 조직의 일원이 되는 것을 목표로 삼았다. 그중에는 작위는 있지만 물려받은 재산은 없는 귀족의 어린 아들들도 있었다. 지역 학교에서 좋은 성적을 받은 소도시 출신 학생들은 교회에서의 경력을 가장 좋은 출세 수단으로 여겼다. 또 대학들은 일찌감치 형편이 어려운 학생에게 등록금을 면제하거나 구걸을 허용하는 등 몇 가지의 특별 조항을 마련해두었다.

초창기 대학생들은 경건하지 못한 행동으로 금세 나쁜 평판을 얻었다. 많은 대학에서는 일찍부터 학생들이 소란스럽거나 난폭하기까지 한 행동을 일삼지 못하도록 징계 규칙을 만들었다. 교황들은 칙령을 발표해 교사/장인의 밑에서 지도를 받아야만 진정한 학생이며, 지도 역할을 맡은 교사는 학생의 행동에 책임을 질 수 있음을 강조했다. 심지어 교회에서는 학생들에게 칼을 차고 마을을 돌아다니지 말라고 권고했다. 시간이 갈수록 학교의 관리자들이 도박을 하거나 심한 욕설을 하거나 매춘업소를 드나드는 학생들에게 경고를 내

리는 일도 많아졌다.[34]

　대학의 구성원이 되려는 사람은 라틴어에 능통해야 했다. 학생들은 모든 대화에서, 서로 이야기를 나눌 때조차 라틴어를 사용해야 했다. 당시의 기록을 보면 이러한 규칙을 위반한 사례를 쉽게 찾아볼 수 있다. 학생들은 라틴어를 배워야 신학을 공부하고 종교의식에 참여하며 자신이 '대학인', 즉 매우 특별한 길드의 일원임을 알릴 수 있었다. 때로는 특이한 복장으로 자신의 정체성을 드러내려는 학생도 있었지만, '누가 봐도 무난한' 복장을 선호하는 교수들은 눈살을 찌푸렸다. 학생들은 소속감을 나타내는 상징과 의식을 직접 만들기도 했으며, 보통은 오늘날의 대학생 사교 모임처럼 신입생에게 신고식을 강요했다. 신입생들은 신체적으로 괴롭힘을 당하거나 강제로 고해성사를 해야 했으며, 상급생들이 벌이는 연회를 위해 큰돈을 부담하기도 했다. 이에 따라 교수들과 행정 당국은 신입생을 보호하고 학교와 기숙사에서 자신들의 권위를 공고히 하고자 노력했다. 학교에서 내린 징계는 보통 단순한 벌금에 그쳤지만, 어떤 대학은 자체 감옥까지 설치했다. 학생 조직과 교수 조직(이후에는 관리자들)이 행사하는 권위 사이의 갈등은 이렇듯 오랜 옛날부터 이어져왔다.

　볼로냐 파리 대학의 학생들은 '삼학trivium' 또는 '사학quadrivium'이라 불리는 교양 교육을 받았다. 삼학은 세 개의 언어 관련 과목, 즉 문법, 수사학, 논리학으로 이루어져 있었으며, 사학은 산수, 기하학, 음악, 천문학처럼 더 정량적인 과목을 포함했다. 이탈리아와 프랑스 남부의 대학에서는 언어 분야를 강조하는 경향이 강했다면, 유럽 북부의 대학에서는 정량적인 분야를 강조했다. 학생들은 교수의 인정을 받고 학업을 마친 후 교회에서 원하는 직책을 얻기 위해 경쟁했다. 그들은 이른 아침부터 강의에 참석해 교사들이 제시하는 고전 해석을 암기했고, 오후에는 논증을 연습했다. 강의 중에 말이 너무 빠른 교수는 학생들에게 조롱을 당했으며, 심지어는 강의 내용을 암기하려는 학생들이 돌을 던지는 일까지 벌어졌다. 그런가 하면 교수들은 잔인할 정도로 어려운 시험을 내거나 학생들이 고전에 관한 물음에 찬반 의견을 밝히도록 했다. 아리스토텔레스가 말한 자유의지와 성경에 나타난 자유의지는 어떻게 다른가? 양자 사이에서 행복의 의미는 또 어떻게 다른가? 이단적이거나 부도덕한 주장에 빠지지 않으면서 자신의 의견을 성공적으로 논증한 학생은 높은 평가를 받았다. 여기서 좋은 성적을 받은 학생은 실제로 취업에서 이점을 누릴 수 있었기 때문에 논쟁 시험은 매우 중요하게 여겨졌다.

도제 생활을 성공적으로 끝마친 사람이 장인이 되었듯, 암기부터 수준 높은 논쟁까지 두루 좋은 성적을 받은 대학생은 교수가 되기도 했다. 가령 법학을 전공한 학생은 서기나 변호사가 될 사람들을 가르칠 수 있었다. 그러나 당시의 학생들은 독창적인 연구를 했다고 해서 교수 자리를 얻지는 못했다. 근대 이전의 대학은 연구의 중심지가 아니었다. 대학의 기능은 새로운 지식을 창조하는 것이 아니라 종교와 사회를 떠받치는 진리를 전파하는 것이었다. 교수가 되려면 이 같은 진리를 분명히 이해하고 있음을 보여주어야 했다. 그들은 경제적 독립을 목표로 학업에 매진했을 테지만, 기존의 지식을 따른다는 점에서는 추종자라고도 할 수 있었다.

배움으로 자유를 쟁취한 사람들

지금까지 학생으로서 여러 가지 형태로 주체성을 개발한 사례를 살펴보았다. 근대 이전의 서양에서 학생들은 집 안에서 허드렛일을 하든, 마을에서 숙련된 장인에게 도제 수업을 받든, 도시에서 학식 있는 신학자에게 배우든 간에 독립이라는 분명한 목적을 가지고 역량을 개발했다. 그들이 추구한 독립은 근본적으로 경제적인 문제였지만 사회 전반의 문화와도 떼려야 뗄 수 없는 관계가 있었으며, 배움을 얻는다는 것은 독립의 가능성과 한계를 받아들이는 일이기도 했다. 학생들은 단순히 기도를 반복하거나 기술을 습득하는 데서 그치는 것이 아니라 자립을 이루고 타인과 관계를 맺는 방법을 고민해야 했다.

그러나 누구나 학생이 될 수 있는 건 아니었다. 유럽인들이 세계를 탐험하고 고국에서 멀리 떨어진 곳에 식민지를 만들자, 그들과 함께 생활하면서도 친구나 이웃은커녕 동등한 인간으로도 여겨지지 않는 새로운 부류의 사람들이 생겨났다. 대부분 아프리카 출신인 노예들은 새로운 사회를 건설하거나 구세계의 경제를 떠받치는 데 활용되었고, 18세기에는 전 세계에서 수백만 명의 아프리카인이 고향을 떠나 강제 노동에 동원되었다. 프랑스를 비롯한 몇몇 국가에서는 오래전에 노예제를 법으로 금지한 적이 있으며, 프랑스 땅에 발을 디딘 사람은 자유인이 되어야 했다. 그러나 아프리카인의 노동력이 가져다주는 부는 법을 바꾸기에 이르렀고, 노예를 억압해 돈을 버는 일을 정당화하려는 사람들이 늘어나면서 누가 진정한 '인간'

인가 하는 물음이 제기되었다. 그리고 이러한 변화는 배움과 학생의 의미를 다시 생각하게 했다.

바다를 건너는 끔찍한 여정에서 살아남은 아프리카인들은 권위, 폭력, 권력에 관한 잔혹한 교훈을 얻었다. 그들은 살아남기 위해 이러한 교훈을 배워야 했지만, 이를 가리켜 학생이 되었다고 말한다면 터무니없는 일일 것이다. 그렇다면 그들이 겪은 일을 뭐라고 설명해야 할까? 아메리카 대륙으로 끌려가 잔혹하고 폭력적인 위계질서 속에 던져진 노예에게 배움이란 무엇이었을까?

어떤 철학자들은 아프리카인은 유럽인과 생물학적으로 전혀 다른 존재이므로 학생으로서 배움을 얻어 독립을 추구할 능력이 없다고 주장했다. 문학평론가 헨리 루이스 게이츠 주니어는 어떻게 이성의 능력을 강조하는 계몽주의적 사고방식이 인종적 편견과 결합해 새로이 '발견한' 인종을 온전한 인간이 아니라고 판단하기에 이르렀는지를 오랫동안 연구해왔다. 한 예로 데이비드 흄은 아프리카 대륙에는 '예술도 과학도 없다'고 주장했다.[35] 이는 곧 아프리카 대륙의 주민들은 자유롭게 생각하는 능력이 없는 존재라는 뜻이었다. 하지만 노예들은 광산이나 논밭, 주인의 집에서 노동에 관한 교육을 받아야 했다. 노예들은 보통 자신이 하는 일에 능숙해야 했고, 노예를 계속 속박해두려는 사람들은 노예의 기술을 높이 평가하기도 했다. 그런데도 노예제에 기반한 문화와 경제는 노예를 '교육'하거나 '학생'으로 취급하는 일을 금지했다. 학생은 언젠가 졸업해야 하는 존재이며, 졸업은 곧 독립과 관련되어 있기 때문이었다.

북아메리카의 몇몇 식민지에서는 노예에게 글을 가르치는 일을 법으로 금지하기도 했다. 한 예로 1740년 사우스캐롤라이나 주에서는 노예가 글을 배우도록 돕는 사람에게 벌금을 부과하는 법을 통과시켰다. 그리고 100여 년 뒤에는 '노스캐롤라이나 주 내에서 노예에게 숫자를 쓰는 법 외에 글을 읽고 쓰는 법을 가르치거나 가르치려 하는 자유인, 노예에게 책이나 팸플릿을 주거나 판매하는 자유인은 노스캐롤라이나 주의 모든 법정에서 기소될 수 있다'는 법을 제정했다.[36] 당시 미국 남부에서 종교적 열정에 이끌려 흑인들에게 성경을 읽히려 한 사람들은 영혼의 구원보다 백인우월주의를 중시하는 지역사회의 분노를 샀다.

드물지만 노예 소유주가 노예를 교육하는 경우에는 노예를 재산인 동시에 학생으로 취급하면서 생기는 인지적 긴장이 모순을 가져오기도 했다. 아프리카계 미국인 최초로 시집을 출간한 필리스 휘틀리 피터스Phillis Wheatley Peters의 삶은 이러한 모순을 잘 보여주는 사례다. 일곱 살 무렵 서아프리카에서 납치되어 1761년 보스턴으로 온 필리스는 도착하자마자 다른 어린 노예들에 비해 육체노동을 하기에 많이 허약하다는 판정을 받았다. 휘틀리 가문은 '가정부가 필요'했지만, 이 병약한 아이가 놀라울 정도로 조숙하다는 사실을 금세 알아챘다. 필리스는 집안의 성인 자녀들에게서 그리스어, 라틴어 고전과 당시의 문학, 과학 지식을 배웠다. 얼마 지나지 않아 필리스는 직접 시를 쓰기 시작했다. 그녀가 처음으로 쓴 시는 대학에서 공부할 만큼 운이 좋은 사람들에게 보내는 찬가였다.

학생들이여, 그대들은 저 높은 곳을 탐색하고

천상의 공간을 가로지르고,
회전하는 세계의 원리를 확인해야 합니다.

이어 필리스는 특권을 누리는 대학생들에게 유혹을 이겨내고 배움을 향한 욕구를 따르라고 권한다.

신성한 인류의 피어나는 꽃들이여,
한 에티오피아인이 그대들에게 가장 큰 적을 경고합니다.
그 덧없는 달콤함은 끝없는 고통으로 바뀌며,
영혼은 무한한 지옥으로 떨어질 것입니다.

「뉴잉글랜드 케임브리지의 대학에 보내는 시」는 필리스가 쓴 최초의 시로 평가받지만, 1773년에야 출간되었다. 그녀는 100편이 넘는 시를 쓴 것으로 알려져 있으며, 시의 주제는 대부분 종교적이었지만 그중에는 미국의 독립전쟁에 관한 시도 있었다. 1778년, 독립전쟁에서 전사한 데이비드 우스터 장군을 기리고자 쓴 시에서 필리스는 독자들에게 식민지의 자유를 위한 투쟁이 한편으로는 얼마나 모순적인지를 일깨웠다.

주의 손으로 그들을 이끄시고 지키시어
끔찍한 다툼을 끝내소서.
그들이 영원히 주께 감사하며
고결하고 용감하고 자유롭게 살게 하소서.

그러나 전능하신 주께 거룩한 인정을 받기를 바라는 것은
얼마나 주제넘은 일입니까?
그들은 아직도(이 얼마나 옹졸한 행동인지요?) 아프리카의 무고한 종족을
괴롭히고 속박하고 있지 않습니까?
미덕이 통치하게 하시고 주께서 우리의 기도를 들어주소서.
우리에게는 승리를, 그들에게는 관대한 자유를 가져다주소서.[37]

휘틀리 가문은 필리스에게서 천재적인 재능을 발견했고, 필리스는 문학과 역사 교육을 받으며 계속 시를 썼다. 그리하여 그녀는 자유와 구원을 소중히 여기는 세계를 접할 수 있었다. 런던과 뉴잉글랜드에서 높은 학식으로 이름을 알린 그녀는 1774년 마침내 노예 신분에서 해방되었다. 그 무렵 필리스는 샘슨 오컴이라는 목사에게 보낸 편지에서 이렇게 말했다. '주께서는 모든 인간의 가슴에 우리가 자유를 향한 사랑이라 부르는 원리를 심어놓으셨습니다. 이 원리에 따라 우리는 억압을 참지 못하고 구원을 갈망합니다. 미국을 지배하던 영국인들이 떠난 지금, 저는 우리 안에도 같은 원리가 깃들어 있다고 단언하겠습니다.' 필리스가 보기에 자유를 부르짖으면서 노예를 억압하는 미국인들의 신념은 명백히 모순적이었다. '말과 행동이 정반대인 그들의 태도가 얼마나 이상하고 부조리한지를 깨닫게 하는 데는 구태여 철학자가 끼어들 필요조차 없다고 감히 말씀드리겠습니다.'[38]

어떤 사람을 학생으로 인정한다는 말은 그 사람을 미래를 선택하기 위해 배우는 인간으로 간주한다는 뜻이었다. 배움은 자유를 향

한 갈망을 불러일으키는 일이기에 노예는 학생이 될 수 없었으며, 학생은 노예가 될 수 없었다. 미국의 노예제 폐지론자였던 프레더릭 더글러스는 19세기 중반에 이러한 사실을 깨달았다. 메릴랜드 주의 시골에서 노예로 태어나 불우한 어린 시절을 보낸 그는 열 살 무렵 볼티모어로 보내지면서 애정과 위안을 느낄 곳을 찾았다. 그는 다른 사람을 노예로 부리는 데 익숙하지 않은 젊은 여성 소피아 올드의 손에 맡겨졌고, 그녀에게서 성경 읽는 법을 배우기 시작했다. 처음에 그는 소피아의 발아래 놓인 탁자 밑에 누워 잠자는 척하면서 그녀가 욥기를 낭송하는 것을 듣곤 했다. 하지만 그가 성경 읽기를 배우던 중 볼티모어로 돌아온 소피아의 남편 휴 올드는 아내에게 메릴랜드에서 노예에게 글을 가르치는 일은 불법이라고 경고했다. 그는 글을 가르치면 더글러스는 노예의 의무를 수행하기에 '영영 부적합한' 존재가 되어 더는 그를 '데리고 있을 수 없을 것'이라고 말했다. 더글러스는 평생토록 그 말을 잊지 못했다. 훗날 노예 신분에서 도망쳐 유명한 노예제 폐지론자가 된 그는 저서와 연설에서 그 말을 거듭 언급했다. 더글러스는 엄격한 노예 소유주였던 휴 올드가 노예를 학생으로 대한다는 이유로 아내를 나무라며 한 이야기를 자신이 처음으로 들은 반노예제 강의로 여겼다. '나는 정말 잘된 일이라고 생각했다. 지식은 한 아이를 노예가 되기에 부적합한 존재로 만든다. 나는 본능적으로 그 명제에 동의했고, 그 순간 이후로 노예에서 자유로 향하는 길이 무엇인지 이해하게 되었다.'[39]

    오랜 노예 생활 동안 아프리카인들은 암울하기 그지없는 환경에서도 서로를 가르칠 방법을 찾아냈다. 예를 들어 그들은 이른바

'구덩이 학교'를 만들어 관리자의 감시가 미치지 않는 곳에서 눈에 보이는 온갖 도구를 사용해 서로 읽고 쓰는 법을 가르쳤다.[40] 노예 출신의 선구적인 교육자였던 해리엇 제이콥스는 『린다 브렌트 이야기 : 어느 흑인 노예 소녀의 자서전』에서 배움을 둘러싼 싸움은 자유의 의미를 두고 벌이는 갈등이라고 말한다. 그녀는 백인 민병대가 글을 공부한 흔적을 찾기 위해 노예 숙소를 수색한 참혹한 일화를 들려준다. '많은 노예 소유주는 노예가 문해력을 지니면 반란을 일으키리라 믿었기에 도발적인 내용을 담은 문서만 나와도 노예를 고발할 근거가 되었다.' 제이콥스는 노예 신분에서 도망친 이후, 교육을 자유에 이르는 길로 보았다. '정신이 계몽될수록 나 자신을 누군가의 소유물로 보기가 어려워졌다.'[41] 이 책에서 그녀는 자신의 자녀들이 학생이 되어 노예제에서 벗어나도록 만들기 위해 어떤 희생을 치렀는지 이야기한다. 그리고 그녀는 교육이 금지된 흑인들이 배움을 통해 진정한 자유를 누릴 길을 열어주고자 버지니아 주에 제이콥스 자유학교를 설립했다. 제이콥스는 흑인 교사들이 흑인 학생들을 가르치는 한편, 수 세기 동안 흑인들이 지식을 얻을 권리를 박탈함으로써 그들의 인간성을 부정한 미국에서 흑인 교사와 학생들이 다 함께 온전한 시민이 되는 법을 배우기를 바랐다.

교육은 자유로 향하는 길이었으며, 노예의 교육을 막으려는 시도들은 이를 분명히 보여주었다. 여기서 자유란 경제적 독립을 넘어 온전히 인간으로 인정받는 것을 의미했다. 프레더릭 더글러스는 자신의 삶에서 겪은 우여곡절이 배움과 자유의 관계를 잘 보여준다고 생각했다. 그는 백인우월주의가 강요되는 상황에서 글을 읽는 법을 배운다는 것은 '나 자신을 데리고 도망치는' 일임을 알았다.[42] 1852년, 미국의 독립기념일 행사를 강력히 규탄한 연설에서 그는 자유를 기념하는 동시에 노예제를 옹호하는 미국의 위선을 지적했다.

　백인우월주의자들은 백인이 태생적으로 더 우월한 존재라고 말하면서도 흑인에게 교육을 받을 기회 자체를 주지 않으려 애쓴다는 점에서 더욱 저열한 이중성을 보여주었다. 노예도 배움을 얻을 수 있다는 명백한 사실은 노예의 인간성을 여실히 보여주는 동시에 백인우월주의자들이 부르짖는 자유가 얼마나 공허한 것인지를 드러냈다. 노예를 계속 억압하기 위해서는 노예가 학생이 되지 않도록 막아야 했다. 노예를 가르치는 일을 금지하는 법이 존재한 이유는 노예가 교육을 받을 수 있다는 사실 자체가 노예에게 평등과 자유를 누릴 권리가 있다는 증거였기 때문이다. "남부의 법령집이 노예에게 읽고 쓰는 법을 가르치는 사람을 무거운 벌금과 처벌로 다스리는 규정과 금지령으로 가득하다는 사실은 노예의 인간성을 입증합니다. 만약 여러분이 들짐승에게도 비슷한 법이 적용된다는 증거를 찾아낸다면 노예의 인간성에 논쟁의 여지가 있다는 데 동의하겠습니다."[43] 어린 노예였던 더글러스는 자신이 배움을 통해 자유를 쟁취하고 있다는 사실을 깨달음으로써 교육의 힘에 눈뜨는 경험을 했다. 미국 남부의 주의회들은 이를 잘 알고 있었기에 악랄한 탄압으로 교육이 보급되는 일을 막으려 했으며, 북부의 주들은 더 교묘한 방식으로 교육의 확산을 저지했다.

　배움의 기회를 박탈당한 수백만 명의 노동력 위에 세워진 체제를 유지할 방법은 폭력뿐이었다. 서구가 근대로 들어설 무렵, 여러 사상가는 학생을 단순히 교리를 전파하거나 숙련된 장인을 모방하는 사람으로 여기지 않고 교육과 자유의 연관성을 강조하기 시작했다. 성별, 계급, 인종, 민족을 가리지 않고 누구에게나 이러한 학생관을 적용해야 한다는 생각이 널리 받아들여지기까지는 수백 년이 걸렸지만, 배움을 향한 요구와 학생이 될 권리는 결국 전 세계로 퍼져 나갔다.

근대적 학생의 등장

'계몽이란 인간이 스스로 초래한 미성숙에서 벗어나는 것이다.' 칸트가 1784년에 쓴 에세이 「계몽이란 무엇인가에 대한 답변」의 첫 문장은 근대적 학생 개념의 등장을 알린다. 칸트에게 계몽은 배움의 과정이며, 그 과정은 다른 사람의 '지도'에서 벗어나는 것을 목표로 한다. 인간은 계몽을 통해 책임을 질 수 있는 어른으로 성장하며, 계몽되지 않은 인간은 '다른 사람의 안내 없이는 스스로 이해할 수 없는 무능'에서 벗어나지 못한다.

18세기 말부터 학생은 점차 계몽의 과정에 있는 사람으로 여겨지게 되었다. 이러한 학생관은 새로운 것이었다. 이는 학생이 권위자의 안내에 의존하지 않고 스스로 이해해야 한다는 뜻이었다. 기어 다니던 아기가 육체적으로 성숙하면서 제 발로 걷듯, 인간은 정신적으로 성숙하면서 자기 힘으로 생각하는 능력을 갖추며, 또 갖춰야만

한다. 칸트는 많은 사람이 두려움 때문에 정신적으로 성숙하지 못한다고 보았기에 계몽을 대담함과 연관 지으며 이렇게 말했다. '과감히 알려고 하라 Sapere aude!(로마의 시인 호라티우스가 쓴 시의 한 구절 - 옮긴이) 자신의 지성을 사용할 용기를 가져라! 이것이 계몽의 표어다.'1

칸트가 이 글을 쓸 당시 계몽주의는 이미 혁신적인 지적·문화적 운동으로 여겨지고 있었다. 과학과 수학은 17세기 말부터 큰 발전을 이루었으며, 많은 사람이 사회를 뿌리째 바꿀 발전이 계속되리라 예상했다. 세상이 점점 빠르게 변화하면서 전통의 역할은 줄어들었다. 물론 이러한 변화가 모든 영역에서 한꺼번에 일어나지는 않았지만, 사람들은 점차 권위나 '당연한 사실'에 호소하기보다 논증과 증거를 바탕으로 자신의 신념을 정당화하기 시작했다. 역사학자들은 낮은 계몽주의와 높은 계몽주의를 구분하는데, 이는 각각 거리의 문화 운동과 식자층의 문화 운동을 가리킨다. 전자는 가십, 저속한 팸플릿, 대중이 갈수록 권력층을 의심하게 만든 음모론 등에서, 후자는 회의주의가 왜 논할 가치가 있는 지적 입장인지를 증명한 철학 논쟁 등에서 확인할 수 있다.

칸트는 회의주의자들에게 동조하지는 않았지만, 모든 것에 의문을 제기하는 정신을 인정하고 높이 평가했다. '우리 시대는 비판의 시대이며, 무엇도 비판에서 자유로울 수 없다. 종교는 신성성을 근거로, 입법은 위엄을 근거로 비판에서 벗어나려 한다. 하지만 그렇게 되면 종교와 입법은 당연히 의심을 불러일으키며 진심 어린 존경을 요구할 수 없다. 이성은 자유롭고 공개적인 검토를 견딜 수 있는 것에만 진심 어린 존경을 허용한다.' 칸트는 자유롭고 공개적인 검토와 자신의 지성을 사용할 용기가 반드시 진보를 가져온다고 보았다. 그는 사람들이 스스로 생각하고 자신의 관심사를 공개적으로 토론하는 데 익숙해지면 더욱 합리적이고 신중해질 것이라고 믿었다. '이러한 계몽에 필요한 것은 자유뿐이다. 그리고 여기서 자유란 가장 무해한 형태의 자유, 모든 문제에서 자신의 이성을 공개적으로 사용할 자유를 가리킨다.'[2] 대중이 스스로 생각하는 힘을 갖게 되면 혁명을 피할 수 있으며, 신중한 변화가 가능해진다. 우리는 자유를 누릴 때 비로소 학생이 되며, 학생으로서 자유의 영역을 확장한다.

칸트는 주로 학교에 다니는 학생 개개인보다는 큰 틀에서 본 학생, 즉 계몽의 과정에 있는 사회에 관심을 기울였다. 하지만 그가 살았던 시기에 그의 조국인 프로이센에서는 새로운 교육과 배움의 정신이 뿌리를 내리고 있었다. 당시 프로이센에서는 교사들이 더 많은 교육을 받아야 했으며, 모든 청소년이 의무적으로 초등학교에 다니게 되었다. 마구馬具 제작자의 아들로 태어난 칸트 역시 고향인 쾨니히스베르크(당시에는 프로이센의 영토였으며, 지금은 러시아의 칼리닌그라드가 되었다)에서 학교에 다녔다. 프로이센의 초등학교 저학년 학생들은 교사 한 명에게서 읽기, 쓰기, 산수, 기독교를 배웠고, 이후에는 더 엄격한 교육을 받았다. 대학생 시절 칸트는 매 학기 라틴어 수업을 듣고 그리스어, 히브리어, 프랑스어를 배운 뒤 과학과 수학을 공부했으며, 졸업을 앞두고는 몇 학기 동안 철학 수업을 들었다. 칸트가 다닌 초등학교는 경건주의(경건한 생활과 실천을 강조하는 개신교 종교 운동 - 옮긴이) 학교였기에 학생들이 강한 종교 감정을 경험하기를 기대했다. 그러나 칸트는 영적 열정을 표현하는 일보다 고전 문헌을 연구하는 일에 더 흥미를 느꼈다.

18세기 유럽에서는 여전히 암기, 텍스트 암송과 필사가 교육에서 많은 비중을 차지했으며, 학습은 대체로 반복적이었다. 칸트가 「계몽이란 무엇인가에 대한 답변」에서 제시한 교육 개념은 그가 학생 시절에 한 경험에 대한 반발이자 그 자신이 품은 열망에서 나온 것이다. 훗날 칸트는 어린 시절의 '노예 생활'을 떠올릴 때마다 '공포와 불안'에 사로잡힌다고 인정했다.[3]

학교 교육의 변화

18세기에 학교를 스스로 생각하는 법을 배우는 곳으로 생각한 학생은 거의 없었을 것이다. 18세기 말에는 분명 유럽의 많은 지역에서 교육과정에 변화가 있었지만, 학교 교육은 여전히 라틴어와 암기 훈련에 중점을 두었다. 이러한 훈련은 단순히 문해력을 키우거나 종교의식에 익숙해지는 것만을 목적으로 하지 않았다.

제2장에서 살펴보았듯, 16세기 말 영국에서 활동한 철학자 존 로크는 학생들의 정열을 선한 방향으로 이끌기 위해서는 타고난 성향을 훈육해야 한다고 주장했다. 학생들은 관습과 습관을 익혀 정열을 가다듬고, 장차 사회에서 생산적인 구성원이 되도록 도움을 주는 사상을 배워야 한다는 것이었다. 로크는 인간의 마음은 백지상태에서 출발하지만, 다른 사람과 상호작용을 할 때는 늘 원초적인 본능이 작동하므로 사람들은 본능에 휘둘리지 않는 법을 배워야 한다고

보았다. 당시의 학교 교육은 상당 부분 이러한 본능을 따르지 않는 법을 훈련하는 데 초점을 맞추었다.

가톨릭 국가였던 프랑스는 개신교 국가들과 신학적 토대는 달랐지만, 교육관에는 별반 차이가 없었다. 프랑스에서도 인간은 악한 본성을 타고났으며 교육은 사람들이 본성을 따르지 않도록 훈육하는 데 중점을 두어야 한다는 시각이 널리 퍼져 있었다. 18세기 초 프랑스 교육계에서 중요한 인물 중 한 명은 소르본 대학의 총장이자 얀센주의자(아우구스티누스의 사상을 중시하는 가톨릭 신학 운동) 샤를 롤랭이었다. 롤랭은 절제되지 않은 정열은 순전히 악한 것이며 아이가 정열에 따라 행동하지 않도록 교육하는 일이 얼마나 중요한지를 역설했다. 그는 교육의 핵심은 종교에 있다고 보았다. 종교의 구조는 사회의 구조와 동일하며, 교육의 과제는 젊은이들이 그 구조에 성공적으로 동화되도록 이끄는 것이었다. 롤랭은 사회의 구조, 즉 사회의 관습은 단순한 전통이 아니라 신이 창조를 위해 세운 계획을 반영한다고 믿었다. '(기존 도덕의) 규칙과 법칙은 인간이 멋대로 공상한 것이 아니라 창조주가 영혼의 본질에 새겨놓은 것이다. 그것들은 미덕과 악덕을 다른 방식으로 생각할 수 없는 신적 지혜의 산물이므로 모든 시대 이전에 존재했으며, 이 세상보다 더 오래되었다.'[4] 롤랭은 학생들이 신에 대한 의무를 이해하듯 기존 질서에 대한 의무를 이해하기를 바랐으며, 그렇게 하면 학생들은 타고난(악한) 성향이 아니라 질서에 순응할 것이라고 믿었다.

롤랭은 얀센주의를 지지한다는 이유로 학장 자리에서 쫓겨났지만, 그의 교육관은 프랑스는 물론 개신교도들이 지배한 북아메리카의 식민지에서도 큰 영향을 끼쳤다. 실제로 미국의 가정에서는 롤랭이 쓴 저서의 번역본을 성경이나 밀턴의 『실낙원』만큼이나 쉽게 찾아볼 수 있었다. 롤랭의 『교육론 Traité des études』은 교육 이론에 중대한 공헌을 했지만, 그의 저서 중 미국에서 교육적으로 가장 큰 영향을 끼친 책은 고대의 역사를 다룬 방대한 역사서였다. 당시에는 최초의 문명부터 당대에 이르는 인류의 장대한 발전 과정을 소설식으로 설명한 '보편사'가 인기를 끌었다.

  롤랭의 역사서는 성경의 창조 이야기에서 시작해 이집트, 카르타고, 아시리아, 바빌로니아, 메디아, 페르시아 등의 역사를 서술했으며, 당연하게도 그리스와 로마 세계를 매우 중요하게 다루었다. 롤랭은 여느 보편사 작가들과 마찬가지로 독자들과 그들이 속한 사회에 도움이 되는 도덕적 교훈을 전하고자 했으며, 이를 위해 모범이 될 만한 사례들을 강조했다. 가령 그는 공화정을 운영한 로마인들을 공공선을 무엇보다 중시하며 사회 전체를 위해 언제든 개인의 이익을 희생할 준비가 된 사람들로 묘사했다. 역사학자 찰스 살라스는 롤랭의 역사서를 다음과 같이 설명했다. '롤랭은 악에 대한 저항력을 키우는 것을 교육의 주목적으로 보았고, 어린 독자들이 로마인들의 미덕을 동경하도록 심혈을 기울였다. 그는 머리의 교육이 아니라 마음의 교육을 추구했다. 롤랭의 역사서는 종교와 참된 경건함의 원리를 전수하고, 학생들을 좋은 자녀이자 좋은 스승, 좋은 친구, 좋은 시민으로 만들고, 그들을 품격 있는 사회에 어울리는 사람, 즉 학식과 기술이 있고, 언변이 뛰어나며, 어느 직업에나 적응할 수 있는 사람으로 만들어야 했다.'

롤랭은 특히 상업과 이익 추구에 치우친 교육을 받은 카르타고인들의 편협하고 부패한 모습과 교양 교육을 받은 그리스·로마인들의 미덕을 비교하며 후자를 강조했다. 민주주의를 전혀 지지하지 않은 그는 로마 공화정의 원로원이 '노인의 신중함으로 나라를 이끌었기에 로마는 경박한 군중이 모든 것을 지배하는 국가(카르타고)에 승리할 수 있었다'고 감탄했다. 롤랭은 그리스와 로마가 남긴 교훈을 가르쳐 학생들이 변덕과 이기심, 정열에서 벗어나 신중함과 미덕을 갖추고, 신의 계획을 반영한 공공선을 위해 희생하도록 이끌어야 한다고 생각했으며, 살라스는 이를 '카르타고인이 될지도 모르는 사람들을 로마인으로 만드는 일'이라고 표현했다.[5]

이렇듯 개신교 철학자 로크와 가톨릭 사제 롤랭은 교육의 제1목표가 이기심을 극복하고 공공선을 사랑하는 법을 배우는 것이라고 입을 모아 말했다. 로크는 교육이 정신이 신체를 통제하도록 이끌 것이라고 기대했다. 롤랭은 이기적인 사치 추구는 '가장 번영한 국가와 왕국마저 파괴'할 수 있으며, 교육은 학생들이 이러한 이기심을 버리도록 만들어야 한다고 보았다.[6] 두 사상가에게 학생이 된다는 것은 사사로운 쾌락 좇기를 포기하고 사회에 공헌하는 법을 배운다는 뜻이었다.

그러나 사회가 급격한 변화를 겪는 상황에서는 무슨 수로 그 사회에 공헌할 수 있을지도 불분명한 때가 많았다. 로크는 1704년에, 롤랭은 1741년에 세상을 떠났고, 두 사람은 자신이 속한 사회에서 일어난 혁신적인 변화를 목격했다. 1680년대 후반 로크가 살았던 영국처럼 혁명이 한창 진행 중인 사회에 사는 사람은 어떻게 그 사회에 기여할 수 있을까? 당시처럼 기존 질서가 불안정할 때는 그 질서에 순응하는 법을 배우는 것 자체가 무의미해 보였다. 그리고 변화는 정치와 종교에만 국한되지 않았다. 상업 조직이 빠르게 성장하면서 부자가 된 사람들은 자신이 공공선에 공헌하고 있다고 말하기도 했으며, 일부 계몽주의 사상가는 사익 추구가 실제로 이웃을 돕는 일이라고 주장했다. 이처럼 정치, 경제, 과학에서 큰 변화가 일어난 시기에 교육 문제를 논한 저술가들은 개인이 성취를 추구하면 사회도 따라서 발전할 것이라고 보았다. 그러므로 학생들은 자신과 사회를 위해 더 나은 삶의 방식을 찾아낼 수 있어야 했다.

훗날 칸트가 주장했듯, 근대에는 지식의 보급이라는 문제가 중요한 화두로 떠올랐다. 어떤 사람들은 지식의 보급을 더 정의로운 세상으로 향하는 느리고 꾸준한 진화에 필요한 일로 보았으며, 또 어떤 사람들은 변덕스러운 대중이 사회 불안을 일으키지 않게 막으려면 일반 대중과 정보를 공유해야 한다고 생각했다. 1750년대에 대중 지식인이자 철학자였던 드니 디드로와 장 르 롱 달랑베르는 이 같은 맥락에서 방대한 지식을 수집한 뒤 여러 권의 사전으로 구성해 배포하는 놀라운 기획에 착수했다. 이들이 펴낸 『백과전서』는 열 권의 삽화와 스물한 권의 본문으로 구성되었으며, 100명이 넘는 저자가 '아스파라거스에서 황도 12궁에 이르는' 7만여 개의 항목을 집필했다.[7] 이 기획을 주도한 디드로는 무려 1만 개의 항목을 직접 작성했다.[8]

경제학자이자 언론인이었던 조아킴 파이게 드 빌뇌브는 종교와 수학 등 다양한 주제와 관련된 수십여 개의 항목을 작성했다. 파이게는 프랑스 사회에서 교회 당국의 영향력이 줄어들고, 상업이 더 효율적으로 발전하기를 바랐다. 1740년대 말 파리의 한 기숙학교 교장이었던 그는 『백과전서』의 '학업Études' 항목을 썼으며, 학교가 암기 위주에서 기술 중심의 교육으로 나아가지 못하는 현실을 날카롭게 비판했다. 당시 학생들은 7세부터 16세까지 주로 라틴어 작문을 배웠는데, 이러한 교육과정은 좋은 습관을 길러주기는 했어도 실용적 가치는 크지 않았다.

그리하여 파이게는 다음과 같은 의문을 품었다. '학생들의 가장 뛰어난 점을 희생하고, 몇 개의 과목에서 쓸모나 필요가 없다시피 한 재주를 완벽히 익히게 만드는 것이 과연 타당한 일인가?' 그가 보기에 학교는 교사의 말을 모방하도록 장려하는 것이 아니라 공식적인 학교 교육이 끝난 후에도 사용할 수 있는 기술을 전수함으로써 학생들이 인생을 준비하도록 해야 했다. '인생을 살아가는 데 필요한 것을 배우고 실천하지 않는다면 교육이 무슨 의미가 있는가? 젊은이들에게 주제와 운율이 있는 작품만 가르친다면 이처럼 위대한 목표를 이룰 수 있는가?' 파이게는 이러한 물음에 부정적으로 답하며, 학생들에게는 '설계, 계산과 글쓰기, 기초 기하학, 지리, 음악 등'과 같은 기술이 필요하다고 힘주어 말했다.[9] 그는 롤랭과 반대로 로마인을 카르타고인으로 만들고자 했던 것이다.

디드로는 자신이 직접 작성한 『백과전서』의 '학습' 항목에서 이렇게 말했다. '공부한다는 것은 지식을 얻으려 노력하는 것이다. 배운다는 것은 그에 성공하는 것이다.'[10] 『백과전서』는 독자들이 정규 교육 바깥에서 배움을 얻고, 강한 독립심으로 세계를 탐구한 저자들의 학생이 되어 세상에 관한 지식을 얻도록 도우려는 기획이었다.

그들은 책을 읽은 학생들이 직접 세상을 탐구하려는 욕구와 능력을 기르기를 기대했다.

백과전서파는 경험과 무관한 전문 용어를 남발해 이해하기 어렵게 만든 이전 세대의 관념적 사상가들과 정반대였다. 달랑베르는 '학교의 철학'이라는 항목에서 스콜라 철학이 남긴 유산을 정면으로 비판했다. '사물을 말로, 진짜 철학의 중요한 대상을 경박하고 우스꽝스러운 질문으로 대체하는 것. 이해할 수 없는 문제를 거친 용어로 설명하는 것. 보편자, 범주, 곤경, 형이상학적 정도, 제2지향, 무의 공포 같은 말을 만들거나 떠받드는 것. 이러한 철학은 인간의 정신과 무지에서 비롯되었다.'[11] 달랑베르의 글은 프랑스 교회 당국의 검열을 거쳐야 했기에 그는 가톨릭교회의 스콜라 철학을 '학교의 철학'이라고 돌려 말해야 했지만, 18세기 독자들은 그가 전하려는 메시지를 충분히 이해할 수 있었다.

이전의 사상가들은 종교나 모호한 보편자 개념에 얽매여 하나의 신비를 다른 신비로 설명하려 했다. 그러나 『백과전서』를 읽는 학생들은 신자가 아니라 탐구자였다. 디드로는 데카르트에게 경의를 표하며 우리의 삶을 확고한 믿음 위에 세우기보다 의심을 받아들여야 한다고 주장했다. '공부를 잘했다는 것은 의심하는 법을 배웠다는 뜻이다.' 디드로의 선언은 배움의 의미가 라틴어 시구를 암기하는 수준에서 30여 년 뒤 칸트의 말처럼 스스로 생각하는 것으로 나아가고 있었음을 잘 보여준다. 디드로는 '학습' 항목을 이렇게 마무리한다. '우리는 들음으로써 배우고, 질문함으로써 자신을 가르친다.'[12]

학생이 된다는 것

18세기 후반 서유럽에서 학생이란 수업 내용을 그대로 받아들이는 사람이라기보다 유용한 기술을 배워 세상에 생산적인 질문을 던질 수 있는 사람에 가까웠다. 그러나 이 시기에는 학생을 바라보는 또 다른 시각이 등장했는데, 이는 칸트의 계몽 개념은 물론 이후에 나온 '아동 중심 교육'과도 관련되어 있었다. 여기서 다룰 핵심 인물은 제2장에서 만났던 불만 가득한 도제 장 자크 루소다.

정치철학자이자 교육이론가 루소는 계몽주의의 이성 개념과 후기 낭만주의의 '자연적 번영'이라는 이상에 지대한 영향을 끼쳤다. 루소는 양면성과 모순으로 가득 찬 사상가였다. 루소의 명저 『사회계약론』은 다음과 같은 유명한 문장으로 시작한다. '인간은 자유롭게 태어났지만, 어디에서나 사슬에 묶여 있다.' 하지만 이 책에서 그는 무엇이 인간을 옭아맨 사슬을 정당화할 수 있는지를 질문한다. 또 그는 예술과 과학의 가치에 의문을 품으면서도 『백과전서』 편찬에 기여했다.

루소의 유명한 저서 중에는 교육서 『에밀』이 있다. 루소가 학생으로서의 아동을 보는 시각은 로크나 롤랭과 정반대였다. 두 사람과 달리 루소는 교육이 아동의 정열을 억누르기를 바라지 않았다. 루소는 아동을 무질서한 본능이나 악한 욕망의 원천이 아니라 주변 환경이 지나치게 타락하지 않았다면 환성과 소화를 이뤄 살아가는 법을 배울 수 있는 자연스러운 존재로 보았다. 『에밀』의 서문에서 루소는 자신의 교육법이 모든 사람에게 통하지 않을 수 있음을 인정하면서도 진정으로 중요한 것은 어른들이 아이들을 더 가까이서 관찰하는 일이라고 주장한다. 그는 교사들에게 학생들을 향해 주의를 기울이고 그들이 어떻게 세상을 살아가는지 이해하려 노력하라고 권한다. '그러므로 학생들을 더 주의 깊게 연구하는 데서 시작하라. 당신은 분명 그들에 관해 아무것도 모르기 때문이다.'[13]

 루소는 학생들을 알게 되면 그들이 선한 본성을 타고났음을 깨달으리라 말한다. 따라서 교육자의 과제는 선한 본성을 키우고 아이들이 주변 세계를 안전하게 발견할 수 있도록 보호하는 것이다. 교육자는 아이들에게 교훈을 주거나 물리학이나 도덕의 격언을 외우라고 요구해서는 안 된다. 그 대신 아이들이 많은 경험을 하고, 세상의 자연스러운 한계에 부딪히면서 배우도록 도와야 한다. 그 과정에서 아이들은 얼음을 밟고 미끄러지거나 높은 곳에서 떨어져 다칠 수도 있다. 이때의 배움은 고통스러운 경험에서 얻는 배움이지만, 권위자가 자연에 덧씌운 법과 규칙을 암기하는 것보다는 바람직하다.

 루소에 따르면 아동은 적어도 사춘기까지 다른 사람들에게서 떨어진 채 가정교사에게 교육을 받는 것이 좋다. 유아기 이후에는 엄마도 제한된 역할만 해야 하며, 아빠는 아무런 역할도 맡지 않아야 한다. 현명한 교사는 아이가 다른 사람과 함께 있으면 그들에게서 인정을 받으려 자신을 왜곡하기 쉽다는 사실을 안다. 따라서 학생들은 사회생활에 뛰어들기 전에 진정한 자신을 지킬 수 있도록 회복탄력성을 길러야 한다. 그리고 교육은 젊은이들이 본연의 자신을 버리고 타인의 인정을 추구하도록 끌어당기는 힘에 휘둘리지 않도록 보호해야 한다.

루소는 학생의 지위는 보통 권력자의 인정에 좌우되며, 이것이 학생의 본성을 왜곡한다고 보았다. 루소가 생각하는 교사의 과제는 학생이 경쟁이나 허영심이 아니라 연민을 바탕으로 다른 사람과 관계를 맺도록 이끄는 것이다. 그러면 학생은 교사를 권위자가 아니라 조언자이자 친구로 여기게 되며, 경험에서 배움을 얻고 스스로 생각하는 법을 깨달으며 성숙해진다. 여기서 우리는 칸트가 루소의 열렬한 추종자였다는 점에 주목할 필요가 있다.

물론 『에밀』에 나오는 가상 인물 에밀은 어린 소년이며, 루소의 교육관은 그 자신의 편견과 당대의 성적 편견에서 자유롭지 않았다. 『에밀』에는 소피라는 소녀도 등장하지만, 소피는 사실상 에밀의 동반자로 길러지기 위해 존재하는 인물이다. 루소는 여자아이는 평생 종속된 삶을 살도록 교육을 받아야 한다고 본 것이다. 그는 남자아이는 자유롭게 본성을 발달시키는 것이 중요하지만, 여자아이는 절제를 배워 '유순함'을 길러야 한다고 말한다. '여성은 늘 남성이나 남성의 판단에 종속되어야 하며, 남성의 판단보다 자신의 생각을 우선하는 일은 있을 수 없기에 여성에게는 유순함이 필요하다.' 루소에 따르면 여성은 유순함으로 이기는 법을 배우며, 여성의 '상냥함'은 결국 남성 동반자를 부드럽게 통제하도록 해준다.[14]

18세기 중반 영국의 작가이자 철학자였던 메리 울스턴크래프트는 루소의 정치학 저술들과, 정당한 법은 신이 승인한 군주가 부과한 법이 아니라 국민이 스스로 만든 법이라는 주장에서 영감을 받았다. 그러나 울스턴크래프트는 어린 소녀들에게 복종을 교육해야 한다는 루소의 주장에 거세게 반대했다. 울스턴크래프트는 불우한 어린 시절을 보내며 어렵사리 교육을 받았다. 알코올 중독에 폭력을 일삼는 아버지 밑에서 자란 그녀는 주변 환경에서 벗어나는 데 필요한 기술을 배우려 고군분투해야 했다. 그녀는 우선 집을 떠나 재봉과 바느질로 생계를 잇는 여성 동료들과 생활했으며, 이후 그들과 함께 여자아이들을 위한 학교를 세웠다. 그녀는 아이들을 가르치는 동안 세상을 더 많이 알고자 하는 욕망도 날로 강해졌다. 울스턴크래프트는 학교 교육을 받으면 일정 수준의 독립을 이루는 길이 열린다는 사실을 일찌감치 깨달았다(적어도 그녀는 학교 교육 덕분에 아버지가 지배하는 가정과 중매결혼의 위협에서 벗어날 수 있었다). 교사가 된 그녀는 여자아이들은 이성을 발휘할 줄 아는 개인으로 성장할 수 없다는 생각은 편견일 뿐이라고 목소리를 높였다.

울스턴크래프트는 『여성의 권리 옹호』(1792년)에서 루소를 비롯한 남성들이 이성을 사용해 남녀 교육의 중요성을 심사숙고하지 않았다고 꼬집는다. '정신은 단호하게 자신의 원칙을 세울 만큼 강인해야 한다. 많은 남성은 일종의 지적 비겁함에 빠진 탓에 그 일을 꺼리거나 건성으로 한다.' 그러나 강하고 용감한 정신을 가진 사람은 인간이라면 누구나 '가장 완벽한 교육'을 받을 자격이 있음을 인정할 것이다. 여기서 완벽한 교육이란 '신체를 단련하고 정서를 함양하기에 가장 적합한 지성 훈련', '개인을 독립적인 존재로 만들 도덕적 습관을 체득하는 훈련'을 뜻한다. 울스턴크래프트가 말한 '도덕적 습관'은 스토아주의의 고전적 전통이나 교육을 아동의 능력을 이끌어내는 것으로 본 루소의 견해와 맞닿아 있지만, 그녀는 여자아이들도 '자신의 능력을 펼쳐' 더 많은 자율성을 얻기를 바랐다는 점에서 차이가 있다. '자신의 이성을 발휘해 미덕을 갖추지 않은 사람을 두고 덕망 있다고 말하는 것은 우스꽝스러운 일이다. 이것이 남성들에 관한 루소의 견해였다. 나는 이를 여성에게까지 확대하고자 한다.'[15]

울스턴크래프트는 자신처럼 좋은 판단력과 애정을 가진 교사가 어린 소녀들의 성장에 지대한 영향을 끼칠 수 있다는 점을 강조했다. 학생들은 주변의 경쟁과 허영에 휩쓸리기 쉽지만, 아무리 뛰어난 학생이라도 적절한 경험을 가진 어른에게서 이성과 연민을 발휘하면 미덕을 갖출 수 있음을 배워야 한다는 것이었다. 여성으로서 훌륭한 교사가 되는 것은 여성 역시 좋은 학생일 수 있음을 보여주는 한 가지 방법이었지만, 울스턴크래프트가 보기에 배움은 좋은 가르침을 받는 것만을 의미하지 않았다.

울스턴크래프트는 루소와 달리 학생들이 집단으로 교육을 받아야 한다고 주장했다. 그녀는 나이 든 교사가 어린 학생들에게 지나치게 빠른 성장을 요구해 왜곡된 영향을 끼치는 것에 비하면 학생들 사이에서 생겨나는 허영심은 큰 문제가 아니라고 보았다. 아이들은 단순히 교사를 모방하기보다 스스로 생각하는 법을 배워야 하며, 다른 아이들과 부대끼면서 '마음을 열고 우정과 자신감을 얻어 점차 자애로운 성품'을 기를 수 있었다.[16] 사회 안에서 자율성을 가진 개인이 되려면 여러 내적 자원을 개발해 삶에서 마주치는 난관을 극복하는 데 필요한 회복탄력성을 키워야 하며, 교육의 주된 목표는 학생을 (성별과 상관없이) 이처럼 독립적인 존재로 만드는 것이었다.

울스턴크래프트는 여성을 향한 갖은 비판과, 여성은 불완전한 존재이므로 경박한 여성들을 진지하게 교육하는 것은 낭비라는 주장을 귀에 못이 박히도록 들었으며, 이러한 생각을 통렬하게 반박했다. 그녀는 여성들이 어릴 적부터 남성에게 복종하도록 교육받으면서 동시에 약자의 위치를 강요당한 채 사회에서 살아간다는 이유로 비난받는다고 지적한다. 그러나 제대로 된 교육을 받는다면 여성도 얼마든지 진정한 역량을 발휘할 수 있을 것이었다. 울스턴크래프트는 여성이 계몽에 이를 가능성에 비관적인 루소를 질책하며, 남녀 누구나 자율성을 길러 자유와 미덕을 갖추도록 이끄는 교육을 구상했다.[17] 그녀는 개인의 쾌락 추구나 시장에서의 성공을 넘어서는 자율성을 상상했으며, 루소가 그랬듯 학생들이 타인의 인정에 좌우되지 않는 진정한 자의식을 갖추기를 바랐다. 여성은 더는 권력자의 인정이 필요하지 않을 만큼 계몽되어야 했으며, 이는 남성 또한 마찬가지였다.[18] 학생이란 자신에게 '완성 가능성'을 추구할 역량이 있음을 인정하고, 연습을 통해 잠재력을 개발해 독립에 이를 수 있는 사람이었다. 학생이 되는 데 필요한 자질을 갖춘 사람이라면 여성이든 남성이든 관계없이 누구나 학생이 될 수 있어야 했다.

대학의 역할

학생들은 사회를 있는 그대로 받아들여 전통에 따라 자신의 위치를 찾아야 할까? 루소나 울스턴크래프트처럼 교육에 관해 글을 쓴 많은 철학자는 그렇지 않다고 생각했지만, 18세기 중반까지만 해도 대부분의 학교는 그들의 견해에 별다른 관심을 보이지 않은 채 교사가 말한 내용을 외우고 되뇌는 방식의 수업을 고집했다. 학생들은 공자의 제자들처럼 주변 환경에 조화롭게 통합될 방법을 찾아야 했고, 예수의 사도들처럼 '나를 따라오너라'는 명령을 받들어야 했다.

    그러나 18세기 말에 이르자 철학자들의 견해가 조금씩 호응을 얻기 시작했다. 계몽주의를 중심으로 비판적 사상이 인기를 끌면서 많은 사람이 학생을 소크라테스의 대담자처럼 현실에 의문을 제기하는 법을 배우는 존재로 보게 된 것이다. 이제 학생들은 칸트가 말한 미성숙, 즉 정치, 종교, 전통의 영향 때문에 스스로 생각할 수 없는 무능력한 상태에서 벗어나 자율성을 향해 나아가야 했다. 이에 따라 교육은 경제적 독립 이상의 목표를 추구하며 학생들이 스스로 판단하는 능력을 키우는 방향으로 바뀌기 시작했다. 공공 영역에서는 언론인과 교수, 공무원, 교사를 비롯해 점점 더 많은 사람이 교육을 이처럼 더 넓은 관점에서 보아야 한다고 주장했다. 그들은 학생들이 계몽의 과정을 거쳐야 한다고 목소리를 높였.

    교육을 계몽과 연결하는 시각은 유럽의 대학들에 점차 영향을 끼치기 시작했다. 대학은 오랫동안 교회 권위의 보루였으며, 기성세대의 눈에 반항적으로 보이던 학생들도 그곳에서 권위에 적응하고 교사를 모방하는 법을 배웠다. 그러나 18세기 후반 사회의 많은 분야가 그랬듯, 새로운 탐구 영역이 열리고 일반 대중 사이에서 독립적인 정신을 중시하는 문화가 자리 잡으면서 대학도 변화하기 시작했다. 이제 사람들은 대학생을 새로운 관점에서 보기 시작했으며,

이는 교수를 보는 시선이 달라진 것과도 관련되어 있었다. 대학교수는 단순히 학생들에게 더 복잡한 문제를 알려주는 존재가 아니었다. 그들은 학생을 가르치는 동안 스스로 답이 없는 물음을 던지며 배움을 추구했다. 칸트의 표현을 빌리자면, 교수는 이미 계몽된 것이 아니라 학생과 마찬가지로 계몽의 과정에 있는 사람들이었다. 당시 교수 사회에서는 이처럼 끊임없는 탐구라는 이상을 논의하고 있었으며, 이는 이후 서구에서 나온 '평생학습' 개념에 큰 영향을 끼쳤다.

이렇듯 독립적 사고와 열린 탐구라는 개념이 널리 받아들여지면서 대학을 연구 공간이자 지식 창조의 장으로 보는 새로운 시각이 나타났다. 이제 대학은 중등교육기관이나 직업학교와 달라야 했으며, 대학생들은 수동적으로 교육을 받는 수준에서 벗어나 지식 창조에 참여할 것으로 기대되었다. 대학과 대학생을 보는 새로운 시각은 빌헬름 폰 훔볼트가 1809년에 쓴 논문 「베를린 고등 과학 기관의 내부 및 외부 조직에 관하여」에서 잘 드러난다.[19] 당시 훔볼트는 프로이센의 교육개혁을 책임질 장관으로 임명되었으나, 이 젊은 관료가 대학을 둘러싼 문화적 맥락 속에서 대학에 관한 종합적인 비전을 세우리라 생각하는 사람은 거의 없었다. 하지만 그는 자율적인 학문과 학습 기관의 이상적인 형태를 만들어냈으며, 그의 구상은 근대에 등장한 연구 중심 대학에 지대한 영향을 끼쳤다.[20] 그리고 대학에 관한 새로운 이상은 학생을 이해하는 방식에도 중요한 변화를 가져왔다.

훔볼트는 고등학교를 졸업할 나이가 될 때까지 집에서 고전 전통 위주의 개인 교습을 받았으며, 고대 그리스 문화와 문명을 접한 일은 그에게 지울 수 없는 흔적을 남겼다. 그리고 대학에 진학할 즈음 그는 독일 계몽주의에 심취해 당대 최고의 철학자, 언어학자, 과학자들을 만났으며, 칸트의 영향이 짙게 남아 있는 괴팅겐 대학에 입학해 1789년 여름 프랑스를 휩쓴 대혁명의 충격을 이해하려 애썼다. 이후 훔볼트는 프로이센의 공무원이 되어 대사를 지냈는데, 이때의 경험으로 그는 프랑스 문화의 공격적인 확장에 맞서 게르만 민족 고유의 문화를 규정할 방안을 고민했다.[21] 당시 나폴레옹은 프랑스의 고등교육 부문을 중앙 집중화했고, 그랑제콜grandes écoles을 설립해 중앙정부와 고등교육을 긴밀하게 잇는 연결고리를 만들었다. 프랑스에서 연구와 교육 부문은 모두 국가에 봉사하지만, 원칙상으로는 분리되어 있었다.

그에 반해 훔볼트는 프로이센의 근대적 대학을 교육과 연구를 아우르는 기관으로 만들고자 했으며, 교육·연구 활동은 국가의 간섭이 없을 때 국가에 가장 효과적으로 봉사할 수 있다고 생각했다. 훔볼트의 견해는 흔히 20세기에 등장한 '학문의 자유' 개념과 관계있다고 평가받는다. 여기서 학문의 자유란 정치적·상업적 이해관계에 구애받지 않고 연구를 추구할 능력을 말한다. 훔볼트는 '이러한 기관들은 가능한 한 과학이라는 순수한 이념을 지향할 때만 그 목적을 달성할 수 있으므로 독립과 자유를 지배적 원칙으로 삼아야 한다'고 주장했다. 종교, 생물학, 역사 등 분야를 막론하고 과학적 지식을 추구한다는 것은 끊임없이 체계적인 탐구를 거듭하고 공개적인 출판과 토론을 지향한다는 뜻이었다. 이처럼 지식을 추구하는 것이야말로 대학을 중등학교와 차별화하는 부분이었다. '학교에서는 연구가 끝나 합의가 이루어진 지식만 다루고 가르치는 반면에 고등 과학 기관의 특징은 항상 과학을 완전히 해결되지 않은 문제로 취급하므로 끊임없이 연구에 몰두한다는 것이다. 따라서 교사와 학생의 관계는 이전과 전혀 달라야 한다. 교사는 학생을 위해 존재하지 않으며, 교사와 학생은 모두 과학을 위해 존재한다.'[22]

훔볼트가 말한 과학 Wissenschaft은 합리적 탐구와 공개적 논증을 추구하는 모든 학문을 포괄하는 광대한 개념이었다. 지식을 추구하려면 검열을 받지 않을 자유뿐만 아니라 학자들이 연구 대상에 가장 적합하다고 생각하는 방식으로 연구를 조직할 자유도 필요하다. 훔볼트가 제시한 대학 이념에 따르면 대학생들은 직업교육이 주는 즉각적인 만족보다 지식 자체의 가치를 알아보는 법을 배워야 한다. 대학이 이러한 역할을 하지 않는다면 실용적인 열매를 구하려는 사람들은 당장 그 열매를 맺는 나무부터 죽이고 말 것이다. 지식의 나무(즉 과학)는 고유의 방식으로 성장하도록 자유를 주어야 한다. 훔볼트는 '무엇보다 중대한 도전은 과학을 끊임없이 추구해야 할 대상으로 간주한다는 원칙을 지키는 것'이라고 말했다. 계몽을 최종적인 상태가 아니라 계속 진행 중인 과정으로 본 칸트의 주장을 떠올리게 하는 대목이다. 훔볼트에게 과학과 계몽은 별개의 것이 아니었다.

대학에서 교육과 연구가 점차 긴밀히 얽히는 가운데 대학생들이 무엇을 추구하게 되었는지를 이해하려면 훔볼트가 강조한 두 가지 개념을 살펴보아야 한다. 첫 번째는 원하는 것을 공부할 자유다. 당시 프랑스에서는 전국의 모든 대학생을 대상으로 하는 중앙 집중적 커리큘럼을 만들었다. 반면에 훔볼트는 학생들이 각자 원하는 대로 탐구할 수 있는 교육기관을 구상했다. 물론 훔볼트 역시 특정 학문 분야(예를 들어 언어와 언어학)가 인본주의적 탐구에 더 중요하다고 생각한 것은 사실이다. 하지만 그는 교수에게 독립성이 중요하듯, 대학생도 탐구의 자유를 누리면 다양한 학문을 배우며 새로운 길을 찾으려는 동기를 얻으리라 보았다. '학교를 떠나 대학에 들어가는 시기에 젊은이들은 학교 교육을 성공적으로 마쳤다면 육체적·도덕적·지적으로 자유와 독립을 누릴 수 있을 만큼 순수하며, 강압이 없더라도 게으름에 빠지거나 실생활에 몰두하기보다 지금까지 멀리서만 모습을 드러냈던 과학을 향해 발돋움하려는 열망을 품을 것이다.'[23] 훔볼트는 다른 사람이 무엇을 공부하라고 명령한다면 스스로 생각하기가 더 어렵다고 믿었다. 배움을 향한 열망은 자유가 주어질 때라야 비로소 발전된 탐구로 이어질 수 있다.

날로 발전하는 훔볼트식 대학에서 학생들이 어떤 경험을 했는지를 보여주는 두 번째 핵심 개념은 빌둥 Bildung (개인이 교양을 쌓아 인격적·문화적으로 성숙하는 과정 - 옮긴이)이다. 독일 계몽주의 시대에 등장한 이 개념은 암기 이상의 교육, 어떤 직업훈련보다도 중요한 교육을 상징하는 말이 되었다. 빌둥은 학생을 완전한 인간, 다양한 능력이 복합적으로 발달한 개체로 형성한다는 뜻이었다. 다시 한 번 강조하지만, 여기서 핵심은 최종적인 목표 혹은 계몽된 상태를 달성하는 것이 아니었다. 빌둥의 목적은 탐구자에게 활력을 불어넣고 새로운 발견의 길을 열어주는 자기 결정적 과정에 참여하는 데 있었다.

훔볼트에 따르면 교육은 자기를 세계와 연결해 '가장 보편적이고, 생기 넘치면서 제약이 없는 상호작용을 이루도록.' 한다.[24] 이러한 연결과 상호작용은 대학의 세미나뿐만 아니라 학생들 간의 일상적인 만남에서도 일어나야 했다. 강압이 없는 분위기에서는 자연스럽게 개인과 공동체가 예상치 못한 발전의 기회를 얻을 수 있으므로 생각과 경험을 자유롭게 교환할 수 있는 여건을 조성하는 것도 중요한 일이었다.[25] '배움으로 가득 찬' 자유로운 환경이 갖추어진다면 학생들은 칸트가 「계몽이란 무엇인가에 대한 답변」에서 말한 자기 결정의 길로 나아갈 수 있었다. 학생들은 단순히 교수가 계획한 강의뿐만 아니라 일상 속에서도 배움을 얻을 때 비로소 학교를 졸업하고 자기 자신의 교사가 될 준비를 마칠 것이었다. 물론 혼자 힘으로 배운다는 것은 교육이 끝났다는 뜻이 아니었다. 이는 단지 자신을 끊임없이 형성하는 과정을 더 자유롭게 결정할 수 있게 되었다는 뜻이었다.

자율성인가, 통제인가

훔볼트는 대학이나 교육을 다루는 이론가가 아니었다. 그는 프로이센의 교육 시스템을 전면 개편할 책임을 맡은 관료로서 초등학교부터 대학교까지의 학습을 통합적으로 다루는 접근 방식을 도입하는 등 구체적인 조치를 마련해 중대한 개혁을 단행했다. 초등학교에서 대학교에 이르는 여정에서 모든 교과와 기간은 짜임새 있는 전체를 이룰 때라야 의미가 있었다. 훔볼트가 베를린 대학(지금의 훔볼트 대학)을 설립한 것은 개혁에 화룡점정을 찍는 일이었다. 훔볼트는 대학을 과학적 탐구의 '내적 정밀성, 조화, 아름다움'에 전념하는 기관으로 만들겠다는 원대한 이상을 세웠다.[26] 그렇다면 실제 프로이센의 대학에서 학생들은 어떻게 생활했을까?

훔볼트가 살았던 당시 독일의 대학에서 공부한 미국인들은 그곳에서 경험한 사회적 삶을 기록으로 남겼다. 그에 따르면 독일의 대학들이 내건 교육적 이상은 근대적이었지만, 학생 문화는 확실히 시대에 뒤떨어졌다. 1800년대 초, 괴팅겐 대학에서 공부한 미국 학자 조지 틱너George Ticknor는 학생들이 전통적·지역적 배경에 따라 조직을 만들고 명예의 규칙을 근거로 결투를 일삼는 모습에 충격을 받았다. 틱너에 따르면 학생 생활의 '시스템'은 자치에 기반했으며, 학생들은 직접 규칙을 만들어 시행했다. 이 시스템은 때로 변덕스럽고 폭력적이기까지 했지만, '책임질 일이 없는 곳에 모인 수천 명의 청년에게 어디서도 기대하기 힘든 질서와 예절, 신사적인 정신'을 불어넣었다.[27] 틱너는 헌신적인 멘토들과 함께 공부하며 '건강이 허락하는 한' 하루에 세 개의 강의를 들었다. 또 그는 강의 외에도 1주일에 아홉 시간씩 더 공부했으며, 자신이 끊임없이 노력하고 있다는 생각에 자부심을 느꼈다.

프로이센의 대학생들은 미국의 대학생들보다 훨씬 더 자유롭게 연구 주제를 고를 수 있었다. 교수들 역시 정해진 고전 텍스트를 일정 기간 반복해서 강의할 필요 없이 자신이 연구한 주제를 가르칠 수 있었다. 틱너는 독일 대학의 학문적 자유에 감명을 받았고, 미국 학생들도 공부할 과목을 자유롭게 선택할 수 있다면 학업에 더욱 열정을 쏟으리라 생각했다. 그는 프로이센의 대학들이 실생활이나 정치와 분리되어 있다는 사실에도 깊은 인상을 받았다. 프로이센에서 대학들은 그들만의 세계를 이루었으며, 그 세계 안에서 교수들은 이론에 치중하는 경향을 보였다. 틱너는 독일어권 유럽 지역에서 '학자들은 세상과 완전히 동떨어진 삶을 살며, 지식인 사회는 지역의 작은 정부들과 아무런 관계를 맺지 않은 채 곳곳에 흩어져 있다'고 평가했다.[28] 물론 대다수 학생은 이 고립된 세계에 잠깐 동안만 머물렀으며, 그곳에서 주어진 자유를 최대한 활용하고자 했다. 하지만 학생들에게 주어진 것은 개인적으로 공부할 자유만이 아니었다. 그들은 대학에 다니는 동안 남성적 의례와 행사로 이루어진 남학생 특유의 하위문화를 만들기도 했다.

틱너가 괴팅겐 대학을 다닌 지 수십 년 뒤에는 문헌학자이자 언어 연구자 제임스 모건 하트가 프로이센에서 보낸 학생 생활과 자신의 교육관을 담은 저서를 발표했다. 하트는 뉴저지에서 자랐고, 프린스턴 대학에서 학부를 다닌 후 1860년대에 유럽으로 떠나 학업을 이어갔다. 그의 책은 유명한 교사나 제자들보다 평범한 학생 생활에 초점을 맞추었다. '괴팅겐에서 흥미진진한 일화로 가득 찬 놀라운 생활을 했다면, 당시의 일을 공개하기를 망설였을 것이다. 하지만 나의 대학 생활은 동료들과 마찬가지로 지극히 평범했기 때문에 따를 만한 모범이 아니라 현실을 보여주는 사례로 적합하다고 생각했다.'[29] 하트가 이 책을 쓴 진짜 목적은 미국의 고등교육을 개선할 방안을 논하는 데 있었으며, 그의 주장은 미국과 프로이센의 대학 시스템을 비교하는 대목에서 잘 드러난다.

하트는 독일어권 지역의 학생들은 미국 학생들보다 몇 년 늦게 대학에 들어가는데다 미국 최고의 학교에서 제공하는 것보다 훨씬 뛰어난 언어, 수학, 과학 지식을 갖춘 상태로 입학한다는 점에 주목했다.[30] 그러나 괴팅겐 대학의 신입생 모두가 학자가 되려는 생각으로 대학에 들어가는 건 아니었다. 하트 역시 틱너와 마찬가지로 이 지역의 학생 문화, 특히 동아리와 결투, 음주 의식에 충격을 받았다. 하트의 묘사에 따르면 학생들은 밤마다 삼삼오오 모여 선술집을 찾았다. '선술집은 어두컴컴하고 연기가 자욱했으며, 여러 무리의 학생들이 둘러서서 담배를 피우고 술을 마시며 왁자지껄 떠들었다. 선술집 한구석에서는 한두 명의 학생이 베기(검술 동작)를 연습하고 있었는데, 가까이 다가갔다가는 당장 귀나 코가 베일 정도로 위험했다.' 하트는 남학생들 간의 동지애와 일상적 폭력에 매료되었는데, 그 이유는 다름 아니라 대학이 흔히 내세운 빌둥과 과학적 연구라는 원대한 이상과 전혀 어울리지 않았기 때문이다.

19세기 미국인들은 의례화된 폭력에 어느 정도 익숙했기에 독일식 결투에 매력을 느꼈다. 미국에서는 한때 결투가 꽤 흔하게 벌어졌지만, 1850년대에 들어서면서 그 인기가 시들해졌다. 하트가 이상하다고 생각한 점은 장차 학자가 되려는 학생들까지 결투 관행에 흠뻑 빠져 자신의 명예를 지키기 위해 검을 뽑을 기회를 호시탐탐 노린다는 것이었다. '결투 중 열에 아홉이 진짜 화를 낼 만한 이유 없이 벌어진다는 것은 누구나 아는 사실이었다. 학생들은 길에서 우연히 부딪히거나 별것 아닌 일로 과한 농담을 했다는 이유로 결투를 벌였다. 그들은 고유의 명예 규범, 즉 싸움을 거는 행위에 책임질 각오 없이는 사용해서는 안 되며 다른 사람에게서 들었을 때는 반드시 분개해야 하는 표현 목록을 가지고 있었다.' 신입생들은 특히 결투의 유혹에 쉽게 빠졌으며, 하트는 그들의 어설픈 검술 실력과 괴상한 복장을 놀림조로 묘사했다. '결투자들은 피를 본다는 점을 제외하면, 전체적인 외양은 우스꽝스럽기 짝이 없다. 보호대와 크라바트 cravat(넥타이처럼 매는 남성용 스카프 - 옮긴이)를 두르고 안경을 쓴 모습은 마치 갑옷을 입은 잠수부처럼 보인다.' 하트는 수십 명의 학생이 '뺨과 코에 붕대를 감고 다니는' 광경에 놀랐다. 하지만 그는 학생들 간의 결투가 '어처구니없고 꼴사나운' 일이기는 해도 '길거리 싸움보다는 낫다'고 결론 내린다.[31]

하트는 음주, 사교 클럽, 결투에도 흥미를 보였지만 무엇보다 독일 대학생들이 누리는 자유에 관심을 가졌다. 그에 반해 미국의 대학생들은 칸트가 말한 지도에 가까운 교육을 받고 있었기 때문이다. 독일에서는 학생들이 김나지움(고등학교) 과정을 마치면, 훔볼트식 대학의 핵심인 학문의 자유를 누릴 수 있을 만큼 '성숙한' 것으로 간주했다. 훔볼트식 대학에 다니는 학생들은 강의와 세미나에 참석할지 말지를 선택할 수 있었다. 대학에서의 지적 활동은 시험에서 좋은 성적을 받는 것을 목적으로 하지 않았고, 독일 학생들은 미국 학생들과 달리 그룹이나 반을 이뤄 함께 공부하지 않았다. 그들은 스스로 결정할 수 있는 성인으로 대우받았다. '독일 학생들의 특성은 도덕적 자유와 개인의 직접적 책임이라는 요소를 조사의 출발점으로 삼아야만 이해할 수 있다. 그 밖에 다른 방법으로는 독일 학생들의 방종과 모범적 근면성이라는 양극단의 면모를 설명할 수 없다. 요컨대 그들은 미국의 대학에서 찾아볼 수 없을 만큼 격렬한 게으름과 근면성을 동시에 보여준다.' 하트는 미국의 대학생들은 어린아이처럼 취급받기 때문에 이러한 격렬함이 부족하다고 말한다. '미국의 대학생은 4년이라는 기간 내내 스스로 판단하고 행동할 능력이 없는 사람으로 대우받는다고 느낀다. 그의 대학 생활은 학교생활의 연장선에 있을 뿐이다.'

미국의 대학은 학생들에게 학습을 지시하고 사회적 삶을 통제함으로써 학생들이 자율성을 기르는 시기를 늦춘다. 이 장의 첫머리에서 인용한 칸트의 말을 빌리자면, 미국의 대학들은 학생들이 미성숙한 상태에 편안히 머물도록 부추기는 셈이다. 미국에서는 학생들이 고등학교를 졸업하고 대학에 들어가 집을 나오더라도 여전히 부모를 비롯한 어른에게 감독을 받았다. 그 감독자는 학생의 생계를 책임지며, 더 중요하게는 학생이 무엇을 공부하고 누구 밑에서 배울지를 결정했다. 하트에 따르면 '독일 학생은 정반대'였다. '어린 김나지움 상급생이 김나지움을 졸업하고 대학에 갈 만큼 성숙하다는 증명서를 받으면, 그는 수업, 점수, 성적, 감시, 교과과정으로 이루어진 기나긴 학창 시절이 끝났음을 알게 된다. 이제 그는 공부할 분야와 교수, 방, 공부 시간을 자유롭게 선택하고, 인생의 전 과정을 통제하며, 자신의 에너지와 재능을 어디에 쓸지 결정할 수 있다.'[32]

학생에게 자유가 주어진다는 말은 교수가 학생의 교육을 감독하는 것이 아니라 그들과 함께 탐구하고 훔볼트가 말한 지식과 학문 추구에 힘쓴다는 뜻이다. 학생에게는 '외적 강요'를 가하지 않는 것이 무엇보다 중요했다.[33] 학생들이 수업에 들어가지 않고 시간을 낭비하기로 선택한다면, 그것은 그들 자신의 문제다. 하트는 많은 신입생이 그렇게 시간을 허비하다가 결국에는 마음을 다잡고 자신의 교육에는 자신이 직접 참여해야 한다는 책임감을 갖는다는 사실에 주목했다. '학생이 겪는 방황은 오히려 그의 지혜를 날카롭게 하고 인격을 더욱 단단하게 만들었다.' 하트는 독일 대학에서 교수와 학생은 특별히 친밀하지 않더라도 충분히 유쾌한 관계를 맺는다고 지적했다. 그에 반해 미국에서는 대학생을 어린아이처럼 취급하므로 교수들은 부모처럼 학생을 훈육해야 할 때가 많았다. 하트는 '많은 미국 교수가 감시 의무와 훈육 탓에 골머리를 앓지만, 독일 대학에는 그런 것이 존재하지 않는다'고 강조한다. 진정한 연구 대학의 교수들은 '스미스라는 학생이 정말로 홍역 때문에 아픈지, 아니면 꾀병을 부리는지 알아보느라 귀중한 시간을 낭비'할 필요가 없었다.[34]

하트는 가르치고 공부할 자유뿐만 아니라 평등에도 매료되었다. '대학 생활에는 한 가지 확실한 이점이 있다. 모든 구성원이 완벽히 평등한 입장에 놓인다는 것이다. 멘주어(결투장)와 강의실에서는 계급 구분이 사라진다. 대학의 법정은…… 사람을 차별하지 않는다. 비천한 이발사나 가게 주인의 아들이라 해서 부당한 대우를 받지도, 백작이나 남작의 아들이라 해서 특별 대우를 받지도 않는다.' 학생들을 하나로 묶는 것은 '생각의 개성과 행동의 자유'뿐이었다. 하트는 대학의 평등이 학생들에게 책임감을 북돋우며, 이러한 책임감이 지식 추구로까지 이어진다는 점에 주목했다. '독일의 대학생은 자신이 공부하는 분야에 시인처럼 몰입하고 과학자처럼 숙련된 기술을 활용한다.'

하트는 미국의 시스템은 학생들을 어린아이 취급해 지적으로는 순종적이지만 사회적으로는 제멋대로인 존재로 만들기에 이처럼 몰입과 숙련된 기술이 조화를 이룰 수 없다고 한탄한다. 무엇보다 독일의 대학생은 '3년이 넘는 시간 동안 매일같이 모든 일을 따져보고 스스로 판단해야 한다는 의식'을 가지면서 스스로 생각하는 법을 배웠다.[35] 「계몽이란 무엇인가에 대한 답변」의 주제를 다시 한 번 떠올려보자. 자유란 학생들이 계몽되었다는 것이 아니라 계몽의 과정에 있다는 뜻이다. 물론 여기서 말하는 학생들은 남성이었다는 사실을 잊어서는 안 된다. 여성들은 20세기에 들어서야 비로소 남성들과 함께 대학에 다닐 수 있었다.

하트는 분명 미국의 교육자들이 연구 대학 모델을 받아들이도록 촉구하고자 괴팅겐 대학에서 보낸 시절을 회상하는 글을 썼을 것이다. 그러나 미국에서는 많은 교수가 학생들에게 자율권을 부여해 어떤 과목을 들을지 선택하거나 시간을 어떻게 보낼지 결정하도록 하는 데 반대했다. 미국의 고등교육은 전통적인 기독교 도덕주의와 별개로 학생이 사적 관심사보다 공동체의 필요에 눈을 돌리도록 만드는 '인성 개발'에 늘 관심을 기울였다. 따라서 롤랭의 견해가 식민지 미국과 초기에 세워진 대학들에서 큰 반향을 불러일으킨 것은 당연한 일이었다.

미국의 유서 깊은 대학들은 교회와 밀접하게 관련되어 있었기에 학생들이 대학 생활에서 악한 성향에 물들기 쉽다고 보고 이를 경계했다. 따라서 하트에게 깊은 감명을 준 자유는 미국의 고등교육이 중시하는 인성 개발의 한 부분이 되어야 했다. 학생들이 자유롭게 능력을 개발하면 그 결과 어떤 인성을 갖추든 괜찮다고 말할 수 있을까? 이러한 능력에는 늘 악한 측면이 존재한다고 생각하는 사람이라면 그렇지 않다고 말할 것이다. 미국의 대학들은 훌륭한 인성이란 무엇인지 안다고 주장하면서 학생들의 인성 개발을 이끌어야 한다는 의무감을 가지고 그들의 자유를 제한했다. 그리하여 미국의 대학들은 오래전에 만든 복장 규정과 최근에 생긴 언어 규정을 비롯한 각종 제한 조치로 논란을 일으켜왔다.

자유와 교육에 관한 하트의 견해는 분명 토머스 제퍼슨 같은 미국 사상가들이 지향한 계몽주의와 일맥상통하는 면이 있다. 버지니아 대학의 설립자이자 미국의 세 번째 대통령이었던 제퍼슨은 교육은 '모든 사람이 자신의 자유를 보장하거나 위협하는 것이 무엇인지 스스로 판단할 수 있도록' 해야 한다고 강조했다.[36] 교육의 정치적·도덕적 핵심은 학생들이 외적 강압에 적절히 저항할 수 있도록 독립적인 판단력을 길러주는 것이었다. '제퍼슨 대학'이라고도 불리는 버지니아 대학은 학생과 교사 모두가 공부와 성찰, 연구와 대화를 통해 성장하는 탐구 중심 대학을 지향했다. '교육은 적용과 질서를 습관화하고 미덕에 대한 사랑을 만들며, 우리의 도덕적 조직 안에서 본능적으로 벌어지는 일탈을 습관의 힘으로 통제한다.'[37] 이 도덕적 조직 안에서 학생은 공부하는 동안 자유를 실천할 수 있어야 했으며, 이 점에서 버지니아 대학은 미국의 다른 대학보다 훔볼트식 대학과 비슷한 점이 많았다. 버지니아 대학은 학생들이 수강할 강의를 '제약 없이 선택'해 자기 자신과 세상을 배우는 동안 학업의 방향을 바꿀 수 있도록 허용하겠다는 계획을 세웠다.

물론 학생들이 생각하는 자유는 수업을 선택할 자유에서 그치지 않았다. 미국의 대학생들은 자신들의 행동을 통제하려는 시도에 거세게 저항했다. 버지니아 대학에서 학생들은 마음에 들지 않는 교수를 조롱하거나 물리적으로 괴롭혔고, 술에 취한 학생들의 '불복종'은 캠퍼스의 위엄을 책임지는 사람들의 골머리를 썩이는 문제였다. 독일과 달리 미국 대학의 관리자와 교수들은 학생들의 학업 외적인 생활까지 관리할 의무가 있다고 생각했다. 독일 대학에 유학한 미국의 상류층 학생들은 그곳에서 중산층 청년들을 쉽게 볼 수 있었지만, 19세기 미국의 대학생은 대부분 부유한 집안 출신이었다. 따라서 그들은 한낱 교사들의 명령을 듣고만 있지 않았다. 버지니아 대학에서는 가끔 무장한 학생들이 캠퍼스를 점거했다. 이들은 수업을 선택할 자유보다는 무기를 소지하고 술을 마시고 비밀 모임을 결성할 자유에 관심이 있었다. 하트는 괴팅겐 대학의 학생들이 탐구의 자유가 있는 어른의 세계로 진입하는 반면, 미국 대학의 많은 학생은 어른들의 간섭 없이 마음대로 할 수 있는 자유를 원한다고 지적했다.

반항적인 학생들은 미성숙한 상태(칸트의 표현을 빌리자면)가 주는 편안함을 즐겼을지 모르지만, 이는 책임감 있는 사회 구성원이 되기를 미루는 일에 지나지 않았다. 랠프 월도 에머슨은 학생들이 반항에서 실제로 배우는 것은 순응이라 생각했기에 이 문제를 우려했다. 에머슨이 보기에 대학생의 치기 어린 반항은 그가 장차 다른 사람과 어울리려는 절박한 욕구에 휘둘리는 어른이 되리라는 것을 예고하는 행농일 뿐이었다. 난순히 노래 십난에 순응하려는 사람이 교수진의 권위를 거부하고 반항아를 자처하기란 너무나도 쉬운 일이었다.

에머슨은 인간이 어떻게 세상을 받아들이는지, 인간의 직관이 어떻게 세상과 만나 새롭게 사고하고 느끼는 방식을 만들어내는지에 관심을 기울였다. 그는 인간의 정신을 세상이 남긴 흔적을 수동적으로 받아들이는 석판이 아니라 세상과 능동적으로 상호 작용하는 동반자로 보았다. 따라서 교육은 탐구와 실험에서 얻은 지식을 흡수하는 수준을 넘어서서 자기에 대한 인식을 키우고 수양하는 일까지 포함해야 했다. 학생 교육의 핵심은 단순히 지식을 쌓거나 인격을 함양하는 것이 아니라 자기를 변혁하는 것이었다. 훔볼트의 빌둥 개념이 사회 안에서 개인을 다층적으로 형성하는 과정과 관련되어 있었다면, 에머슨은 세상과의 관계에서 자기가 완전히 변하더라도 세상과 더 풍부한 관계를 맺어야 한다고 생각했다. 훔볼트는 연구 대학이 교사와 학생의 관계를 재구성해야 한다고 주장했는데, 그 이유는 양자가 모두 과학에 봉사하기 때문이었다. 요컨대 학생과 교사는 한 가지 분야에서 지식의 발전을 위해 일해야 했다. 그러나 에머슨의 생각은 달랐다. '우리는 아이들에게 우리 같은 사람이 되라고 가르치지 될 수 있는 모든 것이 되기를 열망하라고 가르치지 않는다.' 에머슨은 학생이 학교에 들어가 또 다른 독단론을 따르도록 가르침으로써 그를 한낱 추종자로 만들어서는 안 된다고 호소한다. 이는 '학생의 자유를 빼앗고 손을 묶어 가둔 뒤 다른 사람에게 열쇠를 맡기는 일'이나 다름없기 때문이다.[38]

에머슨은 한 가지 학문 분야나 철학 학파의 지시를 따르다 보면 경험의 폭이 지나치게 좁아지며, 학생들은 다양한 경험에 열려 있어야 한다고 보았다. 또 그는 '고등교육은 자연과 과거에서 얻은 재료로 학생들의 영혼과 지성에 불을 지펴야 하며, 이러한 재료를 소화하는 법만 가르쳐서는 안 된다'고 강조했다. '대학은 반복 훈련이 아니라 창조를 목표로 삼고, 멀리서 빛을 내는 재능들을 끌어모아 환대하고, 청년들의 가슴에 집중포화를 퍼부어 불을 붙일 때라야 세상에 크게 공헌할 수 있다.'[39] 대학이 이처럼 학생들에게 영감을 불어넣는다면 학생들은 자연스레 대학으로 모여들 것이었다. '대학이 가치 있는 생각, 창조적 원리, 힘이 되는 진리, 재능이 되는 사고를 전수할 능력을 갖춰 더 나은 곳이 된다면…… 우리는 모두 대학의 문으로 달려가야 한다. 그러면 대학들은 학생을 끌어들일 유인책을 고안하는 대신, 몰려드는 군중의 질서를 유지하기 위해 문에다 경찰을 배치해야 할 것이다.'[40]

칸트는 학생들이 어른처럼 생각할 준비를 마치기를 바랐고, 훔볼트는 여기에 더해 학생들이 과학적 연구에 헌신하면서 생산적인 방식으로 사고하기를 바랐다면, 에머슨은 학생들이 세상과 세상이 주는 영감을 열린 마음으로 받아들여 자신과 주변 환경을 새롭게 발견하기를 바랐다. 물론 학생들은 특정한 지식이나 기술을 배울 수 있지만, 그것만으로는 충분하지 않았다. '우리는 아이들이 이해력을 발휘해 어떤 사실을 파악하거나 비교하고, 숫자와 단어를 다루는 기술을 익히도록 가르친다. 우리는 회계사, 변호사, 엔지니어를 만들려 하면서도 재능 있고 진실하며 고결한 심성을 가진 사람을 만들려 하지는 않는다. 교육의 원대한 목적은 삶의 목적과 상응하는 것이어야 한다.'[41]

하트는 독일의 대학생들이 공부할 자유를 성숙하게 받아들인다는 점을 강조했지만, 에머슨은 학생들에게 그 이상을 기대했다.

그는 학생들이 다양한 출처에서 영감을 얻고, 열린 마음으로 자기 수양에 임하며 언제라도 새로운 자극을 받아들일 수 있어야 한다고 충고했다. '아이는 싸구려 장식물 사이에서도 빛과 운동, 중력, 근력의 작용을 배운다. 인간의 삶이라는 게임에서는 사랑과 두려움, 정의, 욕구, 인간과 신이 상호 작용한다. 이 법칙들은 적절한 언어로 표현할 수 없으며 종이에 쓸 수도, 입으로 말할 수도 없다. 이 법칙들은 우리의 끈질긴 사고를 피해가지만, 우리는 서로의 얼굴과 행동, 자신의 후회에서 매 순간 그것들을 읽어낸다.' 에머슨에게 훌륭한 학생이란 아이처럼 열려 있으며, 다른 사람들에게서 통찰과 영감을 얻고자 끊임없이 탐색하는 사람이다. 훌륭한 학생에게는 교사가 필요하지만, 정보를 알려주는 조언자나 방법론을 알려주는 장인은 필요하지 않다. '솔직히 말하면, 내가 다른 사람에게서 얻을 수 있는 것은 가르침이 아니라 자극이다.'[42] 훌륭한 학생은 순응을 거부할 줄 아는 사람이다.

에머슨은 진정한 교육은 사회에 통합되거나, 군중이나 카리스마 있는 지도자를 따르기보다 자신만의 길을 찾도록 가르치는 일이라고 믿었다. 그는 매사에 관심을 기울이되 아무것도 모방하지 말라고 조언한다. 그리고 학생들은 '야만으로 퇴행할 수밖에 없는 저속한 번영에 맞서' 시장에서 영혼을 거래하는 일을 거부해야 한다.[43] 다른 사람에게 기술을 팔거나 다른 사람의 사업에 자신의 일부를 끼워 맞추기 위해 한 가지 일을 잘하도록 훈련받는 것을 교육으로 착각해서는 안 된다. 학생은 단순한 부속물이 아니라 온전한 인간이 되는 법을 배워야 하며, 이를 위해서는 자신이 무엇을 하고 있는지를 끊임없이 질문해야 한다. 제 발로 걷는 법을 배우고, 기꺼이 행동에 나서고, 새로운 발상을 시험하는 것, 이것이 자립적인 학생이 되기 위한 과제다.[44]

에머슨은 젊은이들이 '키케로, 로크, 베이컨이 제시한 견해를 받아들이는 것을 자신의 의무라고 믿으며 도서관을 찾지만, 그들 역시 책을 쓸 당시에는 도서관에 앉아 있는 청년일 뿐이었다는 사실을 잊는다'[45]고 지적하면서 이렇게 선언한다. '나는 모든 것을 어지럽힌다. 내게는 어떤 사실도 신성하거나 불경하지 않다. 나는 그저 과거에 의지하지 않고 끝없이 탐구하며 실험할 뿐이다.'[46] 이 말은 얼핏 소크라테스의 비판 전통을 달리 표현한 말처럼 들리지만, 에머슨은 소크라테스와 달리 아이러니를 앞세우지 않으며 소크라테스보다 긍정적이다. 그는 청중이 자신의 무지를 깨달을 뿐만 아니라 모험적인 경험을 향한 욕구를 받아들이기를 바랐다. 그는 구세계인 유럽의 지배를 거부함으로써 독립과 성숙을 선언한 능동적인 국가 미국을 위해 능동적이고 독립적인 학생상을 제시했다.

4
대학의 학생

　　미국 학자 제임스 모건 하트가 1860년대 괴팅겐 대학에서 보낸 학생 시절을 회상할 당시 독일은 아직 통일된 민족국가가 아니었으며, 미국은 피비린내 나는 내전에 휩싸여 있었다. 하지만 불과 수십 년 뒤 독일 제국은 세계에서 손꼽히는 명문 대학을 보유한 통일 국가가 되었고, 미국 남부와 북부의 뛰어난 학생들은 세련된 독일 억양과 연구 방법을 배우고자 독일로 떠났다. 1892년 독일을 찾은 미국 유학생 중 가장 독특하고 재능 있는 학생은 당시 스물두 살이었던 W. E. B. 듀보이스였다. 훗날 그는 역량을 키우고 자유를 얻는 방법으로서 배움을 옹호하는 데 앞장섰다. 다양한 교육 환경을 거친 그의 경험은 근대에는 어떤 사람이 학생이 될 수 있었으며 학생으로 성공한다는 것은 어떤 의미였는지를 잘 보여준다.

　　듀보이스는 어린 시절을 보낸 매사추세츠 주 서부의 시골을

'소년의 천국'으로 묘사했지만, 그곳에서 그는 어느 모임을 가든 유일한 흑인인 경우가 많았다. 하지만 그를 돋보이게 한 것은 피부색만이 아니었다. 듀보이스는 고등학교를 졸업한 뒤 이웃들이 그가 학업을 계속할 수 있도록 모금 운동을 벌일 만큼 공부에 재능을 보였다. 듀보이스를 위해 모금을 한 그레이트배링턴의 시민들은 그가 뉴잉글랜드보다는 흑인이 많은 남부 도시에서 더 편하게 지내리라 생각했고, 듀보이스는 테네시 주 내슈빌의 사립 흑인 학교인 피스크 대학에 진학했다. 듀보이스는 남부에 가서야 흑인을 향한 폭력의 위협과 그에 따른 억압이 얼마나 극심한지를 실감했다. 그는 학위를 취득하는 동안 생계를 유지하기 위해 캠퍼스 밖에서 일자리를 구하며 '짐 크로법Jim Crow Act'(공공장소에서 흑인과 백인을 분리하도록 규정한 법 – 옮긴이)이 만든 현실을 마주했다.

듀보이스는 매사추세츠 버크셔 카운티의 언덕 마을에서 아버지 없이 가난하게 살며 많은 고생을 했지만, 테네시 주 동부 시골의 창문 없는 교실에서 흑인 아이들을 가르친 일은 그에게 뒤통수를 맞은 듯한 충격을 주었다. 당시의 일이 그에게 암울한 기억만 남긴 건 아니었다. '우리는 함께 책을 읽고, 철자를 말하고, 글을 쓰고, 꽃을 따고, 노래하고, 언덕 너머 세상의 이야기를 들었다.'[1] 하지만 아이들을 가르치며 느낀 향수는 피스크 대학 주변에 만연한 인종 분리와 폭력의 위협을 마주하는 순간 흐려질 수밖에 없었다. 듀보이스는 이같은 맥락에서 교육을 흑인의 역량을 키울 방안으로 여기게 되었으며, 아이들을 가르친 경험이 훗날 교육자로서 여러 프로젝트를 추진하는 토대가 되었다고 밝혔다.

피스크 대학은 당시의 여느 흑인 대학들과 마찬가지로 남녀공학이었으며, 자유 교양 전통에 바탕을 둔 커리큘럼을 운영했다. 피스크 대학의 설립자는 뉴잉글랜드 출신의 회중교회(교회 구성원 전체가 의사결정에 참여할 것을 강조하는 개신교 교파 - 옮긴이)주의자들이었다. 듀보이스의 전기를 쓴 작가 데이비드 레버링 루이스에 따르면 설립자들은 '뉴잉글랜드의 신사 숙녀 같은 아프리카계 미국인을 양성하는 데 전념해 꾸준히 성공을 거두었으며, 이 아프리카계 미국인들은 검은 청교도, 아프로색슨Afro-Saxon이라는 조롱 섞인 별칭으로 불리기도 했다'.[2] 대학에 갓 입학한 듀보이스는 다른 학생들이 옷차림에 보이는 관심에 놀랐고, 곧 품위 있는 복장이 사회적 계급을 나타낼 수 있음을 깨달았다.

한편 피스크 대학의 커리큘럼은 학생들이 문학, 종교, 철학, 수학, 과학의 기초를 배우도록 짜여 있었으며, 이는 듀보이스의 성향과도 잘 맞았다. 이러한 커리큘럼의 목표는 젊은 남녀가 현명하게 사고하고 어떠한 어려움에도 도전할 수 있도록 '정신의 가구'를 마련하는 것이었다. 나아가 학생들은 교실에서 얻은 가르침을 대학 생활 전반으로 확장할 수 있어야 했으며, 학생들이 학교신문에 글을 쓰거나 대학 합창단에서 노래하며 맺는 사회적 관계는 넓게 보아 교육에 도움을 주어야 했다.

물론 피스크 대학의 흑인 학생들은 인종 분리라는 틀 안에서 생활할 수밖에 없었다. 하지만 어린 시절 듀보이스가 그레이트배링턴의 백인 교사와 급우들에게서 배움을 얻고 백인이 지배하는 환경에서 살아가는 법을 익혔다면, 피스크 대학은 흑인들의 공간이었으며,

캠퍼스 문화는 주변을 둘러싼 백인 세계의 간섭이 없는 한에서 번성할 수 있었다.[3] 이 점에서 피스크 대학은 다른 유서 깊은 흑인 대학들과 마찬가지로 학생들에게 바깥에서 누리기 힘든 번영의 기회를 제공했다. 피스크 대학은 남북전쟁 직후에 세워졌으며, 대다수의 흑인 대학은 1890년 흑인 학교에 토지를 제공한 모릴법Morrill Act이 제정된 이후에 설립되었다.

듀보이스는 인종이 철저히 분리된 곳에서 권력과 리더십을 이해하는 법을 배웠다. 1888년, 듀보이스는 피스크 대학의 졸업식에서 연단에 올라 분열에 시달리던 국민을 이끌고 근대 국가를 만든 철의 재상 오토 폰 비스마르크를 극찬했다. 그는 비스마르크가 독일 제국을 세우며 독일 국민에게 '희망'을 주었듯, 흑인 지도자들은 정치적 통합까지는 아니더라도 교육과 창의성을 바탕으로 문화적 통합을 이루어내어 흑인의 운명을 바로 세울 것이라고 단언했다. 또 다른 연사는 졸업생들에게 '세상을 향해 눈을 뜨고 자신에게 주어진 일을 하면 머지않아 하나님께서 여러분에게 가장 적합한 일을 맡기실 것'이라고 말했다.

피스크 대학은 선교사들이 세웠고 졸업식에서는 성직자들이 연설할 만큼 종교의 영향이 짙게 밴 곳이었으며, 이러한 환경에서 공부한 학생들은 아직 노예제에서 해방된 지 얼마 되지 않은 흑인들을 위해 옳은 일을 해야 한다는 의무감과 사명감을 품었다. 같은 졸업식에서 C. S. 스미스 목사는 (훗날 연단에 오른 많은 연사와 마찬가지로) 학생들이 받은 교육은 개인적으로 성공할 뿐 아니라 주변 사람들에게 봉사하기 위해 준비하는 과정임을 강조했다. 피스크 대학의 학생 신문 〈피스크 해럴드〉는 그의 말을 다음과 같이 요약했다. '스미스 목사는 흑인의 정치사를 읊은 다음, 젊은이들이 자신의 영역을 찾고 그 영역을 가득 채우려 노력해야 한다고 조언했다. 우리 청년들은 모방할 뿐만 아니라 새로운 것을 창조해야 한다.' 새로운 것을 '창조'하라는 격려는 스스로 초래한 미성숙에서 벗어나라는 칸트의 요청이나 경험을 향한 열린 태도에서 나오는 창조적 영감을 강조한 에머슨의 말과 일맥상통했다.

〈피스크 해럴드〉의 편집장이었던 듀보이스는 여느 학생 기자들과 마찬가지로 고상한 이상과 열망에만 관심을 두지 않았다. 학교를 떠나기 전 마지막으로 쓴 사설에서 그는 사랑받던 학생들이 졸업하자 주빌리 홀의 쥐들도 눈물을 흘렸다며 피스크에서 보내는 마지막 순간을 감상적으로 묘사했다. 그는 '하고 싶은 말이 많지만 눈물이 앞을 가려 이만 글을 마치는 것을 양해해달라'며 스스로에게 유쾌한 작별 인사를 건넸다. '다정한 불평가여, 안녕히. 당신의 해가 영영 지지 않기를. 늘 즐겁게 살며 다시는 〈해럴드〉를 편집하는 일이 없기를.'[4]

피스크 대학을 졸업하고 독일로 유학을 떠나기 전, 듀보이스는 미국 최고의 고등교육기관이자 그가 '가장 젊고 거침없는 비전'을 품은 곳으로 꼽은 하버드 대학에서 공부했다. 그는 하버드의 교수들이 피스크의 교수들보다 유명하다고 해서 반드시 더 나은 교사는 아니라는 사실을 깨닫는 한편, 철학계의 거장들과 함께 공부하는 행운을 누렸다. 하버드는 선택 제도를 도입해 학생들이 공부할 과목을 고르도록 보장했고, 듀보이스는 실용주의 철학의 대가 윌리엄 제임스의 강의를 들었다. 제임스는 그에게 '친구이자 명확한 사고의 길잡이'가 되었다. 흑인이라는 이유로 캠퍼스의 사교 활동에서 배제되다시피 한 듀보이스는 제대로 규율을 세워 공부에 전념했고, 학업에서 두각을 나타냈다. 또 그는 제임스를 통해 철학 클럽에 초대받은 덕분에 '최고 수준의' 대화를 들을 수 있었으며, 철학자 조지 산타야나의 지도하에 칸트를 읽기도 했다. 전기 작가 루이스의 말을 빌리면, 그는 '정신적 삶을 매우 진지하게 받아들였기에…… 사람들도 그를 진지하게 대했다'.

듀보이스는 훗날 '매력적이면서도 척박한 철학적 사색의 땅'에 끌렸다며 당시의 일을 회상했다. 야심 찬 청년 듀보이스는 하버드에서 작가이자 연설가로서 큰 성공을 이루었다. 하지만 그는 백인 학생들과 교류하며 인종차별을 겪었고, 백인 중심의 사교계 밖에 머물렀다. '나는 하버드에 교사의 지도, 연구실과 도서관을 이용할 자유 외에는 아무것도 바라지 않았다. 나는 자진해서, 그리고 기꺼이 사회생활에서 거리를 두었다.'[5]

듀보이스는 학생 합창단 입단을 거부당하거나 보스턴 출신의 엘리트들에게 모욕을 당해도 좌절하지 않았다. 그는 하버드의 졸업식에서 다섯 명의 연사 중 한 명으로 뽑히고도 자신은 '하버드에 있지만 하버드에 속해 있지는 않다'고 말했다. 졸업식에서 그는 제퍼슨 데이비스(남북전쟁 당시 남부연합의 대통령을 지낸 정치인이자 노예제 옹호자 - 옮긴이) 같은 인물을 배출한 미국 문명을 비판했고, 많은 사람이 그의 연설을 그해 최고의 연설로 꼽았다.[6] 듀보이스는 하버드에서 2년간의 학부 과정을 추가로 이수하고 석사학위까지 받았다(훗날 그는 박사학위를 받기 위해 하버드로 돌아왔다). 다음은 독일에서 학업을 이어간다는 또 다른 꿈을 실현할 차례였다.

듀보이스는 하버드에서 학문적으로 성공을 거둔 뒤, 베를린 대학 진학을 목표로 삼고 장학금으로 유학비를 마련하고자 했다. 그는 자신의 능력이면 충분히 장학금을 받을 수 있다고 확신했지만, 피부색이 걸림돌이었다. 그는 1882년 흑인 학생들을 돕기 위해 설립된 슬레이터 기금 Slater Fund의 존재를 알게 되었지만, 이 기금은 '산업교육', 즉 '목수, 농부, 대장장이 같은 남성적인 직업'에 종사할 사람들을 위한 것이었다. 따라서 이 기금은 대부분 피스크나 하버드 같은 기관의 자유 교양 커리큘럼이 아니라 흑인 지도자 부커 T. 워싱턴과 그가 세운 터스키기 기술학교가 중시한 직업교육에 사용되었다.

그러나 슬레이터 기금협회의 구성원 중 일부는 공동체에 공헌하려는 흑인 남성들이 더 일반적인 교육을 받도록 지원할 뜻이 있었다. 당시 이 협회의 수장은 전 미국 대통령 러더퍼드 B. 헤이스였다. 헤이스는 재단의 지원 방향을 두고 이렇게 말했다. '남부에 예술이나 문학에 재능이 있거나 학업에 특별한 소질이 있는 흑인 청년이 있다면 유럽으로 유학을 가거나 선진 교육을 받도록 교육기금에서 기꺼이 지원하겠지만, 지금까지 웅변 외에는 이렇다 할 재능을 가진 사람이 없었다.' 듀보이스는 남북전쟁 이후 인종 평등을 향해 나아가며 미국을 다시 세우는 재건 시대를 마무리하고자 그토록 애쓴 전직 대통령이 웅변 외에는 선진 대학에서 공부할 만한 재능이 있는 흑인을 찾을 수 없었다고 주장한 것에 모욕감을 느꼈다. 그리하여 하버드에서 공부한 젊은 학자 듀보이스는 슬레이터 기금에 직접 지원하고 나섰다. "제가 유럽으로 건너가 대륙의 대학에서 연구할 수 있도록 도와주시기를 정중히 요청드리며, 구체적인 연구 내용은 하버드 대학에 있는 적절한 교수들의 추천에 맡기겠습니다."[7]

헤이스는 자신의 말이 와전되었으며, 슬레이터 기금협회는 자유 교양을 공부할 흑인 학생을 찾고 있지 않다고 답했다. 그러자 듀보이스는 화를 내며 대답했다. 그는 헤이스가 흑인들은 쟁기질이나 설교 훈련만 받아야 한다고 암시함으로써 흑인 전체를 모욕했다고 비난했다. "제가 값싼 신학교에 들어가도록 도와주겠다는 사람, 머리가 제대로 돌아가기 전에 손을 쓰는 법을 배우도록 도와주겠다는 사람, 이런저런 호의를 베풀겠다는 사람은 많이 만나봤지만 하버드에서 박사학위를 받도록 도와주겠다는 사람은 한 번도 본 적이 없습니다." 결국 헤이스는 듀보이스에게 다시 기금에 지원하라고 말했고, 이후 장학금 지급 소식을 들은 듀보이스는 '구름 위를 걷는 기분으로' 뉴욕까지 달려갔다. 또 그는 이를 기념하기 위해 '살면서 가장 비싸게 산 셔츠보다 네 배는 비싼' 3달러짜리 셔츠까지 샀다.[8] 이때만큼은 듀보이스도 동료 학생들처럼 좋은 옷을 차려입고 자신이 성공 가도를 달리는 진지한 사람임을 보여주고자 한 것이다.[9]

1892년 여름, 듀보이스는 마침내 독일로 떠났다. 그는 자신이 흑인 유학생으로서 백인 동포들과 전혀 다른 대우를 받으리라 생각했지만, 차별에는 이미 익숙했다. 당시 미국 학계에서는 위험을 무릅쓰고 해외로 떠난 유학생들을 인정하기 시작했으며, 부유한 젊은 이들은 미국을 떠나 지역적 관습에서 벗어날 수 있었다. 이제 듀보이스도 그들의 뒤를 따라 모험을 떠난 것이나. 그는 이미 임원하던 교육을 받기 위해 두 차례 집을 떠난 적이 있었고, 그러는 동안 미국에서 벌어지는 갖가지 인종차별을 누구보다 잘 알게 되었다. 그렇기에 듀보이스는 많은 성취를 이루면서도 흑인으로서 자신의 처지를 끊임없이 되새겨야 했다.

하지만 독일은 미국과 달랐다. 물론 구세계에도 편견이 깊게 뿌리내리고 있었지만, 미국처럼 흑인과 백인을 분리하는 일은 드물었다. 듀보이스는 독일로 여행하는 동안 백인우월주의를 지키려 끊임없이 애쓰는 조국의 압박에서 서서히 벗어난다고 느꼈다. 배를 타고 뒤셀도르프에 도착한 뒤, 그는 한 가족과 함께 여행을 떠났고, 새로운 지인들이 자신의 피부색을 신경 쓰지 않는다는 사실에 감명을 받았다. 루이스의 전기에 따르면 듀보이스는 독일의 중세 도시 아이제나흐에 푹 빠졌으며, '자신을 괴롭히던 미국인들에게서 벗어나자 날이 갈수록 더 밝고 장난스럽고 편안한 사람이 되는 듯했다'.[10] 그 와중에 듀보이스가 신세를 지던 집안의 딸 도라는 듀보이스에게 청혼을 해 그를 깜짝 놀라게 했다.

듀보이스에게 유학 생활은 교육적으로나 사회적으로 해방되는 경험이었으며, 그는 하버드에서의 경험을 바탕으로 각 분야에서 최첨단을 달리는 교수진과 공부할 기회를 찾았다. 그는 특히 베를린 대학에서 등장한 새로운 사회과학 방법론에 심취했는데, 이 방법론은 머지않아 미국 사회학의 핵심으로 자리 잡았다. 하지만 안타깝게도 듀보이스는 학위 취득에 필요한 학기 수를 채우지 못했기 때문에 독일어 박사 논문으로 학위를 받지 못했다. 듀보이스는 자신의 연구 과제를 보완하려고 폭넓은 교양 과목을 학습했지만, 아마도 슬레이터 기금협회의 회원들은 자신들의 실용적인 취향에 맞지 않는다는 이유로 이를 탐탁지 않게 여겼을 것이다. 이유야 어찌 되었든 협회는 듀보이스의 장학금을 연장해주지 않았고, 듀보이스는 미국으로 돌아와 하버드 대학에서 박사학위를 받고자 연구 논문을 제출했다. 그는 미국으로 돌아오는 배 안에서 노트에 이렇게 적었다. '독일에서 보낸 학생 생활은 스페인에 근사한 성을 지어 사는 것과 다름없었다. 나는 꿈꾸고 사랑하고 방황하고 노래하며 2년이라는 시간을 보내다 느닷없이 흑인을 증오하는 미국으로 돌아가게 되었다.'[11]

19세기 말, 미국에서 학생은 꿈꾸고 사랑하고 방황하고 노래할 자유를 누렸지만, 이는 어디까지나 백인 학생에게만 해당되는 이야기였다. 따라서 듀보이스는 이례적이면서도 모범적인 학생이었다. 미국 사회에 만연한 인종차별은 흑인인 그가 배움과 자유를 누리지 못하게 끊임없이 제약을 가했지만, 그는 눈앞에 닥친 장애물을 극복하고 주어진 기회를 최대한 활용해 최고 수준의 교육을 받았다. 듀보이스는 독일에서 공부하며 잠시나마 인종차별적 제도의 압박에서 벗어났고, 동료 학생들과 더불어 자신과 세상을 배우고 자유롭게 잠재력을 탐구하고 학생으로서의 존엄을 경험했다. 그런 듀보이스에게 미국으로의 귀국은 물론 가혹한 일이었지만, 이러한 경험은 그가 받은 교육의 일부이기도 했다. 미국에서 그는 언제나 학생보다 흑인으로서의 정체성에 맞춰 살아야 했기 때문이다. 백인우월주의가 공고히 유지되는 미국에서 흑인들은 학생의 지위, 즉 인간으로서 무한한 잠재력이 있다고 암묵적으로 인정받는 지위를 얻기 위해 힘겹게 투쟁해야 했다.

경제적 자립을 위한 직업교육을 뛰어넘어

물론 듀보이스는 전형적인 학생은 아니었지만, 학부 시절에 받은 전통적인 자유 교양 교육을 바탕으로 선진 연구 기술을 익혀 깊이 있는 연구 작업에 활용했다. 그러나 20세기에 들어설 무렵, 실업학교에 다니는 흑인 학생들은 흑인 대학의 학생들과 전혀 다른 생활을 했다. 실업학교들은 자유 교양 교육보다 청년들이 즉시 활용할 수 있는 직업훈련을 선호했다.

1881년 앨라배마 주에 설립된 터스키기 기술학교는 그러한 교육 모델을 도입한 대표적인 학교였으며, 설립자 부커 T. 워싱턴은 듀보이스가 피스크 대학에 다닐 무렵부터 큰 명성을 얻은 인물이었다. 워싱턴은 경제적 자립을 위한 직업교육을 복음처럼 전파했고, 터스키기를 비롯한 실업학교들은 학생들이 학업 외적인 일을 경험하도록 지원하는 데 초점을 맞추었다. 이에 따라 실업학교 학생들은 1주일에 2~3일만 수업을 듣고 나머지 시간에는 농사, 캐비닛 제작, 집 짓기 등 직업훈련을 했다. 실제로 많은 실업학교에서는 학생들이 직접 도서관을 짓는 데 참여했다. 워싱턴은 흑인 학교를 위한 기금을 모금하면서 자신의 목표는 기존의 인종 관계를 흔드는 것이 아님을 강조했다. 그는 백인들의 돈으로 흑인 청년들에게 신분 상승이 아닌 경제적 자립을 이룰 기회를 제공하겠다고 말했다. 따라서 워싱턴이 제안한 학교 교육은 백인의 기득권을 건드리지 않으면서 학생들이 경제적으로 독립하도록 돕기 위한 것이었다고 할 수 있다.

한편 실업학교에 다니는 여학생들은 남학생들과 다른 노동 영역에서 훈련을 받았다. 터스키기의 여성부 교장은 마거릿 머레이 워싱턴이었다. 피스크 대학 출신인 그녀는 대학 시절 학교신문 편집자와 문학 학회의 학회장을 지내며 듀보이스와도 친분을 쌓았고, 그곳에서 졸업식 연설을 하러 온 부커 T. 워싱턴을 만나 결혼했다. 마거릿은 터스키기에서 가사노동에 초점을 맞춘 여성 직업교육을 이끌었고, 이후 흑인 여성 교육에 전문적 '실용 기술'을 접목한 선구자로 꼽혔다. 그녀는 단순히 여성들에게 가사노동을 교육하기보다는 짐 크로 시대의 억압적인 환경에서 흑인 여성들이 다른 사람들을 가르치는 동시에 수입을 얻도록 지원하고자 했다.

하지만 터스키기의 여학생들은 또 다른 부담을 안고 있었다. 학교에 다니면서도 '너무 많이 배운' 티를 내지 않아야 한다는 것이었다. 남성들은 여러 가지 이유로 교육받은 여성을 꺼렸다. 사람들은 학생으로서 탁월한 능력을 보인 여성들이 가정생활의 현실에 만족하지 못하리라 우려했지만, 마거릿은 동의하지 않았다. '우리는 흑인 여성들이 흑인에 위협이 아닌 구원자가 되리라 확신한다. 여성들은 가정과 가족이 최대한 발전하도록 성심성의로 노력해 흔히 말하는 인종 문제의 해결에 공헌할 것이기 때문이다.'[12]

마거릿은 가정과 가족이 교육과 상충하지 않으며, 학교 교육은 중산층이 가내 공간을 꾸리는 데 필요한 덕목과 기술을 제공해 가정에서 여성의 역할을 강화할 것이라고 보았다. 그러나 가난한 흑인들은 대개 낮에 일을 하느라 시간에 맞춰 학교에 갈 수 없었다. 마거릿은 남녀 노동자들이 정규 수업 외의 시간에도 교육을 받을 기회를 제공하고자 여성 단체들을 연결하는 네트워크를 조직했다. 여기에 참여한 터스키기의 상급생과 졸업생들은 지역사회에서 야간 수업을 시작했다. '주요 과목은 요리, 바느질, 벽돌 쌓기, 페인트칠, 목공이다. 현재 이 도시와 카운티에서는 많은 성인 남녀와 소년 소녀가 야간학교에 다닌 덕분에 번듯하고 편안한 생활을 꾸릴 수 있게 되었다.' 야간학교에서는 학생들이 생계를 잇도록 돕는 데 중점을 두었지만, 흑인 역사 같은 과목도 함께 가르쳤다. '아이들이 남녀 위인들을 알고 존경하도록 기르치지 않는 학교는 본분을 다하지 않는 것이나 다름없으며, 터스키기 여성 클럽은 이 방면에서 영향력을 발휘해왔다.' 터스키기의 학생들은 잘 살고 바르게 사는 법을 배우는 도제였으며, 장차 학교의 동문이나 여성 클럽의 회원이 되어 '올라가며 끌어주자'는 구호를 실천하는 삶을 살리라는 기대를 받았다.[13]

이러한 맥락에서 학생이 된다는 것은 경제적 자립이나 개인의 잠재력을 실현하는 법뿐만 아니라 자신이 속한 공동체를 위해 옳은 일을 하는 법을 배운다는 뜻이었다. 이는 학생들의 가슴에 평생토록 남을 가르침이었다.

여성에게도 고등교육의 기회를!

피스크 대학이나 하버드 대학 같은 교육기관은 적절한 사회화를 통해 학생들의 품성과 미덕을 기르는 것을 학생 생활의 핵심으로 여겼다. 하지만 19세기 말과 20세기 전반에도 젊은 여성들은 여전히 고등학교 이상의 정규 교육을 받는 일이 드물었고, 설령 받더라도 종교적 색채가 강한 학교에 진학하는 경우가 많았다.

미국의 사회운동가 제인 애덤스Jane Addams는 일리노이 주의 작은 마을에서 어린 시절을 보내며 장차 미국 북동부의 수준 높은 고등학교를 나와 매사추세츠 주에 새로 설립된 여자대학 스미스 칼리지에 들어가겠다는 꿈을 품었다. 종교는 없지만 이웃에 봉사하려는 열망이 강했던 그녀는 의사가 되기를 꿈꾸었고, 스미스 칼리지에서 의사가 되기 전에 필요한 폭넓은 교육을 받을 수 있으리라 기대했다. 또한 그녀는 일리노이 주가 속한 중서부에서 멀리 떨어진 매사추세츠 주를 다양한 사상을 접할 수 있는 국제적인 지역으로 보고 동경을 품었다. 그러나 제인의 아버지는 딸의 잠재력을 인정하면서도 그녀의 '연약함'을 걱정했고, 그녀를 집에서 더 가깝고 학업 부담이 적은 학교에 보내기로 했다. 1870년대 미국에서 대학에 진학하는 여성의 비율은 1퍼센트도 채 되지 않았고, 애덤스 가문처럼 교육을 중시하는 가정에서도 딸을 대학에 보내기를 주저했다. 그리하여 제인은 열여섯 살이 된 해 여름 록포드 여자 신학교에 입학했다. 그녀는 훗날 '딸은 최대한 집에서 가까운 학교에 보내야 한다는 것이 딸의 교육에 관한 아버지의 지론이었다'고 술회했다.[14] 더 넓은 세계로 나가는 여행은 나중으로 미뤄야 했다.

록포드는 복음주의 학교였지만, 제인처럼 종교적 믿음이 없는 학생도 더러 있었으며, 스미스 칼리지보다 입학 기준은 낮더라도 다양한 학업 성취도를 가진 학생들에게 지적·영적 발전을 위한 자원을 제공하는 여성 중심의 학습 공동체를 표방했다. 제인은 스미스 칼리지에 가지 못해 실망했지만, 록포드의 자원을 최대한 활용했다. 가령 제인의 전기를 쓴 작가 루이스 나이트가 '시민권 훈련소'라고 묘사한 문학회는 제인이 교실 밖에서 배움을 얻는 수단이었으며, 그녀는 여러 문학회에 참여해 식견과 야망을 키우며 두각을 드러냈다. 또 그녀는 학교신문의 편집장을 지내며 글을 기고했고, 교사들의 지원과 동료 학생들의 우정에 힘입어 여성에게도 독립적으로 사고하고 행동할 권리가 있음을 주장했다. 나이트의 견해에 따르면 그녀는 문화와 사회에 참여하는 것으로 종교적 헌신을 대신하고자 했다. 당시 미국 개신교가 내세운 '사회적 복음'에 매력을 느낀 사람들은 이웃, 특히 취약 계층에 봉사하는 것을 영적 수행을 하는 방법 중 하나로 여겼다. 학창 시절 제인은 여러 아이디어를 실험하고, 모호함을 받아들이고, 토론하는 법을 배웠으며, 졸업하는 해에는 주에서 열린 웅변대회에 유일한 여성 연사로 참가했다. 그녀는 자신이 원한 대로 스미스 칼리지에 입학하지 못했지만, 록포드에서 지적 탐구와 사회봉사에 헌신할 계기를 마련했다.[15]

스미스 칼리지는 1871년 자선사업가 소피아 스미스가 여성에게 남성과 동등한 '교육 수단과 시설'을 제공하려는 목적으로 세운 학교다. 스미스 칼리지의 캠퍼스는 젊은 여성들이 공부하는 동안 보호받으며 가정에서처럼 편안함을 느끼도록 설계되었다. 독서광이었던 제인 애덤스는 스미스 칼리지에 입학하기를 꿈꾸었지만, 그녀가 '기초 그리스어, 이차방정식을 활용한 대수학, 일정 수준의 기하학'을 포함한 높은 입학 기준을 충족했을지는 확실치 않다. 여성이 주로 다닌 신학교와 '사범학교'는 학생들에게 그 정도 수준의 학력을 요구하지 않았고, 대부분 그리스어나 라틴어보다 현대어를 가르쳤다.

스미스 칼리지는 미국에서 최초로 여성 한 사람의 기부로 세워졌지만, 남성만 다닌 인근의 명문 대학 애머스트 칼리지를 모델로 삼았다. 스미스 칼리지의 설립 계획을 세운 사람들은 애머스트 칼리지 같은 남자 대학들에 뒤처지지 않고 살아남을 수 있는 학교를 만들고자 했다. 당시 남자 대학들은 남녀공학으로 전환해야 한다는 압박을 받고 있었는데, 스미스 칼리지처럼 탄탄한 여자대학이 생기면서 그러한 압박에서 어느 정도 벗어날 수 있었다. 또한 스미스 칼리지에서는 애머스트 칼리지의 쾌락주의적인 프래터니티와 다른 방식으로 학생들에게 사회생활의 기회를 제공했다.[16]

스미스 칼리지의 설립자들은 학생들의 삶과, 작지만 번화한 뉴잉글랜드 지역 마을의 일상을 밀접하게 연결하려는 의도에서 매사추세츠 주의 노샘프턴을 부지로 선정했다. 그들은 대학이 외부 세계와 단절된 수녀원이 되어서는 안 된다고 생각했고, 학생들이 실제 생활에서 고립되지 않도록 했다. 이에 따라 학생들은 '온실'처럼 부자연스러운 대형 기숙사가 아니라 일반 가정집 같은 작은 집에서 생활했다.[17] 설립자들은 전통적인 가정과 비슷한 느낌을 주면서도 현대적이고 전문적인 교육자가 있는 대학을 만들고자 했으며, 캠퍼스 안에 도서관이나 채플을 따로 짓지 않았다. 그 대신에 학생들은 부모와 살던 집에서 동네를 돌아다니듯 지역의 도서관과 교회를 찾아다녔다. 스미스 칼리지에 처음 입학한 열네 명의 학생은 '여성 책임자'와 여성 교수진의 감독을 받았고, 이러한 시스템은 대학의 규모가 커진 이후에도 유지되었다. 학생들이 적절한 감독을 받으며 지역의 삶에 녹아드는 한, 학교 측은 많은 규칙을 만들 필요가 없었다. 학생들은 지역의 종교 및 시민단체에 참여할 수 있었으며, 장차 '세련되고 지적인 기독교도 여성'으로 성장할 것으로 기대되었다.[18]

20세기 초, 미국에서는 여전히 여성에게 고등교육의 기회를 제공하는 것을 두고 논란이 있었다. 일각에서는 여성만 다니는 학교조차 여성을 나쁜 길로 이끌 수 있다고 우려했다. 한 예로 당시 미국에서는 우생학 운동이 힘을 얻고 있었는데, 우생학 지지자들은 똑똑한 소녀들이 학생이 되도록 내버려두는 것은 자연에 어긋나고 가정생활을 어지럽히는 일이라고 믿었다. 그들은 여성은 교육을 받기보다 아이를 낳아야 하며, 스미스 칼리지 같은 학교에 다니는 것은 '아무것도 낳지 못하는 지성과 마비된 문화만 남은 메마른 사막에 미국인의 가장 우수한 피를' 버리는 일이라고 주장했다.[19] 이유야 어찌 되었든 여자대학을 졸업한 여성들이 교육을 덜 받은 여성들보다 늦게 결혼하고 아이를 덜 낳는 건 분명한 사실이었다. 이에 따라 여자대학의 관리자들은 비판의 목소리를 달래고 학생들이 가정생활에 더 관심을 갖도록 커리큘럼에 '가정학' 과목을 늘렸다.

그런데 제1차 세계대전이 끝난 이후 여자대학의 관리자들은 가정을 향한 관심을 높이는 것보다 시급한 문제에 맞닥뜨렸다. 여자대학과 남녀공학 대학에 다니는 여학생들이 더 많은 자유를 요구하고 나섰기 때문이다. 스미스 칼리지를 비롯한 여자대학의 학생들은 특히 학교가 시내에서 남성과 어울리거나 다른 학교의 캠퍼스에 초대받는 일에 간섭하지 않기를 바랐다. 많은 여자대학은 정해진 시간에 '바른 자세'로 누워 소등해야 한다는 '10시 규칙'을 만들 만큼 학생들의 생활을 엄격하게 감독했다.

하지만 1920년대 들어 여학생들은 격리와 규제를 줄이고 자치권을 확대해달라고 요구했다. 남성들이 대학에서 자신을 다스리고 자율성을 기르는 법을 배우듯, 여성들도 더 많은 자유가 필요하다고 주장하고 나선 것이다. 가령 마운트 홀리요크 칼리지의 학생들은 계몽주의의 표현을 빌려 '외부에서 부과한 규율'이 아니라 '스스로 부과한 규율'을 따르게 해달라고 요구했다.[20] 학생들은 특히 남성과의 교제를 단속하는 규정에 강하게 반발했다. 1920년대에 여자대학의 캠퍼스는 여전히 여학생만 참여하는 연극과 문학회, 토론회, 스포츠를 중심으로 돌아갔지만, 상류사회에서는 이전보다 자유롭게 이성애를 표현할 수 있게 되었고, 학생들은 자유롭게 캠퍼스에 남자를 데려오거나 다른 학교의 캠퍼스에 찾아가기를 원했다.

이 시기에는 여성 교육을 우려하는 목소리가 잦아들었으며, 여유 있는 가정에서는 아들뿐만 아니라 딸도 대학에 보내야 한다고 생각하기 시작했다. 북동부의 여자대학에는 여느 엘리트 대학과 마찬가지로 유명한 가문이나 최근에 직업적으로 성공한 집안 출신의 학생이 많이 입학했다. 19세기 말, 제인 애덤스와 그녀의 동료들에게 대학 교육은 더 다양한 것을 배우고 국제적 관심사를 접할 수 있는 곳에서 새로운 생활을 시작할 귀중한 기회였다. 그리고 1900년 무렵에는 고등학교를 졸업하고 대학에 등록한 학생 중 약 35퍼센트가 여성이었으며, 제인 애덤스 같은 젊은 여성들은 더 많은 교육의 기회를 얻기 위해 싸워야 했다. 그 결과 1920년대에는 역사학자 헬렌 호로비츠의 말처럼 여성이 '대학에 가는 것이 자연스러운 일'이 되었으며, 대학 신입생 중 절반 가까이가 여성이었다.[21]

물론 여기서 이야기하는 여성은 특권을 가진 젊은 '숙녀'들이며, 이들은 대체로 사람들에게 자신의 요구를 관철하는 데 익숙했다. 여자대학에 들어간 여성들은 여성의 자유를 보장하지 않는 가부장적 세계의 압박에서 벗어나 자신의 능력을 마음껏 발휘하는 법을 배웠다. 여성들은 지적 활동과 경력에서 빠르게 성공을 거두며 남성이 지배하는 학계에 경종을 울렸고, 남성들은 여성 교육을 '여성화'하려고, 즉 여성을 교수가 아닌 조력자로 양성하는 방향으로 바꾸려 했다. 그러나 한편에서는 참정권 운동 이후 여성들도 전통적인 제약을 극복할 수 있음을 알게 된 여학생들이 흡연할 권리, 원하는 시간에 공부하고 교제할 권리, 남성을 캠퍼스에 초대할 권리 등을 요구했다. 이에 대학 당국은 남학생들이 자유를 요구한 때와 마찬가지로 학생들의 주장에 반대하고 나섰다.

다양한 유형의 학생들

대학의 관리자들은 학생들의 요구에 반대하는 데 익숙했다. 대학 당국은 오랫동안 학생들과 적대적인 관계를 유지해왔다. 미국의 식민지 시대로 거슬러 올라가면, 당시에도 대학에 다니는 소수의 청년은 교수와 관리자들이 세운 규칙이 지나치게 엄격하다고 생각했다. 곧 성인이 될 학생들은 어린아이 취급을 받는 것에 분개했다. 독립 혁명 이후 학생들은 교수진과 총장의 독재적 성향에 불만을 토로하며 그들을 얼마 전 혁명으로 몰아낸 영국에 비유했다.[22]

제3장에서 언급했듯, 건국 초기에 토머스 제퍼슨은 새로 설립

한 버지니아 대학의 학생들에게 더 많은 지적 자율성을 제공하려 노력했다. 하지만 이후 버지니아 대학의 학생들은 '개인적' 삶에서도 더 많은 자율성을 누리기 위해 폭동을 일으켰다. 유력 가문 출신의 학생들은 캠퍼스 생활을 규제하는 규칙을 쉽게 받아들이지 못했다. 그들은 사회의 규칙을 만드는 계층에 속했고, 원하는 것을 원하는 때에 얻어내는 데 익숙했다.

19세기에 미국 대학들은 대부분 이와 비슷한 상황에 놓여 있었다. 학생들은 학교가 자신들의 '필요'를 충족하고 대학생다운 삶에 관한 젊은이들의 이상에 부응하도록 압력을 가했다. 교육사학자 프레더릭 루돌프는 '미국의 대학이 형태를 갖추는 데 가장 큰 창의력과 상상력을 발휘한 것은 분명 학생들이었다'고 지적했다.[23] 하지만 학생들이 대학에 끼친 영향은 수업 내용이나 커리큘럼의 개요와 큰 관련이 없었다.

19세기 초 버지니아 대학의 학생들은 학교 측의 간섭 없이 사교 활동을 하거나 무기를 소지하기를 원했고, 프린스턴 대학의 학생들은 교수들의 지시와 학칙을 어겼다는 이유로 가혹한 처벌을 받은 동급생을 보호하기 위해 소동을 일으켰다. 그들은 칸트처럼 '과감히 알려고 하라'는 구호를 외치는 학생이 아니었다. 그들은 그저 한밤중에 말을 타고 캠퍼스를 누비고 흥청망청 술을 마시고 싸움을 벌이기를 원했으며, 무례한 행동으로 자신이 독립적인 존재임을 과시하려 했다. 강사들을 방에 가두거나 물을 뿌리고 캠퍼스에서 발을 걸어 넘어뜨리는 것은 학생들이 벌이는 '평범한 장난'에 속했다.[24] 그리고 그러한 장난을 일삼는 이들은 어린아이도 성인도 아닌 새로운 부류의 인간이었다. 그들은 자신들이 선호하는 삶의 방식을 지키려 하는 '남자 대학생'이었다. 경건한 미국인들은 고등교육이 학생들에게 도덕과 인성을 심어주기를 기대했지만, 그들의 바람과는 반대로 대학에 들어간 젊은이들은 자신들의 열정에 따라 고유의 생활양식을 만들고자 했다.

19세기부터 20세기 전반까지 그러한 생활을 누릴 수 있었던 것은 소수의 남성과 극소수의 여성뿐이었다. 하지만 20세기에 들어서자 고등학교를 졸업한 후 대학에 진학하는 청년의 비율이 증가하기 시작했고, 1970년대에는 대학 진학률이 50퍼센트에 이르렀다. 오늘날 대학 진학률은 그때보다 훨씬 더 높아졌고, 대학 학위를 받는 여성의 수가 남성보다 많아졌다. 초창기 대학들의 생활양식은 극도로 남성적이었으며, 학생들은 남성 간의 유대와 폭력성, 육체성을 과시하는 데 열중했다. 하지만 19세기 말부터 많은 공립대학이 점차 남녀공학으로 바뀌면서 남성적인 관행도 사라지기 시작했다. 교육사학자 마이클 헤벨에 따르면 '남녀공학을 둘러싸고 논란이 끊이지 않은 주된 이유는 1899년 미시간 대학에서 학사학위의 53퍼센트가 여성에게 수여되는 등 대학에서 여성들이 큰 성공을 거두었기 때문이다.'[25] 남자 대학생들이 따르는 관행이 반지성적이고, 심지어는 반교육적으로 변한 이유는 여학생들이 학업에서 거둔 성공과 관련되어 있다고 보는 것이 타당하다. 남학생들은 이길 가능성이 없는 경쟁에 참여할 이유가 없다고 생각한 것이다.

남자 대학생들이 중시하는 관행은 자율성을 누리면서 아무것도 책임지고 싶지 않다는 욕구를 드러낸다. 하지만 이러한 관행을 다루기 전에 교육자들은 왜 학생들이 함께 생활하고 배울 때 강력한 효과가 난다고 생각했는지를 살펴볼 필요가 있다. 앞서 언급했듯, 루소는 타인의 존재가 허영심과 모방 욕구를 자극하므로 학습에 부정적인 영향을 끼친다고 주장했다. 기숙형 대학은 영국에 뿌리를 두고 있지만, 전형적인 미국의 발명품이다.

문학사학자 앤드류 델반코는 캠퍼스라는 개념이 뉴잉글랜드 식민지의 '살아 있는 교회'라는 이상, 즉 신도들이 내는 다양한 목소리가 통합을 가져온다는 생각과 관련되어 있다고 주장한다. 살아 있는 교회를 주창한 사람들은 신도들이 교회에 '서로 다른 선물'을 가져와 활력을 불어넣고 교회가 '열방列邦을 비추는 빛'이 되도록 공헌한다고 생각했다. 델반코는 대학들도 마찬가지로 다양성을 교육적 덕목으로 강조해왔다고 말한다. '대학은 출신이 다양한 젊은이들이 한데 모여 생활하면서 함께 식사하고, 강의와 설교를 듣고, 학업과 사회생활의 일상적 리듬을 공유하는 곳이었다. 이러한 대학적 방식의 중심에는 학생들이 서로에게서 중요한 것을 배울 수 있다는 수평적 학습 개념이 있었다.'[26] 교육자들은 지난 200여 년간 이 같은 이상을 다양한 형태와 규모로 구현해왔으며, 학생들이 학습 공동체에 공헌하리라는 믿음을 잃지 않았다. 학생들은 단지 교육을 받기 위해서가 아니라 교육이라는 공동의 여정에 참여하고 이바지하기 위해 대학에 다닌다는 것이다.

여기서 우리는 배움의 공동체라는 영적 이상과, 교수진과 학생들이 난투를 벌이는 현실 사이의 괴리를 확인할 수 있다. 대학생들은 교수들이 요구하는 고된 학업이 대학 생활을 방해하지 않도록 맞서 싸웠지만, 공개적인 대립은 보통 학생 쪽에 불리한 방향으로 흘러갔다. 총장과 교수들은 학생을 퇴학시킬 권한이 있었고, 상황이 걷잡을 수 없어지면 수업을 중단할 수도 있었다.

이에 따라 저항적인 학생 문화는 지하로 흘러 들어갔고, 학생들은 학교 밖에서는 자신들의 생활 방식을 그대로 유지하면서 학교 안에서는 퇴학당하지 않을 만큼 순종적인 모습을 보이는 방법을 찾고자 했다. 이것이 바로 대학 당국이나 당국에 협력하는 모든 학생과 '전쟁'을 벌이겠다고 자처한 남자 대학생들의 문화다. '19세기에 대학교수들은 누가 좋은 학생인지에 관한 명확한 생각을 가지고 있었다. 그들은 벌칙과 보상으로 좋은 학생을 만들려 했고, 뛰어난 학생에게 높은 학점, 우등생 모임에 들어갈 자격, 우등상을 제공했다. 남자 대학생이라는 정체성을 중시하는 학생들은 교수가 아니라 자신들만의 기준으로 지위를 배분하고 좋은 학생을 깎아내리는 대안적 체제를 만들었다.'[27] 진정한 남자 대학생이란 교수에게 인정받으려 하지 않으며 음주와 카드놀이, 스포츠로 다른 남성들과 경쟁하는 사람이었다. 19세기 미국의 대학 생활을 다룬 어느 회고록에 따르면 남자 대학생들 사이에는 '학자인 체하지 않는 사람들에게 이익이 되는 한, 수단과 방법을 가리지 말고 대학 당국의 규제를 피해야 한다'는 생각이 널리 퍼져 있었다.[28]

20세기 초 남자 대학생들이 생각한 성공의 기준은 날로 기업화되는 미국 사회에서 출세하는 법과도 관련되어 있었지만, 교수들은 여기에 대해 아는 것이 거의 없었다. 교수들이 보기에 남자 대학생은 '겉모습만 어른인 철부지', '무슨 수를 써서든 자신이 할 일을 게을리하고 교수를 속이려 하는' 사람일 뿐이었다.[29] 이들은 지금까지 살펴본 학생상과는 다른 유형의 학생이었다. 이 대학생들의 목표는 독립과 성숙을 이루기는커녕 최대한으로 미루면서 자신이 남성 집단의 남자다운 구성원임을 보여주는 것이었다.[30]

프래터니티는 남자 대학생들의 반항적인 문화를 지키는 수단이 되었다. 사교 모임들은 고유의 하위문화와 위계질서를 만들었고, 신고식이나 각종 신체적·사회적 처벌을 활용해 자신들의 규칙을 강요했다. 많은 학교가 비밀 모임을 금지하려 했지만, 대부분은 그런 모임의 존재를 공식적으로 인정하는 데서 그쳐야 했다. 프래터니티 회원들이 생활하는 기숙사에 학칙을 강요할 수 없었던 대학 측의 기본 전략은 덜 차별적·폭력적이고 덜 위험한 '규칙'을 만들어달라고 부탁하는 것이었다. 하지만 프래터니티는 대학 당국을 향한 반발에서 탄생한 조직이기에 이 전략은 별다른 성과를 거두지 못했다.

초창기의 사교 모임들은 미국 사회 전반에서 흔히 나타나는 엘리트주의와 차별을 그대로 답습했다. 대부분의 모임은 유대인이나 흑인을 받아들이지 않았고, 가톨릭 신자들도 차별했다.[31] 가정 형편이 넉넉하지 않은 학생들은 모임에 쉽게 가입할 수 없었으며, 대학을 신분 상승의 수단으로 삼으려는 학생들도 모임에서 배척당했다. 프래터니티 회원들은 그러한 야망을 노골적으로 드러내는 것은 남자 대학생에게 어울리지 않는다고 생각했기 때문이다. 따라서 출세할 길을 찾는 학생늘은 사교 모임보다는 공식적인 학업 영역에서 좋은 성과를 내려 노력했다. 하지만 사교 모임이나 그와 관련된 스포츠 팀은 내부 구성원에게 대학 졸업 이후의 성공을 약속했다. 운동

경기는 학생들에게 교실 밖에서 경쟁할 기회를 주는 동시에 조직에 대한 충성심을 고취하는 매우 유용한 수단이었다. 사교 모임에서 리더 자리를 차지하거나 운동선수로 성공한 학생들은 학업 성취는 껍데기일 뿐이며 자신들이 이룬 성취야말로 사회적·경제적 성공을 결정하는 요인이라는 이야기를 들었다.

사회에서 성공을 거둔 졸업생들은 적자생존을 내세워 남자 대학생들 간의 폭력을 정당화하면서 이른바 '풋볼 학교'의 중요성을 자주 거론했다. 이들이 말한 '생존'은 보통 비즈니스 세계에서의 성공을 의미했다. 협동, 리더십, 회복탄력성을 비롯한 '소프트 스킬soft skill'(최근에는 '파워 스킬power skill'이라고도 불린다)은 남자 대학생이 실제로 배워야 하는 것이었지만, 학생들은 강의실 밖에서, 심지어 강의를 무시한 채 그러한 기술을 배우고자 했다. 마이클 헤벨은 '지배적인 남성성을 구성하는 요소는 시간에 따라 변화했으며, 남북전쟁 시대에는 토론 기술이 그중 하나였다면 20세기에는 음주 기술이 그 자리를 대체했다'고 지적한다.[32] 프래터니티의 하위문화가 보여주는 폭력성과, 자신의 남성성을 의심받지 않으려는 남자 대학생의 노력 사이에서 연관성을 찾기란 어려운 일이 아니다.[33]

한편 20세기 초 대부분 남녀공학에 다니던 여자 대학생들은 대학에서 남성 사교 모임의 영향력이 커지자 자신들만의 사회생활을 조직할 방법을 찾았다. 여성 사교 모임 소로리티sorority는 프래터니티와 마찬가지로 학생들 간에 사회적 위계를 만들려는 의도에서 탄생했지만, 초창기에는 반항적이라기보다 방어적인 성격이 강했다. 그중에서도 일부 모임은 여학생들에게 사회적으로 존경받는 범에 관한 지침을 제공해 다른 모임들보다 높은 지위를 누렸으며, 지위가 낮은 모임에 속한 학생들도 그러한 서열 관계를 받아들였다. 그리고 20세기 중반에는 미국 사회의 성 풍속이 변화하면서 소로리티가 학생들의 연애 관계를 단속하는 역할까지 맡게 되었다. 프래터니티의 남성들 사이에서 남성성에 관한 규범이 바뀌어 여자 대학생을 향한 관심을 바람직한 것으로 여기게 되자 소로리티들은 여학생들의 성애를 자극하거나 통제함으로써 모임의 위신을 높일 수 있었다.[34] 여학생은 대체로 남학생보다 사회적으로 보수적이었는데, 그중에서도 소로리티의 회원들은 특히 보수적인 성향이 강했다.

1930년대와 1940년대에는 대학의 인구 구성에 중대한 변화가 일어났다. 많은 이민자가 대학에 들어오면서 전통적인 대학 문화에 압력을 가했다. 이민자들이 앞다투어 경쟁에 뛰어드는데다 대기업과 전문직이 성장하자 뛰어난 운동선수가 되거나 괜찮은 사교 모임에 들어가는 것만으로는 졸업 이후의 경제적 성공을 보장할 수 없게 되었다. 이제 고용주들은 점차 특정한 기술이나 '지능'을 요구했으며, 채용 과정에서 학업 성취도를 보여주는 증거를 찾기 시작했다. 따라서 앞 세대의 가족들이 일군 지위를 지키기보다 출세해서 더 높은 자리에 오르기를 바라는 학생들은 반드시 학업에서 성공을 거두어야 했다. 제2차 세계대전 이후 전문직 계층이 성장하고 전문직을 양성하는 학교에 들어가기가 어려워지면서 대학 졸업 후의 성공을 위해서는 좋은 성적을 받는 것이 더욱 중요해졌다. 대학 생활을 즐기고 싶은 학생이라도 로스쿨에 진학할 계획이라면 좋은 성적을 받아야 했다.

이제 출세를 꿈꾸는 사람들은 대학 교육을 경제적 지위를 높이는 지름길로 여겼다. 미국에서는 제1차 세계대전 이후 참전 용사나 전사자의 유족에게 재정 지원을 제공했으며, 제2차 세계대전 이후에는 군 복무자에게 교육 혜택을 제공하는 연방법을 제정하면서 교육과 관련된 지원을 대폭 확대했다. 이러한 법안이 정부 지원이 없었다면 대학에 진학하지 않았을 사람들을 대학으로 이끄는 데 얼마나 큰 영향을 끼쳤는지는 알 수 없지만, 캠퍼스 내에서 재향군인의 존재가 대학의 이미지와 문화에 많은 변화를 가져왔다는 점에는 의심의 여지가 없다. 명문 대학들도 재향군인들이 꾸준히 강의에 들어오면서 한층 민주적인 분위기를 풍길 정도였다. 재향군인들은 사교 모임의 관행에 참여해 자신의 남성성을 증명할 필요를 느끼지 않았다. 그들은 '캠퍼스의 거물'이 되기를 꿈꾸는 어린 남학생들과 달리 대학 교육을 받으며 전쟁 이후의 새로운 삶을 꾸리느라 여념이 없었다.[35]

미국 북동부 지역의 많은 대학에서 재향군인들은 프래터니티의 차별적인 관행을 없애도록 압력을 가했다. 이들은 다른 대학생들보다 나이가 많았고, 가족이 만든 사회적 울타리 밖에서 더 많은 사람을 만난 경험이 있었다. 그중에는 전쟁에서 편견에 맞서 싸우고 돌아왔더니 정작 대학이 편견의 늪에 빠졌다며 분통을 터뜨리는 사람들도 있었다. 가령 당시에는 유대인 쿼터를 만든 학교는 많았지만, 흑인 쿼터가 있는 학교는 거의 없었다. 그리하여 웨슬리언 대학에 다니던 재향군인들은 전쟁이 끝난 지 1년도 채 지나기 전에 대학의 지도자들에게 오랫동안 당연시된 차별적 관행을 철폐하도록 촉구하기도 했다. 규모가 작은 대학들은 재향군인들의 요구를 실행했고, 때로는 지역 대학의 사교 모임이 전국에 지부를 가진 대형 프래터니티와 관계를 끊었다.[36]

편견과 차별에 맞서는 학생 문화

그렇다면 사교 모임에 가입해 사회적 지위를 높이거나 인기 있는 학생들 사이에서 이름을 알리려 애쓰지 않은 학생들은 어땠을까? 물론 대학에는 사교 모임의 운영진이 되는 데 관심이 없거나 교수들과의 전쟁에서 대학 생활의 의미를 찾지 않는 학생도 많았다. 엘리트 사교 모임의 회원들은 그런 학생을 무시했겠지만, 학업에 집중한 대학생들은 학생으로서 자신을 어떻게 생각했을까? 19세기였다면 그들 중 상당수는 성직자의 길을 택했을 것이고, 이는 공부를 좋아하지만 경제적 지원을 거의 받지 못하는 학생들에게 나쁘지 않은 방안이었다. 하지만 20세기에 가정 형편이 어려운 학생들은 학업을 전문직을 얻기 위한 수단으로 여겼다.

사교 모임에 관심이 없는 학생들은 사회적 차별이나 경제적 어려움, 순수한 지적 호기심 등 다양한 동기를 바탕으로 캠퍼스에서 자신이 할 일을 발견했다. 일부는 좋은 성적과 우등상을 목표로 삼고 학업에서 교수들의 기대를 충족해 일반 대학원이나 전문 대학원에 추천을 받았다. 어떤 학생은 학교신문의 기자 같은 수업 외의 활동에서 더 가치 있는 배움을 경험했다. 대학의 기자들은 사교 모임의 문화나 씀씀이가 헤픈 대학 관리자들의 지출 관행을 폭로하며 글쓰기 기술과 정치적 견해를 다졌다. 또 어떤 학생은 바깥세상에서 일어나는 논쟁을 참고해 캠퍼스에서 얻은 아이디어를 가지고 격렬한 논쟁을 벌였다.

예를 들어 뉴욕 시립대학교에서는 전투적인 급진주의자들이 정치철학 수업이 아니라 식당에서 이념 논쟁을 벌이는 일이 꽤 흔했다. 뉴욕 시립대학교 출신의 사회비평가 어빙 하우는 학창 시절에 교수들이 벌이는 학문적 논쟁보다 학생들 사이의 논쟁에 더 관심이 많았다고 회상했다. '나는 수업에 들어가 몇 분 동안 안절부절 앉아 있다가 출석이 불리고 나면 슬그머니 빠져나와 곧 정치 논쟁이 벌어질 식당으로 향했고, 논쟁이 끝난 뒤에야 두고 온 책을 가지러 강의실로 달려가곤 했다.'[37] 하우는 식당에서 다른 사람의 말을 경청하고 토론하면서 독립적으로 사고하며 '스스로 초래한 미성숙'에서 벗어나는 법을 배웠다고 생각했다.

1950년대 대학 캠퍼스에서는 기업화의 물결을 막을 효과적인 방법을 논의하는 사람들이 있었던 반면, 교외의 부촌에 사는 엘리트 전문직이 되기 위해 인맥을 쌓는 데 전념하는 사람들도 있었다. 사교 모임들은 여전히 강한 영향력을 발휘했으며, 전쟁 이후 대학의 관리자들은 사교 모임 회원들의 반항심을 대학을 향한 충성심으로 바꾸는 법을 배웠다. 졸업생들은 사교 모임에서 활동하던 학창 시절을 그리워했고, 많은 대학에서는 운동 경기를 통해 애교심을 고양하고자 했다. 그런가 하면 캠퍼스의 다른 한편에서는 남녀 학생들이 여러 실험을 벌이며 가정에서 경험한 것과 다른 문화와 견해, 정서적 애착을 탐구하고 있었다.

한 예로 1950년대 웨슬리언 대학에서는 교사와 학생들 사이에서 전위적인 음악과 예술이 유행했다. 감리교 전통에 뿌리를 둔 코네티컷 주 중부의 작은 교양 중심 대학이었던 웨슬리언 대학은 1950년대에 이르러 발명가 벅민스터 풀러, 작곡가 존 케이지, 문화사학자 칼 쇼르스케, 고전학자 노먼 O. 브라운, 마르크스주의 철학자 헤르베르트 마르쿠제 같은 급진적 사상가들이 모인 대화의 장이 되었다. 또 이 시기에는 학제 간 커리큘럼에 관한 혁신적인 아이디어들이 나오면서 서양 고전에 치중하던 예술이 다른 분야로 눈을 돌리기 시작했다. 가령 인류학자 데이비드 P. 매컬리스터와 음악학자 리처드 윈슬로는 웨슬리언 대학에서 서구의 전통적인 개인주의와 사유재산 개념에 얽매이지 않는 방식으로 창의성과 문화를 구상하고자 공동 연구를 진행했다. 이들의 실험은 1960년대에 대학 생활을 완전히 바꿔놓았으며, 대학 바깥의 문화에도 큰 영향을 끼쳤다.

대공황부터 제2차 세계대전 직후까지는 대학에 들어가는 여성의 비율이 줄어들었지만, 학교에 다니는 여성의 수는 꾸준히 증가했다. 하지만 그에 비하면 학교를 졸업한 여성에게 주어지는 기회는 크게 늘어나지 않았기에 여성들은 학위를 마치기 전에 학교를 중퇴하는 경우가 많았다. 여성들은 학생으로서 좋은 성과를 냈지만, 학교 측은 사회에 진출하려는 여학생들에게 남학생들만큼 많은 도움을 주지 않았다. 페미니스트이자 사회심리학자 베티 프리단은 『여성성의 신화』(1963년)라는 저서에서 자신처럼 스미스 칼리지를 졸업한 여성들이 주부로 살며 좌절하게 만든 사회를 질타하고, 미국 사회가 재능 있는 여성들을 지원하지 못하는 이유에 대해 강하게 의문을 제기했다.

　제2차 세계대전 이후 미국에서는 스미스 칼리지 같은 명문 학교를 나온 부유한 백인 여성들조차 남성들의 편견에 가로막혀 사회 진출에 어려움을 겪고 있었다. 남자 졸업생들이 구축한 네트워크는 후학들에게 학업의 기회를 제공할 때 여학생보다 남학생을 편애했으며, 여성의 자리는 가정이라고 생각하는 기업의 남자 경영진은 여성의 승진을 가로막기 일쑤였다. 그러다 보니 많은 여성이 몇 년간 대학에 다닌 뒤 취업을 하거나 대학원에 진학하는 것보다는 결혼을 하는 편이 더 안전한 선택이라고 생각하게 되는 것도 당연했다.[38]

　아프리카계 미국인 여성들은 어떤 계층보다 사회에 진출하기가 어려웠다. 흑인 여성의 졸업률은 대다수 대학에서 낮게 나타났지만, 그들은 대학에서 받은 교육 경험을 살려 교회, 동아리, 각종 시민 단체에서 리더십을 발휘할 방법을 찾았다. 흑인 여성들의 대학 생활은 계몽주의적 관념에 따라 미성숙을 극복하기보다는 기술을 개발해 역량을 키우고 차별이 심한 공공 영역에 참여할 수 있을 만큼 자신감을 얻는 데 중점을 둔 것처럼 보인다. 하지만 다른 의미에서 보면 그들은 다양한 전략을 활용해 사회가 강요하는 의존 상태를 극복하려 했다고 볼 수 있다.

　흑인 학생들의 사교 모임은 이와 관련해 중요한 역할을 했다. 이 모임들은 백인 학생 모임과 마찬가지로 캠퍼스에서 사회적 지위를 나타내는 동시에 여전히 짐 크로법이 남아 있는 미국 문화에 맞서 흑인들이 재능을 계발하고 공동체에 봉사하는 문화를 조성하고자 했다. 한 예로 하워드 대학의 소로리티 알파 카파 알파 Alpha Kappa

Alpha(이하 AKA)는 존경할 만한 흑인 여성의 이미지를 구축하기 위해 학생들을 '훈육'했으며, 신고식과 사회적 배척을 비롯한 고유의 문화를 만들어 머리 모양, 복장, 예절(무엇을 먹고 누구와 데이트할지) 등을 규정하고 강요했다. 그와 동시에 AKA는 구성원들이 대학의 경계를 넘어 더 넓은 흑인 공동체에 봉사함으로써 '문화, 자부심, 행동주의'라는 자산의 가치를 이해하도록 도왔다.[39] AKA는 1908년에 창립된 이후 1900년대 초에 있었던 흑인 린치 반대 시위와 문해력 향상 캠페인에 참여했으며, 1960년대에 행동주의가 폭발적으로 번지기 전에도 흑인의 의료 서비스 접근성을 높이도록 지원하고 인종 분리 철폐 투쟁에 나서는 등 사회봉사와 시민 참여에 앞장섰다. 오늘날 AKA는 전 세계에 1,000개가 넘는 지부와 30여만 명의 회원을 보유하고 있다.

사회 변혁을 요구하다

AKA의 여성들처럼 두드러지는 예외를 제외하면, 20세기 초중반의 기숙 대학 학생들은 캠퍼스 내부의 문제에 정치적 에너지를 집중하는 경향이 있었다. 학생들은 학교에 다니는 동안 더 많은 자유를 원했지만, 국가적·국제적 이슈에는 대체로 무관심했다. 하지만 규모가 큰 공립대학이나 녹음이 우거진 작은 대학에 진학하는 인구가 크게 늘어나면서 학생들의 성향도 자연스럽게 달라졌다. 대학 캠퍼스의 학생 구성이 미국 전체의 인구 구성과 비슷해지자 국가적 이슈가 대학에 끼치는 영향도 덩달아 커진 것이다.

1960년대 초 전국에서 일어난 민권운동은 미국 각지에 있는 수많은 대학생의 상상력을 자극했다. 많은 학생이 유권자 등록 운동을 벌이기 위해 미국 남부로 향했고, 사내에서 인종 분리를 철폐하는 데 반대하는 기업에 맞서 불매운동에 참여했다. 이 학생들은 학교 밖에서 또 다른 형태의 교육을 경험했다. 그들은 수업을 듣고 합창단에서 노래하는 학생이 아니라 공적 영역의 주체가 되려는 정치적 동기를 얻었다.
　미국은 변화하고 있었지만, 1960년대 초 대학에 입학한 청년들은 변화의 속도가 더 빨라지기를 열망했다. 치열한 민권운동이 벌어지고 베트남 전쟁이 격화되는 당시, 목소리를 높이려 나서는 학생들에게 캠퍼스 생활의 즐거움이나 착한 학생으로 행동하면 보상을 주겠다는 약속은 사소하고 공허해 보였다. 캘리포니아 대학 버클리 캠퍼스에서는 대학 측이 캠퍼스 내의 정치 활동에 대한 규제를 강화하려 하자 학생들이 자유 발언 운동을 벌였다. 학생들은 자신을 표현할 권리를 지키는 한편, 이 운동을 이끈 지도자로 잘 알려진 마리오 사비오가 '살균되고 자동화된 만족의 유토피아'라고 비판한 사회구조에 맞서 싸우고자 했다. 사비오는 '전면에 나서는 소수의 주요 학생들은…… 표준화되고 대체 가능하며 아무래도 상관없는 존재가 되느니 차라리 죽기를 택할 것'이라고 힘주어 말했다. 그는 대학 캠퍼스만이 아니라 학생을 '원료' 삼아 경제라는 기계에 밀어 넣어 효율적인 단위로 만드는 사회 전체를 바꾸자고 학생들을 독려했고, 학생들을 교육기관의 재료로 취급해서는 안 된다고 역설하며 '우리는 인간이다!'라고 부르짖었다.

사비오는 단순히 그런 생각을 말할 권리를 요구한 것이 아니었다. 그는 동료 학생들에게 시민 불복종으로 제도가 만들어낸 악을 멈추자고 촉구했으며, 그의 연설은 전 세계 청년들에게 영감을 주었다. "기계의 작동이 너무 끔찍하고 역겨워서 더는 그 작동에 참여할 수 없고, 묵묵히 거드는 것조차 불가능할 때가 있습니다. 그럴 때는 기어와 바퀴, 레버, 그리고 모든 장치에 우리의 몸을 올려놓아 기계를 멈추어야 합니다. 그리고 그 기계를 운영하고 소유하는 사람들에게 알려야 합니다. 우리가 자유롭지 않다면 그 기계는 영영 작동하지 않으리라는 사실을 말입니다."[40]

사비오는 자율적인 개인으로서뿐만 아니라 공동체의 자유로운 구성원으로서도 영감을 주는 학생이었다. 사비오와 그의 동료들은 대학의 책임자들이 학생들에게 '미성숙'을 강요하는 상황을 목격했고, 전국의 대학생들은 산업 질서의 톱니바퀴가 되려고 훈련을 받는 것이 아니라 진정한 배움을 얻기를 원한다고 강조했다. 그들은 행정 건물을 점거해 대학이 정상적으로 업무를 수행하지 못하게 막는 데서 그치는 것이 아니라 학교에서 스스로 수업을 만들고, 더 인간적인 교육을 구상하고자 했다. "우리는 이 대학에서 오랫동안 일어나지 않은 일을 할 생각입니다. 바로 진짜 수업을 여는 것입니다. 우리는 자유 학교를 운영할 겁니다. 그리고 수업에서는 수정헌법 제1조와 제14조를 다룰 겁니다. 우리는 그곳에서 자유를 익히고 행동함으로써 배움을 얻을 겁니다." 그리하여 1964년 버클리 캠퍼스의 학생들은 더 진정한 학습 경험과 자유로운 교육을 요구하고 나섰다.[41]

미시간 주에서 설립된 민주사회학생회 Students for a Democratic Society

(이하 SDS)는 1962년에 '포트 휴런 선언'이라는 강령을 발표했는데, 이 선언에서 강조한 많은 가치가 미국 전역의 학생들에게 반향을 불러일으켰다. SDS는 사회와 경제의 변화를 위한 방대한 목표를 제시했으며, 선언문에서 학생들을 변화의 주체로 묘사했다. 선언문은 많은 학생이 '현실에 안주하는 어른이 되기 시작'했지만, 전 세계에서 벌어지는 사건과 청년들의 정치적 양심이 급진적인 변화를 향한 요구를 촉발했다고 주장했다. '우리는 다급하고 절박하지만, 사회는 우리에게 현실을 대체할 실현 가능한 대안이 없다고 말한다.' 학생들이 스스로 생각하고 현실을 바꿀 대안을 상상할 수 있도록 힘을 실어줘야 할 대학은 오히려 무사안일주의를 조장하고 있었다. '대학은 사회적 비판의 중요한 원천이자 새로운 방식과 태도의 창시자 역할을 할 수 있지만, 슬프게도 대학에서의 경험이 주는 지적 효과는 텔레비전처럼 그날의 사실을 전달하는 다른 커뮤니케이션 채널들과 별반 다를 바가 없다.' SDS는 선언문에서 대학이 당대의 지배적인 사회 질서를 재생산하는 기구에서 벗어나 진정한 변화를 향해 새로운 길을 여는 비판의 기폭제가 되어야 한다고 촉구했다. 대학은 '각자가 가진 견해와 상관없이 누구에게나 열려 있는 유일한 주류 기관'으로 다양한 사회 집단이 부조리와 급진적 변화의 가능성을 깨닫도록 '논쟁의 공동체'를 형성하기에 좋은 위치에 있었다. 그리고 학생들은 새로운 역사적 순간의 선봉에 서는 동시에 다른 세상을 만들고자 하는 여러 사회 집단과 연대할 수 있는 잠재력을 가지고 있었다.[42]

1960년대 학생운동가들은 점진적인 계몽의 과정을 거쳐 서서히 성숙을 추구해야 한다는 칸트의 온건한 주장에서 벗어나 멀리 나아갔다. 그들은 세월이 지나도 조화를 잃지 않도록 의식적으로 이전 세대와의 관계에서 자신의 위치를 찾은 공자의 학생들이나 하나님의 말씀을 체현한 스승의 부름을 따라나선 예수의 제자들과는 더욱 거리가 멀었다. 1960년대 서구의 많은 학생은 비판의 선봉으로 자처했기에 그들을 엘리트 계층의 지식이 모래성처럼 빈약한 기반 위에 서 있음을 폭로한 소크라테스적 전통과 연관 지어 생각할 수 있다. 그러나 소크라테스는 삶의 방식에 관한 새로운 확신을 바탕으로 반항하라고 가르치지 않았다. 그가 가르친 것은 어디까지나 아이러니를 활용한 회의주의였다. 그에 반해 1960년대에 변화를 요구한 급진주의자들은 회의주의의 유혹에 빠지지 않고 새로운 정치적 변화를 열정적으로 받아들이고자 했다.

포트 휴런 선언과 사비오의 명연설이 나온 이후 몇 년 동안 점점 더 많은 학생이 캠퍼스 안팎에서 자유를 요구했다. 그들이 열망한 것은 사회구조를 변혁할 자유였다. 학생들은 교내의 억압적인 위계질서와 규제에 항의하는 한편, 대학이 속한 사회 전체를 지배하는 위계와 제약에도 눈을 돌렸다. 그들은 때로 학사 요건 변경과 같이 매우 구체적인 문제에 목소리를 냈으며, 때로는 채용과 승진, 재원 배분 등 대학 운영에서 전략적으로 중요한 사안을 결정하는 데 참여하게 해달라고 요구했다. 대학에서 현상 유지에 반대한 사람들은 늘 눈에 띄게 활동하던 비수류나 급진주의자 그룹만이 아니었다. 1960년대 말에는 일부 사교 모임의 회원들도 시위에 나섰다.

인종 분리에 반대하는 시위가 남부에서 미국 전역으로 확대되면서 민권운동은 더 많은 사람에게 동기를 부여했다. 베트남 전쟁은 '기득권층'에 대한 반발에 불을 지핀 결정적 계기였다. 대학생으로 등록한 청년은 한동안 군에 입대하지 않을 수 있었지만, 이해할 수도 없고 믿지도 않는 대의를 위해 목숨을 잃을 위험은 점차 현실이 되었다. 학생 신분을 잃은 사람은 언제든 군대에 징집되어 동남아시아로 보내질 수 있었다. 대학은 성적이 낮아 중퇴할 가능성이 있는 학생 명단을 당국에 제공해야 했다. 미국 정부가 펼친 억압 전술은 추상적이기는커녕 눈에 보일 만큼 구체적이었다. 이에 따라 1967년부터 1969년 사이에 전쟁에 반대하는 학생의 비율은 두 배로 늘어나 70퍼센트에 달했다. 베트남 전쟁은 수많은 청년이 정부의 권위를 순순히 따르는 안일한 태도를 버리게 만든 사건이었다. 청년들은 자신이 동의하지 않는 전쟁, 많은 사람이 완전히 잘못되었다고 판단하는 전쟁으로 내몰려야 했다.[43]

그러는 사이 많은 대학에서 투표권과 인종 분리 철폐를 위한 투쟁이 블랙 파워 운동 Black Power movement 으로 발전하면서 아프리카계 미국인 활동가들은 그동안 백인을 중심으로 돌아갔던 캠퍼스에 제도적 변화를 촉구했다. 예를 들어 그들은 흑인 학생을 위해 특별 기숙사를 마련하고, 입학 시 우대 조치를 확대하고, 커리큘럼에 흑인학을 추가할 것을 요구했다. 이러한 변화에 따라 뉴욕의 대학들에서는 아프리카계·푸에르토리코계 학생과 교수들이 더 많은 기회를 얻었다.[44] 샌프란시스코 주립대학의 학생들은 오늘날 '유색인종 학생'이라 불리는 연합을 결성해 커리큘럼과 입학 제도 개혁을 요구하는 파업을 벌였다. 아프리카계·아시아계·멕시코계·라틴아메리카계 미국인과 아메리카 원주민계 학생들은 함께 모여 평등을 요구했으며, 이들의 활동은 이후 행동주의의 모범 사례로 꼽히게 되었다.

일부 학교에서는 소수의 학생만 시위에 나섰을지도 모르지만, 1960년대 말에는 미국 내 350개가 넘는 대학에서 학생들이 파업을 선언했다. 이들이 벌인 저항 운동은 현 체제를 거부하는 세계적인 흐름과 맥을 같이했다. 1968년 베를린, 런던, 파리 등 세계의 여러 도시에서는 정부 관료와 기존의 정당을 거부하는 거리 시위가 줄지어 일어났다. 파리 카르티에 라탱 지구의 담벼락에는 '상상력에 모든 권력을!'이라는 과격한 문구가 새겨졌다. 거리로 나온 학생들은 대안적인 삶의 방식을 모색하는 축제를 만들고자 했다. 그에 반해 참혹한 실패로 끝난 베트남 전쟁은 혁신과 창의성에 열려 있다고 자신하던 자본주의 사회의 냉담하고 추악한 경직성을 상징하는 사건이었다. 감정을 느끼는 다양한 방식을 인정하고 정신의 완전한 해방을 추구해야 한다고 외치는 학생들에게 기존의 위계질서를 흔들지 않고도 교육을 통해 스스로 생각하는 법을 천천히 배울 수 있으리라던 칸트의 바람은 순진한 생각으로 보일 뿐이었다. 그러나 학생 시위대 역시 사회 질서를 위협하는 시위를 진압하려는 기득권 세력의 의지를 순진하게 과소평가했다.

전 세계의 법 집행 기관들은 일상적으로 시위 단체에 침투해 지도사들을 노렸다. 1970년 미국의 잭슨 주립대학과 켄트 주립대학에서 비무장 학생 시위대가 사살된 비극적인 사건은 기득권 세력도 얼마든지 '다시 전쟁을 일으킬 수 있다'는 사실을 일깨웠다.[45] 경찰과 주 방위군은 자신들이 속한 위계질서를 지키기 위해 기꺼이 폭력을 사용했다. 1972년 리처드 닉슨의 재선은 학생운동의 세계가 일반 시민들의 세계와 얼마나 동떨어져 있는지를 잘 보여주는 결정적인 사건이었다. 기성세대는 왜 대학에 다닐 만큼 운이 좋은 학생들이 청년들에게 많은 기회를 주는 문화에 등을 돌리는지 이해하지 못했다. 반대로 청년들은 변화를 향한 요구에 귀를 기울이지 않는 기성세대를 의아하게 여겼다.

그러나 몇 년도 채 지나지 않아 학생 문화는 1960년대 말 급진적 이상주의자들이 꿈꾼 것과 전혀 다른 방향으로 바뀌었다. '시위하는 학생'은 젊은이들이 캠퍼스에서 택할 수 있는 여러 정체성 중 하나였지만, 1970년대 중반이 되자 대다수 대학에서는 시위하는 학생을 찾아보기 어려워졌다. 베트남 전쟁과 징집이 끝나자 학생들은 고등교육을 일자리와 사회 진출을 위한 발판으로 여겼고, 다시 한 번 경제가 모든 것을 좌우하게 되었다.

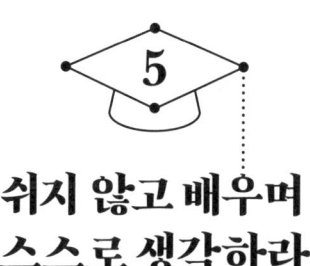

5
쉬지 않고 배우며 스스로 생각하라

　1960년대 말, 대학 생활과 청년 문화는 대중의 의식을 사로잡았다. 대학생은 늘 청년층의 일부에 지나지 않았지만 전문가와 학부모, 정치인들은 대학생들의 시위와 섹스, 음악을 우려 섞인 눈으로 감시했다. 학생들은 시위에 참가하거나 새로운 형태의 공동체를 상상하고 기성세대는 거기에 불평과 비판을 늘어놓느라 여념이 없는 가운데 대학의 커리큘럼은 사람들의 관심에서 멀어졌다. 그러나 베트남 전쟁에 징집될 위험이 사라지고 켄트 주립대학과 미시시피 주립대학에서 학생들이 살해된 지 몇 년이 지나자 캠퍼스 문화에 변화가 일어났다. 학생들은 더 이상 예전처럼 정치와 공동의 목적, 세상을 바꾸는 일에 몰두하지 않았다. 사나운 시위대는 커리어를 무엇보다 우선하며 좋은 성적과 전문 대학원 입학에 필요한 추천을 받는 데 관심을 쏟는 학생들에게 자리를 내주었다. 1970년대 중반에도 캠퍼스에는 급진적인 학생들이 남아 있었지만, 이제 그들은 도서관이나 과학 실험실 등 개인적으로 삶의 방식을 실험할 수 있는 공간에서 에너지를 쏟았다.[1]

1960년대의 학생 문화는 기성세대에 실망과 당혹감을 안겼지만, 그와 상관없이 대학 진학률은 급격히 상승했다. 붐 세대는 자녀들이 고등교육을 받기를 원했고, 이 시기에 대학들은 어느 때보다 많은 학생을 끌어모았다. 그 결과 미국의 대학생 수는 1960년부터 1975년 사이에 두 배 넘게 증가했다.[2] 대통령과 부통령은 물론 지역 신문의 외부 기고자들에 이르기까지 각계각층의 인사들이 이러한 변화에 관심을 보였고, 이들은 모두 학생들의 행보에 유감을 표했다. 대학 캠퍼스는 사회 변화와 경제적 혼란, 전통적 관습의 쇠퇴 등에 관한 사회 전반의 불안을 투영하는 스크린이 되었다. 좌파와 우파 성향의 비평가들은 배움은 스스로 초래한 미성숙을 극복하는 여정이라는 계몽주의적 사고방식에 의문을 제기하기보다 대학에 갓 입학한 학생들이 과연 그러한 길을 가고 있는지에 의구심을 드러냈다. 그 대상이 급진주의건 순응주의건, 혹은 성적에 대한 무관심이건 성적 지상주의건, 거의 모든 비평가는 대학생들이 스스로 생각할 줄 모른다고 한탄했다.

스스로 생각할 줄 아는 능력을 갖추려면

학생은 정확히 언제부터 스스로 생각할 줄 알아야 할까? 여기에 명확한 답은 존재하지 않는다. 학습은 자율성의 창의적 개발(혹은 그 준비 과정)이 아니라 기술 습득에 초점을 맞출 수도 있다. 미성숙에서 벗어나 자유를 배우기 전에 먼저 모방과 반복을 통해 일정한 역량을 갖춰야 한다는 것도 틀린 말은 아니다. 운동선수와 음악가들은 이 점을 잘 알기에 훈련과 음계 연습을 반복하는 데 수많은 시간을 쏟는다. 그렇다면 그들은 어느 시점에 어엿한 선수나 연주자가 될까? 반복 훈련에서 벗어나 자율적으로 학습하는 능력을 갖추려면 어떻게 해야 할까? 단순한 훈련이 아니라 학습을 하는 법은 어떻게 배울 수 있을까?

훈련을 한다고 반드시 자율성을 획득하는 것은 아니며, 많은 생명체는 주체성을 개발하지 않고도 성장할 수 있다. 가령 우리는 포도나무가 덩굴시렁을 타고 자라도록 '가르칠' 수 있으며, 나무는 토양과 대기 환경에 적응하는 법을 저절로 배운다. 그리고 우리는 때로 다른 사람이나 동물을 훈련한다고 생각해서 한 행동이 더 넓은 관점에서는 전혀 다르게 보인다는 사실을 깨닫는다. 예를 들어 내가 집에서 기르는 개에게 간식을 잔뜩 주면서 자리에 앉아 기다리고 부르면 달려오는 법을 가르친다고 하자. 그러고서 개를 데리고 오랫동안 산책하다 보니 개가 일부러 뒤처져서 내가 '명령'을 내리기를 기다리다가 간식을 내밀면 그제야 따라온다. 이 상황에서는 과연 누가 누구를 훈련하는 것일까? 나와 내 개는 각자 자율성을 발휘한 걸까? 아니면 서로 얽히고설켜 상호 작용한 것에 가까울까?[3]

반려동물과 가축은 아이들과 마찬가지로 기본 욕구를 충족하기 위해 인간에게 의존한다. 인간이 아닌 동물이 때때로 인간의 지시를 따르는 건 분명하지만, 그렇다고 해서 우리는 그 동물이 독립적인 존재로 성장하리라고 기대하지는 않는다. 반면에 모든 연령대의 인간 학생들은 언어 사용에 능숙해지면서 독립에 필요한 능력을 기른다. 언어를 잘 사용한다는 것은 단순히 다른 사람의 말을 따라 하는 것이 아니라 자기 생각을 창의적으로 이야기한다는 뜻이다. 그리고 언어를 잘 사용하기 위해 갖추어야 할 중요한 능력 중 하나는 문어文語를 다루는 능력이다. 글을 읽고 글로써 자신을 표현하는 능력을 갖추면 정보를 얻어 자율적으로 판단할 가능성이 어마어마하게 커진다. 그렇다면 이 능력을 어떻게 아이들에게 전수해야 할까? 우리는 아이들을 몸집은 작아도 자율적으로 사고할 수 있는 존재로 여겨야 할까, 아니면 훈련이 필요한 반려동물처럼 대해야 할까?

이러한 물음에 답을 찾으려면 시간대를 조금 뒤로 돌려볼 필요가 있다. 19세기 후반, 특히 미국에서 어떻게 사람들에게 자율성을 갖추는 데 필요한 언어 기술을 가르칠 것인가 하는 물음은 단순히 이론적인 문제가 아니었다. 투표권이 확대되고 정규 교육의 경제적 유용성이 커지면서 고용주와 선출직 공무원들은 문해율을 높이는 데 점차 관심을 기울였다. 유권자의 수가 늘어나고 복잡한 업무가 증가하면서 국가와 경제에는 글을 읽을 줄 아는 사람이 더 많이 필요해졌다. 문제는 문해율을 높일 가장 좋은 방법을 찾는 것이었다. 읽기 학습에서는 수준 높은 학생들이 중시하는 생각의 자유와 창의성을 본보기로 제시해야 할까? 아니면 학생들은 숙달된 시범 부대가 집중적인 연습으로 정확한 동작을 익히듯 읽기를 훈련해야 할까?

1880년대에 인본주의 교육개혁가 호레이스 만은 학생들이 소리 내어 글자를 읽는 연습을 지루하게 반복해서는 안 된다고 주장했다. 그는 그런 방식으로는 학생들이 교사에 복종하는 태도를 갖게 되며, 독서에 대한 애정을 키울 수도 없다고 확신했다. 대신에 그는 아이들을 단어 단위로 묶인 글자에서 의미를 도출할 수 있는 전인적 인간으로 대우해야 한다고 보았다. 만은 글자란 '해골 모양의 유령'에 불과하며, 학생들이 읽기를 배우면서 단순한 암기가 아니라 생각하는 법을 배워야 한다고 말했다.[4] 그리고 20세기 초에는 심리학자 G. 스탠리 홀, 철학자 존 듀이 등이 '단어 단위' 읽기를 민주주의 사회에서 창의적이고 자율적인 시민이 될 학생들에게 적합한 교육 방법으로 꼽았다. 이들의 주장은 학생을 편협한 교육을 받아서는 안 되며 전체론적 학습을 통해 창의성을 길러야 할 사람으로 여기는 계몽주의적 관점과 일맥상통한다고 할 수 있다. 존 듀이처럼 진보주의 교육을 주창한 사람들은 전인교육을 지지했으며, 학생들에게 단어 단위의 의미를 이해하려는 욕구를 자극해 읽기를 배우도록 해야 한다고 생각했다.

그러나 안타깝게도 그러한 접근 방식은 글자를 소리 내어 읽는 반복 훈련만큼 문해력을 키우는 데 효과적이지 않았으며, 후자의 방식은 이후 파닉스phonics라는 교수법으로 체계화되었다. 20세기 중반 이후 수십 년에 걸친 연구 결과, 아이들이 글을 잘 읽도록 가르치는 데 실제로 효과적인 방법은 글자와 소리를 연결하는 능력을 기른 다음 반복적인 연습을 통해 그 연관성을 더 자세히 이해하는 것(즉 파닉스)임이 분명해졌다. 아이들이 반복 연습을 통해 익숙한 행동 패턴을 개발하면 언어를 뒷받침하는 신경 네트워크가 발달한다. 따라서 언어를 배우는 학생들은 자율적이고 계몽된 사람이 되기 전에 먼저 모방하고 훈련해야 한다. 언어에 상관없이 전 세계의 모든 아이는 읽기에 숙달하기 위해 먼저 기초적인 신경 발달 과정을 거쳐야 한다.

아이들은 우선 '철자'를 익혀야 하며, 이를 위해서는 지도와 피드백, 연습이 필요하다. 컴퓨터를 활용한 새로운 계산 모델은 아이들이 어떻게 반복적인 과정을 거쳐 어느 순간 문자소와 음소를 연결하는 패턴을 인식하기 시작하는지 이해하는 데 도움을 주었다. 아이들은 단어를 느릿느릿 소리 내어 읽는 것처럼 보이지만, 지도가 성공적으로 이루어지면 아이들의 뇌는 종이에 쓰인 기호와 소리, 소리와 의미를 연결하는 패턴을 인식하는 능력을 서서히 습득한다. 신경학자 마크 세이덴버그에 따르면 '글을 읽는 아이들은 이러한 통계적 패턴을 표현하는 신경 구조를 구축해 텍스트를 읽을 때마다 그 구조를 조정한다'. 따라서 아이들은 명시적인 규칙을 외울 필요는 없지만, '접하는 단어가 점점 많아지더라도 스스로 그 의미를 추론할 수 있을 만큼 충분한 언어적·경험적 데이터'를 축적해야 한다.[5]

1920년대에 소위 진보주의 교육자들이 파닉스 연구자들을 밀어낸 이후, 반복 훈련으로 읽기 기술을 습득해야 한다고 보는 사람들과 '전체론적' 읽기 개념을 충실히 따르는 사람들 사이에 격렬한 논쟁이 이어졌다. 후자의 관점은 학생을 단순히 소리를 반복하는 것이 아니라 의미를 찾아 글을 읽으며 자율성을 실천하는 존재로 본다는 점에서 더 '윤리적'이라고 여겨졌다. 그러나 세이덴버그나 미국의 언어학자 존 맥워터 같은 연구자와 평론가들은 기초적인 문해 기술을 외면한 채 전체성과 의미를 강조하는 교원 교육 프로그램에 반대한다.⁶ 글을 배우는 학생은 기초적인 기술을 먼저 익히지 않고서는 자유와 자율성을 경험할 수 없다. 학생들이 혼자 힘으로 글을 읽는 수준에 이르려면 파닉스가 필요하다는 사실이 분명해졌지만, 일부 교육자들은 자율적인 학생상에 집착한 나머지 반복 훈련을 통한 학습을 거부하고 있다. 읽기 학습에서는 일단 기술을 익혀야 더 독립적으로 사고하고 의사소통하는 능력을 기를 수 있지만, 자율적인 학생이라는 이상이 그러한 학습을 가로막고 있는 셈이다.

연구에 따르면 파닉스는 아이들이 글을 읽는 법을 익히는 데 결정적인 도움을 주지만, 반복 연습과 암기만으로는 유아 교육의 또 다른 핵심 목표인 기초 수학 기술을 익히기에 충분하지 않은 것도 사실이다. 많은 어린이가 암기를 통해 간단한 덧셈과 곱셈을 배운다. 교사는 아이에게 '6 곱하기 7이 뭐지?' 하고 물었을 때 아이가 '37이요'라고 대답하면 '아니, 42야'라고 고쳐줄 수 있다. 그러면 아이들은 구구단을 외워야 다음번에 정답을 맞힐 수 있다는 것을 알게 된다.

그러나 숙련된 수학 교사는 학생이 암기뿐 아니라 추론도 더 잘하기를 바란다. 교육 작가 엘리자베스 그린에 따르면 교사는 학생들이 특정한 실수를 저지르는 이유를 알아내는 '독심술사'가 되어야 한다. 그린은 '307에서 168을 빼면 139가 된다는 사실을 아는 것과 초등학교 3학년생이 그 문제의 답이 261이라고 생각하는 이유를 이해하는 것은 전혀 다른 문제'라고 말한다. '수학자는 혼자서 문제를 이해하면 되지만, 수학 교사는 수학 지식은 물론 30명의 서로 다른 학생이 수학을 어떻게 이해(혹은 오해)하는지도 알아야 한다. 그런 다음 교사는 모든 학생이 오해를 바로잡고 충분히 이해하도록 이끌어야 한다.[7] 학생들이 저지르는 실수의 '논리'를 이해하면 교사는 학생이 더 나은 추론 방법을 찾도록 도울 수 있으며, 학생은 암기에서 그치지 않고 앞으로도 학습에 활용할 추론 방식을 익힌다.

학생들이 교실을 떠나서도 생산적인 방식으로 생각할 수 있도록 역량을 키우는 것은 어느 교육 단계에서나 훌륭한 가르침의 핵심이다. 배움의 과정에서는 규칙과 규율도 물론 중요하지만, 규칙을 따르거나 규율 잡힌 모습을 보여주는 것보다는 스스로 생각하는 능력을 기르는 것이 훨씬 중요하다. 학생이 산수에 숙달하도록 도우려면 그 학생이 이전에 어떤 식으로 추론하고 있었는지를 이해해야 한다. 학생이 읽기에 숙달하도록 도우려면 소리와 글자, 의미를 연결하는 연습을 시켜야 한다. 반복은 언어를 폭넓게 구사하도록 기초를 다지는 데도 도움이 된다. 어떤 일이든 기초를 탄탄히 다지고 숙달하면 누가 가르쳐주지 않아도 그 일에서 효과적인 방법을 다른 일에 적용할 수 있게 된다. 이로써 학생은 다른 사람들에게서 습득한 도구와 관행을 활용해 스스로 생각할 줄 아는 사람이 되며, 그것이 바로 자유로운 사고의 밑바탕이다.

고등교육을 향한 비판

20세기 내내 학교 교사들은 학생들이 반복 훈련으로 기초를 다지는 수준을 넘어서서 창의적인 연습과 실험으로 독립적인 사고를 기르기를 바랐다.[8] 어떤 이들은 공자의 제자들이 그랬듯 사회에서 조화롭게 자신의 자리를 찾아가는 것이 독립적인 사고라고 생각했다. 또 어떤 이들은 학생들이 진정한 지도자를 자유로이 선택해 따를 수 있을 만큼 사고의 독립성을 길러야 한다고 보았다. 그와 동시에 미국에서는 교육과 기독교가 함께 발전해 교육이 예수를 따르는 사람들의 인격 발달과 선행에 더 긍정적인 영향을 끼치기를 기대하는 목소리가 높았다. 그런가 하면 소크라테스적 전통을 중시하는 교사들은 독립적 사고를 기존의 지식에 대한 회의적인 태도와 동일시했다. 그들은 우리가 가진 견해가 더 건전한 개념과 가치로 대체될 수 있다는 사실을 인식하는 것이 진보의 밑거름이라고 보았다. 학생들은 고등학교를 졸업할 무렵에는 다른 사람과 어떻게 어울리고 누구를 따라야 할지, 사회의 어떤 전통이 비판받아야 마땅한지를 인식할 줄 알아야 했으며, 이처럼 비판적인 능력을 갖춰야만 학교를 졸업한 뒤 더 유능한 시민이 될 수 있을 것이었다.

1960년대 대학생들은 관습과 기성세대의 지혜를 불신하는 태도로 악명을 떨쳤지만, 1970년대에는 많은 교수가 학생들이 실망스러울 정도로 미성숙하며 독립적인 사고를 할 준비가 되지 않았다고 생각했다. 그들이 보기에 학생들은 정답을 맞히고 좋은 학점을 받고 남들이 가는 길을 따라가는 법만 알고 싶어 했다. 역사학자 헬렌 호로비츠는 학생들의 변화를 다음과 같이 요약했다. '1969년만 해도 학생들은 사람들과 어울리거나 인생의 목표를 세우는 일을 무엇보다 중시했지만, 1976년이 되자 그보다는 특정 직업에 필요한 훈련과 기술을 습득하는 것이 더 중요하다고 생각했다.'[9] 1970년대 중반은 경제 발전에 대한 기대가 줄어든 시기였으며, 대학생들은 암울한 경제 전망에 대비하기 위해 학업을 계속해야 한다는 압박감을 느꼈다. 불과 몇 년 전만 해도 일부 학생은 징집을 피하려고 학교에 남았지만, 이제 학생들은 사회에서 더 낮은 계층으로 떨어질까 두려워했다. 이에 따라 학생들 사이에서는 불안한 경제 환경에서 살아남을 수단을 제공하는 일류 전문 대학원에 입학하기 위해 좋은 성적을 받으려는 경쟁이 치열해졌다. 그와 동시에 대학생들은 경제적 불안을 달래고자 사적 영역으로 도피하면서 갈수록 정치에 무관심해졌다.

1960년대에 시작된 생활양식의 변화(섹스, 마약, 로큰롤)는 1970년대까지 이어졌지만, 이제 그러한 변화는 정치적 무관심을 보여주는 징후에 가까웠다. 학생들은 특정 음악이나 약물, 섹스를 선호했지만, 이는 어디까지나 쾌락을 얻기 위한 선택일 뿐 무언가에 찬성하거나 반대하기 위한 행동이 아니었다. 이 같은 상황에서 철학자이자 교육평론가 앨런 블룸은 대학들이 직업교육에 치중하면서 자유 교양 교육의 핵심 가치를 외면하고 있으며, 학생들은 소비 지향적 쾌락주의에 빠져 현실에 순응하고 있다고 앞장서서 비판했다. 블룸은 1960년대에 대학들이 '교육을 뺀 모든 것을 양보'하며 학생들의 정치적 요구를 '달래주었다'고 꼬집으면서 유명세를 얻은 인물이었다. 그는 대학생들이 학업에 품었던 '열망'이 대학 캠퍼스의 저속한 쾌락에 밀려 사라졌다고 지적했다. '갖가지 해방으로 엄청난 에너지와 긴장을 낭비한 결과, 학생들의 영혼은 지치고 무기력해져 단순한 계산은 할 수 있어도 열정적인 통찰은 못하게 되었다'는 블룸의 비판은 이후 수십 년간 보수주의자들에게 영감을 주었다.[10]

블룸은 무기력한 대학과 학생들을 비판하면서 칸트가 말한 계몽주의적 관념으로 돌아가 스스로 초래한 미성숙에서 벗어나야 한다고 요구하지 않았다. 칸트는 시민들이 무의식적으로 권위에 복종하는 태도에서 서서히 해방되기를 꿈꾸었다. 반면에 블룸은 명석한 지성인들이 자율성을 추구하기보다는 서구 전통의 위대한 사상가들을 공손한 자세로 따르며 그들이 끊임없이 숙고한 질문들을 탐구하기를 바랐다. 블룸이 서구 세계 바깥의 교육 전통을 잘 알고서 그런 이야기를 한 것은 아니겠지만, 그의 주장은 통합을 중시하는 유교의 교육론과 일맥상통한다.[11] 그는 명문 대학의 우수한 학생들이 철학 전통의 대가들에 깊은 관심을 보이지 않는다고 한탄했다. 그는 전통과 씨름하는 것이야말로 온전한 인간, 진정으로 인간다운 삶을 사는 인간으로 성장할 수 있는 길이라 여겼기에 철학 전통을 향한 관심을 무엇보다 중시했다.

블룸은 훌륭한 학생이란 자신의 본성을 이해하는 사람이며, 교육은 그 본성을 실현하고 완성하는 길이어야 한다고 믿었다. 그러나 그가 보기에 현대의 미국 대학에서 진정으로 인간다운 삶을 사는 법을 탐구하기란 불가능에 가까운 일이 되었다. '오늘날 학생들은 완벽한 몸에 관한 확고한 이미지를 가지고 있으며 끊임없이 그것을 추구한다. 그러나 학생들은 더는 문학을 지침으로 삼지 않기에 완벽한 영혼에 관한 이미지를 갖고 있지 않으며, 당연히 완벽한 영혼을 갖기를 바라지도 않는다. 그들은 그런 것이 존재한다는 상상조차 못 한다.' 블룸은 1960년대 이후 세대의 학생, 교사, 대학 관리자들과 전혀 다른 정치적·미학적 견해를 가지고 있었으며, 무엇보다 대학이 진정으로 완벽하고 위대한 것이 무엇인지 상상할 책임을 포기했다는 점에 분개했다. 그는 '지금 벌어지고 있는 문제의 핵심은 바로 1960년대를 휩쓴 열정이 일상화되었다는 점'이라며[12] 학생들이 관용과 민주주의라는 미명하에 가장 중요하고 영속적인 물음들에 답할 수 없는 존재로 자라나고 있다고 지적했다. 물론 블룸 자신은 시카고 대학에 다니던 시절 그러한 질문들을 중시하도록 배운 경험이 있었다.

고등교육을 향한 블룸의 비판은 1982년 보수 성향의 주간지 〈내셔널 리뷰〉에 처음 실렸으며, 몇 년 뒤 출판사 사이먼앤드슈스터의 편집자가 블룸에게 이를 책으로 펴내자고 제안했다. 이 책의 원래 제목은 '열망 없는 영혼'이었지만, 출판사의 마케팅부는 판매량을 우려해 제목을 수정했다. 그리하여 1987년 초에 '미국 정신의 종말'이라는 제목으로 출간된 책은 그해 늦은 봄부터 날개 돋친 듯 팔려나갔다. 이 책은 휴가 때 읽을 만한 책으로 꼽혔으며, 처음에는 책에서 비판한 대학의 관련자들에게서도 높은 평가를 받았다. 당시 문학 교수였던 루이스 메넨드는 이 책이 '우리 자신을 나쁘게 바라보지 않으면서 우리 문화를 비판하고자 하는 바람(이러한 바람은 근대성의 변하지 않는 특징이다)을 채워준다'고 평가했다.[13] 블룸은 청년들을 비판한 잡지의 사설을 바탕으로 기성세대의 불만을 대변한 베스트셀러를 써냄으로써 언론의 외부 기고자들이 선망할 만한 본보기가 되었다. 그러나 『미국 정신의 종말』에서 블룸은 그가 학창 시절에 중시하도록 배웠고 이후로도 특별히 아끼는 텍스트들이 외면받는 현실에 대한 안타까움을 절절히 토로하는 데서 그치지 않는다.

이 책에서 그는 관용이 가져온 폐단을 지적한다. 그 폐단이란 어떤 견해나 품성을 진지하게 생각하지 못하는 무능력과 허무주의다. 누구나 자신의 견해를 가질 권리가 있고 모든 견해가 동등하게 존중받아야 한다면, 좋은 삶에 관한 의미 있는 관점을 정립하거나 진리를 추구할 이유도 사라진다. 1960년대 이후 고등교육은 학생들에게 '자신만의 진리'를 추구하며 살라고 가르쳤다. 블룸은 그의 스승인 철학자 레오 스트라우스의 견해를 받아들여 그러한 가르침을 현대의 소비 지향적 자본주의 사회에서 두드러지는 고질병이라고 보았다. 현대 사회에서 중요한 것은 시장의 판단뿐이므로 정의의 본질, 영혼의 완전성, 또는 정치, 종교, 철학의 양립 가능성처럼 중요하고 영속적인 문제를 탐구하는 일은 더는 아무런 의미가 없었다. 모두가 시장의 지시에 따라 관심의 대상을 결정하고, 유행을 좇아 몰려다닌 결과는 바닥을 향한 경쟁이었다.

그런데 블룸을 지지하는 보수주의자들은 1960년대를 향한 그의 거센 비판에 열광하면서도 그가 책에서 지적한 경제적 문제를 외면하는 경우가 많았다. 보수주의자들은 시장경제가 서구 문화의 기반을 파괴한 것과 관련지어 현대의 대학 문화를 비판하기보다는 대학 교육이 시민권, 페미니즘, 반제국주의, 성 해방 등(자유 발언 운동과 우드스톡Woodstock 페스티벌을 비롯해 보수주의자들을 화나게 만든 청년 문화)에 기름을 부었다는 점을 비난했다.『미국 정신의 종말』은 1990년대까지도 높은 판매량을 기록했으며, 고등교육을 향한 비판에 동참한 사람들은 물론 블룸의 주장에 반박하는 비평가들에게까지 많은 영향을 주었다. 블룸의 팬들만큼이나 대학 문화를 대놓고 혐오한 보수 성향의 비평가이자 편집자 로저 킴볼은 이렇게 말했다. '우드스톡에서 마지막 남은 일렉트릭 기타의 플러그를 뽑았다고 해서 물병자리 시대(서양 점성술에서 말하는 평화의 시대로, 뉴에이지 운동은 1960년대를 물병자리 시대의 시작으로 보았다 - 옮긴이)가 끝난 것은 아니다. 그것은 우리의 가치관과 습관, 취향, 쾌락, 열망 속에 살아 있다. 그것은 특히 우리의 교육·문화 기관에도, 그리고 안개처럼 스며들어 삶을 좀먹는 타락한 대중문화에도 살아 숨 쉬고 있다.'¹⁴

누가 좋은 학생일까?

보수주의자들은 대중문화가 방황하는 미성숙한 학생들에게 특히 악영향을 주리라 생각했고, 대학에 그 책임을 돌렸다. 그들은 블룸이 비판한 시장과 상대주의는 문제 삼지 않은 채 더 사악한 적을 겨냥했다. 바로 청년들에게 자신의 정치적 견해를 주입하는 교사들이었다. 블룸은 교수나 학생들이 어떤 주제에도 확고한 견해를 가지고 있지 않다고 생각했지만, 1990년대와 2000년대에 보수주의자들은 '정년이 보장된 급진주의' 교수들이 젊은이들을 타락시키는 것을 가장 심각한 문제로 꼽았다. 로저 킴볼은 이 교수들이 상대주의자라기보다는 '자유 교양 교육의 전통적인 도덕적·지적 가치와 전쟁을 벌이며 개종자를 만드는 데 심혈을 기울이는 전도자'에 가깝다고 주장했다.¹⁵

보수주의자들은 철학적 진리를 외면하는 다문화주의만이 아니라 학생들이 대학의 밑바탕에 깔린 전통을 버리도록 이끄는 마르크스주의적·반서구적 교수들도 문제라고 보았다. 1980년대에 자유주의 역사학자 헬렌 호로비츠는 대학 생활이 정치적 참여에서 경제적 성공을 추구하는 쪽으로 변질되었다며 개탄했다.[16] 그에 반해 1990년대와 2000년대 초 보수주의자들은 교육과 학문, 학습이 (적어도 인문학과 해석적 사회과학 분야에서는) 정치적 세뇌의 수단으로 전락했다고 불평했다. 그들은 대학의 커리큘럼에서 다문화주의자들이 선호하지만 중요성은 떨어지는 현대 작품들이 서구 전통의 위대한 작품들을 밀어내면서 문제가 시작되었다고 보았다. 가령 킴볼은 '학생들이 정치철학 수업에서 존 로크 대신 프란츠 파농의 글을 읽기 시작하면서 무언가 크게 잘못되었다'고 주장했다.[17] 그들의 불만은 파농을 비롯한 특정 저자를 겨냥한 것이 아니었다. 보수주의자들은 서구 전통에는 세월의 시험을 견딘 고전들이 있으며, 우리 자신을 이해하려면 마땅히 그러한 작품들을 알아야 한다고 생각했다.

그에 반해 현시대의 문제를 연구하는 과학과 양적 사회과학 분야에는 '세월의 시험'에 신경 쓰는 사람이 아무도 없었다. 예를 들어 물리학과에서 학생들에게 뉴턴 이전의 물리학을 가르쳐야 한다고 생각하는 사람은 아무도 없었으며, 생물학자들은 학생들에게 최신 실험 결과를 소개하는 것을 당연하게 여겼다. 그러나 인문학에서는 1980년대 들어 '현재주의'를 둘러싼 논란이 커졌으며, 교수들이 이를테면 1930년대에 널리 읽힌 텍스트를 가르치거나 당시와 동일한 접근법을 사용하지 않는다고 우려하는 사람이 많아졌다.

전통을 잃는 것에 대한 두려움은 보통 인종이나 성별에 얽힌 불안과 밀접하게 관련되어 있었다. 고등교육에서 일어난 인구 통계학적 변화를 고려하면, 교사들이 여성이나 비백인 작가가 쓴 작품을 커리큘럼에 추가하더라도 이상한 일은 아니다. 하지만 보수주의자들은 이를 과거의 위대한 작품들을 무시하는 처사라고 여겼으며, 필수 커리큘럼에 들어가는 고전을 쓴 저자의 정체성이나 '위치성positionality'은 작품의 가치와 관계가 없다고 보았다. 이 문제를 둘러싼 논쟁은 오늘날에도 계속되고 있다.

대학의 커리큘럼을 둘러싼 갈등은 학생들이 스스로 사고할 만큼 성숙해야 한다는 생각이 얼마나 많은 논란을 가져올 수 있는지를 잘 보여준다. 교수들은 자신들이 소크라테스적 전통에 따라 '비판적 사고' 능력을 가르친다고 믿었지만, 비평가들은 교수들이 영향을 받기 쉬운 학생들을 '나를 따라오너라'는 식으로 선동한다고 비난했다. 양자의 대립에서 유교가 중시하는 조화는 찾아볼 수가 없었다. 블룸은 학생들이 영혼보다 육체에 더 신경 쓴다고 지적했지만, 그의 저서가 나온 이후 20년 동안 보수 성향의 비평가들은 교수들이 자신의 이념에 따라 대학에서 무엇을 어떻게 읽어야 할지 선택해 청년들을 타락시켰다고 공격하기 일쑤였다.

일부 비평가는 학생들의 취향 자체가 (미국 사회 전반의 취향과 마찬가지로) 타락했다고 생각했지만, 대부분은 강의에서 고전보다 대중문화나 최근 이슈에 중점을 두면서 학생들에게 높은 목표를 제시하지 않는 교수들이 문제라고 불평했다. 비평가들은 가령 현대어문학협회 회의에서 발표된 외설적인 논문 제목이나 나이 든 졸업생은 알아볼 수도 없는 책들을 나열한 강의계획서를 조롱하면서 단순히 학생들에게는 잘못이 없다고 주장하는 것이 아니라 학생들을 피해자로 만들고자 했다. 그들은 학생들이 정치적인 행동에 나설 때면 그 또한 교수들의 책임으로 돌렸다. 대학생들이 시위를 벌이거나 전문직이 되는 데 몰두해 편협한 사고를 갖게 되는 것은 전부 수동적인 (그리고 자유롭지 못한) 학생들을 조종하고 응석을 받아주는 급진적인 교수들 탓이었다.[18]

과거의 학생들은 고전과 씨름하면서 한층 성숙하는 동시에 교사를 추종하거나 또래들의 최신 유행을 좇는 일을 피할 수 있었다. 하지만 전통적인 인문학을 가르치는 교수들의 지도를 받지 않은 채 명문 대학원에 들어가거나 일류 기업의 인턴이 되려고 애쓰는 학생들은 서양 문화의 핵심 고전에서 다루는 영속적인 문제에 관심이 없었다. 최근에 와서는 청년층과 그들이 자란 문화적 배경이 또 다른 비판의 대상이 되어오고 있다. 대학생, 특히 명문 대학의 학생들이 끝없는 성취욕에 사로잡혀 있다는 비판이다. 문제는 단순히 학생들이 야심에 차 있다는 것이 아니라 정량화할 수 있는 대상에만 관심을 보인다는 것으로, 요컨대 학생들은 주로 돈을 벌겠다는 열망에 사로잡혀 있다는 것이다.

문화비평가이자 전직 문학 교수인 윌리엄 데레저위즈William Deresiewicz는 2014년 잡지에 기고한 글과 이듬해에 출간해 큰 인기를 얻은 저서 『공부의 배신』에서 물질적 성취에 매달리는 학생들을 '똑똑한 양떼'라고 표현했다. 그는 대학생들이 겉보기에는 치열하게 공부하는 듯하지만, 실상은 순응하는 법을 배우고 있다고 주장했다. 과거에 앨런 블룸이 그랬듯, 데레저위즈도 캠퍼스에 만연한 군중 심리를 우려했다. 그러나 블룸이 평등을 보장할 것처럼 가장하면서 도덕적 해이를 조장하는 상대주의가 문제라고 생각했다면, 데레저위츠는 학생들이 시장에서의 성공이라는 신자유주의적 믿음에 빠져 있다고 보았다. 똑똑한 학생들은 좋은 인턴 자리를 원했으며, 좋은 인턴 자리는 보통 컨설팅이나 금융 분야에 있었다. 그리고 이 분야에서 인턴을 하는 것이 좋은 이유는 보수가 매우 높은 일자리를 얻는 데 유리하기 때문이었다. 승자독식 경제에서 사람들은 승자나 패자 둘 중 하나가 될 수밖에 없다.[19] 현재의 경제체제는 그 안에서 가장 똑똑하다고 평가받는 학생들에게 특권적 지위를 제공하지만, 스스로 사고하고 계몽주의적 이상에 따라 성숙을 지향하는 것은 오히려 그 지위에 어울리는 사람이 되는 데 방해가 될 수 있다. 18세기 이후 학생이 된다는 것은 자유롭게 사고하는 법을 배운다는 뜻이 되었지만, 오늘날 자유라는 이상은 경제적 이점의 유혹에 밀려 자리를 잃었다. 20세기 말 미국에서 좋은 학교란 학생들이 경제적 이점을 누릴 수 있는 위치에 오르도록 돕는 학교였다.

　오늘날 미국인들에게 고등학교에서 '좋은 학생'이 된다는 것은 좋은 직장을 보장하는 대학에 들어가기 위해 다른 학생들과 경쟁한다는 뜻이다. 고등학교 졸업생 대다수는 입학 경쟁이 치열한 대학에 지원할 생각조차 하지 않지만, 대중의 관심은 합격률이 50퍼센트도 안 되는 100여 개의 대학에 쏠려 있다. 이에 따라 미국 사회에는 '좋은 학생'이란 입학하기 어려운 대학에 합격한 학생이라는 생각이 만연해 있으며, 많은 학교가 합격한 학생이 합격하지 못한 학생보다 훌륭한 학생이라는 믿음을 조장한다. 대학들은 입학 과정을 외부인에게 공개하지 않으며, 명문 학교일수록 기득권층의 부와 명예를 유지하려 할 가능성이 크다고 볼 명백한 증거가 있지만, 이러한 믿음은 어떤 식으로든 유지되고 있다. 오늘날 미국에서는 다른 선진국보다 교육을 통해 높은 계층으로 올라서기가 어렵기에 젊은이들이 능력주의 경쟁에 더 몰두한다고도 볼 수 있다. 명문 대학들은 실제로 학생들에게 리더십을 심어주든 그렇지 않든 관계없이 경제적·문화적 엘리트 계층을 재생산한다. 그리고 이러한 계층 구조의 정당성은 능력주의에 대한 굳은 믿음에서 나온다.

학생들이 경제적 특권을 놓고 한데 얽혀 경쟁하는 것은 비교적 최근에 나타난 현상이며, 미국 대학생의 80퍼센트 이상은 합격률이 50퍼센트가 넘는 대학에 다닌다는 사실을 기억할 필요가 있다. 현재 미국에서 합격률이 20퍼센트 미만인 대학은 50개도 채 안 된다. 그런데도 이들 대학은 많은 지원자를 떨어뜨린다는 이유로 어마어마한 관심을 받으며, 그에 따라 더 많은 지원자가 몰리면서 학교의 배타성도 덩달아 강해지고 있다. 배타적인 명문 대학에 쏠린 관심은 대학생이 된다는 것이 어떤 의미인지에 관한 우리의 생각을 왜곡한다. 1970년대까지만 해도 대학의 상황은 지금과 딴판이었다. 한 예로 합격률이 5퍼센트에 불과할 만큼 입학 경쟁이 치열하기로 손꼽히는 스탠퍼드 대학은 1970년대에 지원자의 3분의 1을 합격시켰다. 그런가 하면 1980년대 말까지도 존스홉킨스 대학은 지원자 대다수를 합격시켰고, 1990년대 시카고 대학의 합격률은 75퍼센트가 넘었지만, 오늘날 두 대학의 합격률은 10퍼센트도 안 된다.

이 같은 변화는 대학들이 언론에서 매기는 대학 순위를 높이기 위해 벌인 마케팅 활동과 어느 정도 연관되어 있다. 지난 30년간 명문 대학들은 낮은 합격률이 학교가 제공하는 교육의 질을 나타내는

지표이기라도 한 것처럼 합격률을 낮추려 애써왔다. 최고의 학생은 당연히 최고의 학교에 들어간다. 그렇다면 누가 최고의 학생인지 무슨 수로 알 수 있을까? 가장 입학하기 어려운 학교, 즉 지원자를 떨어뜨릴 확률이 가장 높은 학교에 다니는 학생이 최고의 학생이다. 그것이 바로 명문 대학들이 내세운 논리였다.[20]

명문 대학의 우수성에 대한 믿음은 학생 선발 과정이 공정하리라는 신뢰에서 나온다. 지난 75년 동안 고등교육 분야의 리더들은 적어도 겉으로는 정당해 보이는 입학 절차를 만들고자 노력했다. 대학들은 표준화된 시험, 관대한 재정 지원, 특정 계층을 위한 우대 정책 등 합격자들이 믿을 수 있고 특권층에 유리하게 조작되었다는 생각이 들지 않는 입학 기준을 개발해왔으며, 선발 과정에서 가족 관계와 재산이 일정한 역할을 하리라는 주장을 반박했다. 그러면서도 대학들은 평등을 통해 정당성을 얻는 것을 목표로 삼지 않았으며, 모든 학교를 동등하게 만들거나 모든 학생을 똑같이 대우하려 하지 않았다. 입학을 추첨으로 결정한다면 모든 학생을 동등하게 대우할 수 있지만, 그러면 명문 대학에 입학한 학생은 선택받았거나 재능 있는 사람이 아니라 운이 좋은 사람이 될 뿐이다.

오늘날 명문 대학들은 모든 구성원의 교육적 성과를 극대화하기 위해 캠퍼스 공동체를 선별적으로 조직한다고 홍보함으로써 배타성을 정당화한다. 또 그들은 현재의 학생 선발 방식이 학생들의 계층 상승에도 도움이 된다고 주장한다. 명문 대학들이 출신이나 배경과 상관없이 우수한 학생들의 직업적 성공을 지원한다면, 이는 대학이 기회의 평등을 높인다는 증거가 되며, 대학은 미국의 문화와 경제가 공정하고 정당한 방향으로 발전하도록 공헌할 수 있을 것이다. 대학들은 모든 사람에게 같은 결과를 보장하지 않더라도 공평하게 기회를 주며, 장기적인 관점에서 불평등을 보완하기 위해 우대 정책 등의 방법을 활용하고자 했다. 명문 대학들은 학생을 공정하게 선발하고 지원서를 꼼꼼히 살펴 학교가 제공하는 교육을 최대한 활용할 수 있는 잠재력을 지닌 사람을 찾겠다고 약속하기만 하면 되었다. 공정한 절차를 만들기 위해서는 인종이나 사회경제적 조건 등의 맥락을 고려하는 것도 중요했다. 그렇게 하면 대학들은 최후의 승자가 될 사람을 뽑지 않더라도 학생들의 계층 상승을 지원할 수 있을 터였다.

그러나 안타깝게도 현실은 대학들의 주장과 전혀 다르게 흘러갔다. 명문 대학들은 보통 학생을 뽑는 과정에서 이미 갖가지 이점을 누리며 특권을 물려받아 성공이 보장된 학생을 찾는다. 선발 과정이 까다롭기로 손꼽히는 학교들은 부유층 자녀가 많은 것으로 잘 알려져 있다. 수십여 개의 명문 대학에는 소득 하위 60퍼센트보다 상위 1퍼센트에 속하는 가정의 자녀가 더 많다. 대학의 지도자들은 종종 초중등교육이 불공정하다는 점을 지적하며 그러한 불균형이 나타나는 이유를 설명하려 한다. 부유한 가정과 그 가정이 속한 공동체는 아이들에게 더 나은 초중등교육을 제공하며, 그들의 자녀는 특권을 누릴 뿐만 아니라 더 높은 수준의 교육에도 잘 대비할 수 있다. 이 같은 불평등은 어제오늘의 일이 아니다. 실제로 제2차 세계대전 이후 미국에서는 명문 고등학교 입학을 준비하는 학생들이 누리는 이점을 줄이기 위해 표준화된 시험을 개발했다. 이 시험을 만든 사람들은 학생들의 타고난 잠재력을 파악하는 데 초점을 맞추었다. 그러나 부유층의 자녀들은 표준화된 시험에도 더 유리했으며, 이 시험은 본래 해결하고자 했던 불평등을 재생산하는 데 그쳤다.

고등교육을 향한 여러 비판은 학생을 자유와 독립적인 사고를 배우는 존재로 간주하는 근대적 시각을 뒤흔들었다. 대학생들이 정치적 집단사고에 빠져 있다거나 오로지 학점과 인턴 자리를 얻기 위해 공부에 매달린다는 비판과 마찬가지로 대학의 입학 과정이 불공정하다는 비판은 독립적이고 자유로운 사고력을 기르는 방법으로서 배움이 가진 진정성을 훼손했다. 남을 생각할 줄 아는 사람이라면, 공부의 기회가 공평하게 제공되지 않을 때 교육이 정말로 부패했음을 인정하고 거부해야 마땅하다. 대학에 진학하는 것이 제 발로 세뇌에 빠지는 길이라면 대학에서 계몽을 이루기란 불가능하다. 그러나 고등교육의 실패에 대한 비판이 상당 부분 옳다고 하더라도 여전히 많은 학생은 다른 곳에서 경험하기 힘든 방식으로 세상과 자신을 탐구할 기회를 대학에서 찾고 있다.

공자와 그의 제자들이 그랬듯, 유행이 지난 문화 형태를 탐구하려는 학생은 대학 캠퍼스에서 그에 필요한 자원을 얻을 수 있다. 소크라테스와 그의 대담자들처럼 다른 사람들의 무지를 폭로함으로써 기존의 위계에 도전하고 싶은 사람이라면 대학에서 비판 능력을 키울 수 있다. 예수가 제자들에게 영적 재탄생을 약속한 것처럼 오늘날 많은 대학생은 교육을 받음으로써 다른 사람이 되었다고 느낀다. 고등교육을 비판하거나 옹호하는 사람들은 모두 대학이 자유를 배울 기회의 장이라는 이상에 부응하기를 바란다. 그리고 학생들은 부족한 점이 많다고 지적받지만, 마찬가지로 대학에서 자유를 배우기를 열망한다.

능력주의와 불평등의 심화

자유를 배우는 일은 학생들이 어떤 조건에서 교육을 받는지에 따라 전혀 다른 의미를 갖는다. 빈부 격차를 조장하고 취약 계층을 보호하지 않는 불공정한 경제체제하에서 고통받는 사람들은 배움의 기회를 생명줄인 동시에 함정처럼 느낄 수 있다. 예를 들어 저소득층 학생들은 명문 학교에 다니면서 변화를 경험할 수 있지만, 한편으로 극심한 소외감을 느낀다. 교육학 교수 앤서니 에이브러햄 잭 (그 역시 가난한 대학생이었다)은 대학의 환경이 제도적 지원에 의지해 기본 욕구를 해결해야 하는 학생들의 복지를 얼마나 등한시하는지를 자세히 설명했다. 가령 봄방학 동안 교내 식당이 문을 닫으면 저소득층 학생들은 굶거나 무료 급식소에서 끼니를 해결해야 한다. 또 재정 지원을 받는 학생들에게 주어지는 일자리는 대개 식당에서 부유한 학생들에게 음식을 가져다주거나 그들이 밥을 먹고 나서 자리를 치우는 일이며, 이는 캠퍼스 내의 계급 격차를 더욱 두드러지게 한다. 주거가 불안정하거나 집에서 가족을 부양하는 학생들은 오랫동안 상류층을 중심으로 발전해온 캠퍼스 문화에서 소외되기 쉽다. 잭은 대학의 문제점을 다음과 같이 요약했다. '오늘날 명문 대학은 혼란스러운 모순덩어리다. 대학들은 형편이 어려운 학생들을 신성한 학문의 전당에 입학시키러 안간힘을 쓰지만, 일단 학생들이 들어

오면 그들의 불리한 조건을 떠올리게 만들거나 강조하기까지 하는 정책을 그대로 유지한다.'[21]

지난 10년간 학생과 관리자들은 대학에서 저소득층 학생들이 직면한 문제를 해결하고자 협력해왔다. 경제적 어려움을 겪는 학생들은 수치심과 낙인을 견디기보다 힘을 합쳐 서로를 지원하는 공동체를 만들었다. 10년 전 웨슬리언 대학에서는 학생 대표가 나를 찾아와 가족 중 처음으로 대학에 진학한 저소득층 학생을 위해 기숙사를 만들자고 제안했다. 그 학생은 어린 시절 극심한 가난을 겪었고, 그 경험을 정체성의 토대로 삼았다. 당시 그는 계층 상승을 이룰 가능성을 찾기보다 자신과 비슷한 경험을 가진 사람들과 교류하는 데 관심을 기울였다. 저소득층의 지위에서 벗어난다는 생각은 분명 매력적이었지만, 동시에 배신하는 듯한 기분과 부끄러움을 느끼게 했다.

정체성에 관한 질문에 민감한 대학 캠퍼스에서 계층 상승의 양면성은 큰 반향을 불러일으켰다. 2000년대 초 대학에서는 '1세대 학생' 또는 'FGLI(저소득층 1세대First-Generation Low-Income) 학생'이라는 명칭이 등장했다.[22] 1998년에 개정된 고등교육법은 부모가 대학을 나오지 않은 학생을 특별 지원 대상으로 선정하도록 규정했다.[23] '1세대' 학생의 정의는 모호하지만, 그들을 지원하는 근거는 간단명료했다. '가족 중 처음 대학에 진학한 학생은 일반적으로 대학에 지원하고 등록하기 전 학생의 성적, 가족 소득, 학교 특성, 부모의 교육 참여도를 관리할 확률이 낮았다.'[24] 현재 미국에서는 대학들이 저소득층 1세대 학생을 위해 다양한 프로그램을 운영하고 있으며, 'FGLI 컨소시엄'이라는 단체가 100개가 넘는 상위권 대학의 관리자들에게 관련 서비스를 제공하고 있다. 또한 많은 명문 대학의 입학처에서는 1세대 학생의 비율을 조사하고 그 지표를 개선하고자 노력하고 있다.

오늘날 대학 캠퍼스에서는 '반항아', '범생이'(이들은 캠퍼스에서 쉽게 찾을 수 있는 하위 유형이다)처럼 'FGLI'도 하나의 정체성으로 자리매김했다. 나의 부모님 역시 대학을 나오지 않았기 때문에 학생이나 동료들은 종종 1970년대의 1세대 학생은 어땠는지 묻곤 한다. 그러면 나는 당시에는 아직 1세대 학생이라는 정체성 범주가 만들어지지 않았기 때문에 1세대 학생 자체가 존재하지 않았다고 설명한다. 한 문화에서 어떤 집단에 속하려면 먼저 그 집단의 정체성이 형성되어야 한다. 이제 미국의 대학에서는 1세대 학생, FGLI 학생이라는 범주가 등장하면서 많은 학생이 비슷한 정체성을 가진 공동체의 일원이 되어 대학 생활에서 겪는 어려움에 대처할 수 있게 되었다. 이들에게 자유를 배우는 일은 부유하고 연줄이 든든한 학생들과는 다른 의미로 다가올 것이다.

하지만 FGLI 학생들이 자신의 정체성에 자부심을 느끼는 것과는 별개로 졸업 후에도 저소득층으로 남기를 바라는 사람은 거의 없다. 가정 형편이 넉넉하지 않은 명문대생들에게는 실제로 계층 상승을 이룰 기회가 주어진다. 하버드 대학에서는 학부생의 20퍼센트 미만이 펠그랜트Pell Grant(연방 정부에서 저소득층 학생에게 무상으로 지원하는 학자금 - 옮긴이)를 받을 자격을 얻으며, 학생들은 학교와의 연줄을 활용해 계층 상승의 가능성을 높일 수 있다. 이들 중 절반 이상은 졸업 후 소득 상위 20퍼센트에 속하지만, 미국에서 명문 대학을 나오지 않은 사람이 같은 계층으로 올라설 가능성은 2퍼센트도 채 안 된다. 이는 하버드처럼 아이비리그에 속하는 대학에만 해당되는 이야기가 아니다. 캠퍼스에서 학생들의 성공을 지원하는 상위권 대학들 역시 졸업생들이 계층 상승을 이루도록 장려한다.[25] 웨슬리언 대학에서 FGLI 학생들을 위해 기숙사를 만들어달라고 요청했던 청년은 졸업 후 유명 기술 회사에 다니며 '내가 받은 혜택을 다른 사람들에게 베풀자'고 또래 청년들을 독려하고 있다.

가족을 부양하는 저소득층 학생에게든, 단지 특권을 누리기 위해 또래보다 더 많은 돈을 벌고자 하는 부유층 학생에게든 경제적으로 성공하는 법을 배우는 것은 자유를 배우는 것과 다른 일이다. 지금도 대학에서는 이따금씩 학생들의 시위가 벌어지지만, 명문대 졸업생들의 성공 사례는 미국의 대학들이 얼마나 능력주의 문화에 젖어 있는지를 잘 보여준다. 오늘날 미국인들은 가장 엄격한 선발 과정을 통과한 학생을 가장 뛰어난 학생으로 여긴다. 따라서 대학들은 능력주의 체제에 흡수되었을 뿐 아니라 어떤 의미에서는 그 체제를 규정한다고 볼 수 있다.

철학자 마이클 샌델은 '명문 대학들이 거부할 수 없는 매력을 갖게 된 것은 그들이 새로이 등장한 능력 중심의 위계질서에서 정점에 서 있었기 때문'이라고 지적한다. 이 위계질서는 경제적 성공과 사회적 지위를 누리는 사람들이 그 자리에 오를 자격이 있으며, 그 자리에 오른 과정 역시 정당하다고 믿게 만든다. 능력주의에 기반한 위계질서 안에서 학생이 된다는 것은 사고하고 판단하는 사람으로서 성숙하는 과정이라기보다 경쟁적인 경제와 사회에서 분수에 맞게 분류되는 과정에 가깝다. 이러한 관점에서 고등교육 시스템은 위계의 꼭대기로 올라갈 사람을 뽑아 나머지 사람들과 점점 멀어지게 만드는 선별 기계라고 할 수 있다. 고임금 일자리를 제공하는 고용주들이 특정 대학의 졸업생들을 채용하는 이유는 그 학생들이 많은 것을 배운다고 생각해서가 아니라 샌델의 말처럼 '대학들이 수행하는 선별 기능을 신뢰하고 그들이 부여하는 능력주의적 영예를 높이 평가하기 때문'이다.[26]

능력주의 세계에서 학생은 진정한 승자를 가리기 위해 늘 다른 학생들과 경쟁한다. 그리하여 배움은 어떤 분야에서든 최고가 되기 위한 경쟁으로 뒤바뀐다. 이는 공자, 소크라테스, 예수가 생각한 배움과 아무런 관계가 없다. 당시에도 분명 학생들 간의 경쟁의식이 있었지만, 세 사람을 따른 학생들은 치열한 경쟁 속에서 배우지 않았다. 반면에 오늘날의 학생들은 끊임없이 또래들과 비교하며 자신의 위치를 평가하도록 배운다. 앞서 언급했듯, 루소가 에밀이 다른 학생들과 떨어져 지내야 한다고 강조한 이유가 바로 여기에 있다. 다른 사람들과 함께 있으면 그들이 어떻게 행동하고 자신을 어떻게 생각하는지 신경 쓰느라 정작 자신에게 어떤 역량이 있는지를 배울 기회를 놓칠 수 있다. 하지만 이제 우리는 루소가 우려한 문제를 조금도 신경 쓰지 않는다.

젊은이들은 승자독식 경제에 뛰어들 준비를 하는 학생으로서 좋은 일자리를 얻어 남들에게 뒤처지지 않기 위해서는 무슨 일이든 할 각오가 되어 있다. 오늘날 남들에게 뒤처지는 것은 죄를 짓는 것이나 다름없는 일이 되었다. 다른 사람들과 더 효과적으로 경쟁하려면 그들이 원하는 것을 욕망해야 한다. 1등을 차지하시 못한 사람들은 능력주의의 사다리에서 밑바닥까지 떨어지지 않으려고 더욱더 안간힘을 다한다. 샌델은 능력주의의 폐해를 다음과 같이 꼬집는다. '불평등이 어마어마한 수준으로 확대되었는데도 공적 문화는 우리가 자신의 운명에 책임이 있으며, 누릴 자격이 있는 것만 얻을 수 있다는 사고방식을 공고히 한다. 이는 세계화의 승자들이 자기 자신과 다른 모두를 구슬리려 하는 이야기와 별반 다르지 않다. 요컨대 꼭대기를 차지한 사람과 바닥으로 떨어진 사람들은 제자리를 찾아갔다는 것이다.'[27]

학생들은 능력주의 체제에서 핵심 역할을 한다. 그들은 아직 위계가 확립되지 않은 경계 공간에 머물고 있기 때문이다. 그러나 미국에서 날로 심각해지는 불평등을 정당화하면서도 법적으로 문제가 없는 학생 선별 과정을 마련하려는 시도는 세습적 특권에 기반한 체제를 무너뜨린 것과 똑같은 장애물에 부딪혀 실패로 끝났다. 미국의 중상류층 가정은 정책 연구자 리처드 리브스가 말한 '기회 사재기opportunity hoarding'를 위해 갖가지 수단을 동원했다. 기회 사재기란 자녀가 경쟁에서 이길 확률을 높이기 위해 각종 특권을 축적하는 일을 말하며, 기회를 사재기하는 부모들은 자녀가 유명한 격언처럼 '3루에서 태어났으면서 자기가 3루타를 쳤다고 착각하는' 사람이 된다고 해도 개의치 않는다.

리브스는 자녀의 삶을 개선하기 위해 무슨 일이든 하려는 부모들을 말릴 수 있으리라 생각하지 않지만, 적어도 '부모들이 자녀에게 부당한 혜택을 주고 그 과정에서 다른 사람들의 기회를 가로막도록 허용하는 정책은 없애야 한다'고 주장한다. 토지이용규제법, 지역 학교의 예산을 늘리기 위한 지역 내 모금 활동, 대학 지원 경쟁 등은 모두 중상류층 가정의 부모들이 자녀의 계층 하락을 막는 유리 바닥을 만드는 데 도움을 주며, 이들이 만든 유리 바닥은 다른 누군가에게는 유리 천장이 된다.[28] 그러나 자기 자녀를 보호하려는 노력이 다른 사람들에게 불이익을 준다는 사실을 부모들에게 납득시키기란 매우 어려운 일이다.

불평등을 둘러싸고 논쟁을 벌이는 사람들은 더 공정한 사회를 건설하는 법을 두고 대립하면서도 학생들을 향해서는 너나없이 비판의 날을 세운다. 생산성을 높이는 대가로 불평등을 키우도록 설계된 듯한 경제체제를 만든 것은 학생들이 아니지만, 갈수록 심해지는 불평등에 불안을 느끼는 사람들은 흔히 학생과 학생들을 가르치는 기관에 불만을 쏟아낸다. 그런가 하면 많은 대학에서는 학생들이 부유층에 부를 몰아줌으로써 승자와 패자를 만드는 시스템에 반발하고 나서기도 한다. 젊은이들이 또래 학생들이 특권을 활용하는 방식이나 편견을 통해 위계를 강화하는 각종 제도에 유달리 예민하게 반응하는 이유가 여기에 있다. 수 세기 동안 청년들은 기득권에 저항하는 데 앞장서왔다. 그렇기에 기존의 관행을 지키려는 사람들이 기성세대가 만든 세상을 인정하지 않는 학생과 교사들에게 등을 돌리는 것은 어찌 보면 당연한 일이다.

학생이 아닌 학습자

자신을 선별 기계의 분류 대상으로 여기는 사람은 거의 없다.

통제할 수 없는 힘에 휘둘리기만 한다면, 칸트가 말한 대로 스스로 초래한 미성숙을 극복하고 계몽을 이룰 가능성은 사라진다. 계몽이란 결국 주체성을 키우는 과정이다. 지금까지 살펴본 근대적 학생관에 따르면 학생은 단순히 위계에서 자리를 배정받는(혹은 그 자리로 떠밀리는) 사람이 아니라 자신의 진가를 발휘하는 사람이다. 그리고 좋은 학생이란 교사의 감독이나 즉각적인 보상이 없더라도 스스로 학습하는 법을 배우는 사람을 말한다.

하지만 2020년대 들어 인터넷과 디지털 기술을 활용한 학습법이 빠르게 보급되어 다양한 연령대의 사람들이 대학 캠퍼스 밖에서도 새로운 기술과 경험을 습득하는 일이 늘어나면서 '학생'이라는 단어로는 이들을 포괄하기에 충분하지 않다는 목소리가 커졌다. 교실의 의미를 새롭게 해석하는 교육자들은 '학생'을 미성숙한 상태를 가리키거나 디지털 공간에서 최신 기술을 활용하는 진취적 학습과 달리 한계가 뚜렷한 학습 분야를 함축하는 단어로 여긴다. 이 교육자들은 사람들을 오직 교사의 인정을 받기 위해 공부하는 공붓벌레로 만들지 않으려면 능동적 학습, 또는 '실천 학습 action learning'이 필요하다고 본다.

사람들은 무언가를 주도적으로 해보면서 배우며, 교육자는 그러한 주도성을 중요하게 생각한다. 어떤 교사가 자신이 가르치는 학생들은 좋은 성적을 받기 위한 '경쟁'에만 관심이 있다고 생각한다고 해보자. 그러면 이 교사는 '학생이라는 단어는 본질적·영속적인 것보다 순응, 외형과 더 관련되어 있다'고 인식할 것이다.[29] 마찬가지로 우리는 흔히 학생은 권위나 규칙의 강요를 받지만, 진정한 학습자는 순수한 호기심에 따라 배운다는 이야기를 듣는다.[30] 이처럼 학생을 보는 시각이 달라지면서 학생은 주변의 요구에 지나칠 정도로 순종하느라 계몽으로 나아가지 못하는 존재로 여겨지게 되었다. 한 교사는 심리학 전문 잡지 〈사이콜로지 투데이〉에 기고한 글에서 다음과 같이 주장했다.

> 좋은 학생은 주변에서 자신에게 무엇을 요구하는지 이해하며, 기본적인 인지 능력과 사회 정서적 기질, 주위의 기대에 부응하려는 의지가 있는 학생이다. 이러한 성향을 가진 학생들은 과제와 목표를 중시하는데, 여기서 말하는 과제는 외부에서 정해주는 것이며, 목표는 좋은 성적을 받거나 시험을 통과하는 것이다. (……) 반면에 좋은 학습자는 좋은 학생처럼 성적이 우수할 뿐 아니라 또 다른 인지적·사회적·정서적 특성을 가지고 있다. (……) 첫째, 좋은 학습자는 배움 자체를 즐긴다. (……) 좋은 학생은 상대적으로 정보를 관리하는 데 능숙하다면, 좋은 학습자는 지식을 구축하는 일에 적극적으로 관여한다.[31]

교육자이자 학습 컨설턴트 캐슬린 맥클라스키 역시 「학습자와 학생: 어느 쪽이 교실에 있기를 바라는가?」라는 글에서 교사들을 향해 이렇게 말했다. '학습자는 교사 없이도 배울 수 있지만, 학생은 교사가 있을 때만 학생일 수 있다.'[32]

학습자란 특정한 유형의 학생, 즉 자기 주도적인 탐구와 성찰을 통해 자율성을 발휘하는 탁월한 학생을 가리키는 말이다. '학생'

보다 '학습자'를 선호하는 현상은 무엇보다 교사들이 능동적으로 지식을 습득하거나 탐구에 참여하는 학생을 가르치기를 바란다는 사실을 잘 보여준다. 이는 20여 년 전에 '프로젝트 기반 학습Project-Based Learning'(이하 PBL)이 등장하면서 나타난 변화와 일맥상통한다. 학습자와 학생의 차이와 마찬가지로, 프로젝트 기반 교육과 전통적인 교육의 차이는 능동성과 수동성에 있다. PBL을 지지하는 사람들의 시각에서 보자면, 기존의 대학 강의실에서 교수는 학생들에게 지혜를 전달해 최대한 (잠들지 않고) 흡수하도록 돕는 '무대 위의 현자'였다. 반면에 PBL의 능동적 학습법은 학생들이 직접 실천하면서 배우도록 한다.

능동적 학습은 얼핏 꽤 사소해 보이는 활동으로 이루어진다. 가령 교사는 규모가 큰 여러 학습자 그룹을 대상으로 강의실의 전자 설문 기능을 활용해 응답할 수 있는 단답형 질문을 던진다. 그러면 학습자는 자신이 고른 답을 다른 사람들과 비교해 어떤 그룹에 속하는지 확인할 수 있다. 일부 교사는 맞는 답을 고른 학생들에게 소정의 상품이나 인증서를 제공해 그들이 수업 내용을 이해했음을 보여주기도 한다. 이처럼 기초적인 차원에서 강의를 게임화하는 것은 사람들이 학습 목표를 따라가도록 이끄는 데 도움을 줄 수 있다. 또 학습자들이 팀을 이루어 구체적인 프로젝트를 진행하면 협업을 통해 눈에 보이는 결과를 얻을 수 있기에 학습에 활력을 불어넣는 데 효과적이다. 과제를 완수하는 과정에서도 학습자들은 추상적인 아이디어를 파악하고 기술을 익히며 실제 경험을 쌓는다. 다시 한 번 칸트의 말을 빌리자면, 학생들은 능동적인 학습자가 됨으로써 다른 사람의 가르침을 받아들이기만 하는 미성숙한 상태에서 벗어날 수 있다.

학습자들은 다른 사람들과 힘을 합쳐 여러 아이디어를 구체적인 프로젝트에 적용하면서 배움을 얻는 동시에 책임감을 갖게 된다. 게다가 능동적으로 학습해서 얻은 배움은 더 오랫동안 기억에 남는다. STEM(과학, 기술, 공학, 수학) 분야의 연구에서도 능동적 학습의 힘을 확인할 수 있다.[33] 그런데도 오랫동안 학생을 가르친 대학의 교사들은 학창 시절에 경험한 것과 다른 교수법을 시도하기를 꺼리며, 많은 대학생은 능동적 학습에 거부감을 드러낸다.[34] 어떤 학생은 마음이 맞지 않는 사람들과 팀을 이루기를 꺼리며, 어떤 학생은 쏟아지는 객관식 질문에 스마트폰으로 답을 하는 것보다는 강의에 제대로 집중하는 편이 낫다고 말한다. 여러 연구에 따르면 사람들은 프로젝트 기반 수업에서 더 많은 것을 배운다고 하지만, 학생들은 종종 할 일이 너무 많아진다는 이유로 반대한다.

오늘날 많은 학자가 구상하는 능동적 교육은 개인보다 집단 형성을 강조한다. 가령 노스캐롤라이나 대학의 사회학자 트레시 맥밀런 코텀은 디지털 사회학 프로그램을 만드는 과정에서 학생들은 사회학 이론을 공부할 때조차 협업하는 법을 배운다는 점을 늘 염두에 두었다고 말했다. 코텀은 학위를 받을 가능성을 높이는 가장 좋은 방법은 서로의 성공을 위해 노력하는 학습자들로 이루어진 작은 공동체를 만드는 것이라고 보며, 자신이 구축한 사회학 프로그램의 목표를 이렇게 설명했다. "할 수 있는 한 모든 것을 구성주의(인간은 자신의 경험을 바탕으로 지식과 의미를 구성해낸다는 이론 - 옮긴이)적 관점에 따라 조정해 학생들이 책에서 읽은 사회학 이론을 자신의 삶이나 이력과 연결하고 그 반대도 가능하도록 해야 합니다." 한편 교수이자 교육이론가 캐시 데이비슨은 뉴욕 시립대학교가 '준학사 신속 이수 프로그램ASAP'을 도입해 경제적으로 어려운 학생들이 속한 다양한 공동체를 인식하고 활성화함으로써 뉴욕 내 커뮤니티 칼리지(준학사학위 취득에 중점을 둔 2~3년제 공립대학 - 옮긴이)의 졸업률을 두 배 이상 높였다고 말한다.[35] 이러한 프로그램들은 사람들이 함께 공부할 때 더 나은 학생이 될 수 있음을 강조한다. 이제 공동체 안에서 서로 생산적인 방식으로 얽혀 있는 학습자가 개별적이고 자율적인 학생을 대체하고 있는 것이다.

많은 사람이 대학생의 의미를 재해석하면서 강단에 선 강사의 설명을 듣기보다 최신 기술이 적용된 강의실에서 프로젝트 기반의 팀을 이루어 현실 세계의 문제를 해결하는 학생의 모습을 상상한다. 하지만 여기서 우리는 더 전통적인 형태의 능동적 학습은 어땠는지를 떠올려볼 필요가 있다. 그 대표적인 예가 하나의 텍스트를 다루는 소그룹 토론 수업이다. 위대한 고전이나 필수 커리큘럼에 중점을 둔 토론식 세미나의 목적은 고대 철학이나 르네상스 문학의 전문가를 양성하는 것이 아니다. 그 목적은 학생들이 오래전에 쓰인 작품을 읽으며 비판적·창조적 역량을 발휘하도록 이끄는 것이다. 토론에서 학생들은 무대 위의 현자에게 지혜를 전수받기보다 더 의미 있는 삶을 사는 데 도움이 되는 문제들을 함께 탐구한다.

예일 대학의 법학 교수 앤서니 크론먼은 앨런 블룸과 마찬가지로 학생들이 민주적 평범성에 사로잡혀 탁월함보다 평등과 다양성에 더 관심을 기울인다고 개탄하면서 진정한 '대화의 윤리'를 실천하는 세미나의 중요성을 논한다. 그는 '일부' 사람들은 다른 사람과 협력하면서 능동적으로 배울 능력이 있으며, 특히 서구 전통에서 오랫동안 이어진 물음을 마주할 때는 그 능력을 더 잘 발휘할 수 있다고 본다.[36]

그런가 하면 컬럼비아 대학 미국학연구소의 선임 강사 로오세벨트 몬타스는 고전 세미나에서 대화의 윤리를 실천할 수 있다는 주장에 동의하면서도 그러한 세미나에는 사회를 더 민주적으로 바꿀 잠재력이 있다고 강조한다. 몬타스 자신이 학창 시절에 그랬듯, 빈곤층 출신의 대학생들은 소규모 토론 모임에서 능동적으로 학습하며 해방을 경험할 수 있다는 것이다. 몬타스의 말을 빌리면, 고전 세미나에서 학생들은 '생존에 필요한 조건을 넘어 인간적인 삶의 의미'를 찾으며, '자유 교양 교육은 생계를 유지하는 방법을 묻기보다 무엇을 위해 사는지를 묻도록 이끈다'. 저서 『소크라테스 구하기』에서 몬타스는 뉴욕에서 가난한 이민자의 삶에 적응해나가던 시절, 컬럼비아 대학의 필수 커리큘럼 중 하나인 '위대한 저서 읽기' 세미나에 참여한 경험이 자신의 삶을 어떻게 바꾸었는지 이야기하며, 그러한 경험을 '사회적 특권의 위계를 전복하는 가장 강력한 도구'로 평가한다. 그는 지금까지도 학창 시절에 접한 고전 텍스트를 연구하는데 몰두하는 한편, 모든 고전은 언제나 재해석될 가능성이 있다는 점을 인정한다.

고전 세미나의 목표는 시험을 순비하는 학생들에게 고전에 관한 지식을 전달하는 것이 아니다. 세미나 수업은 '그룹 구성원 한 사람 한 사람의 능동적·적극적인 참여'로 이루어지며, '교사가 학생에게 지식을 전달하는 것이 아니라 그룹 전체가 함께 탐구하고 성찰하는 과정을 거쳐 지식을 구성한다'.[37] 능동적 참여를 통해 지식을 구성하는 것은 고전 세미나의 전통적인 토론이나 최신 기술을 활용하는 '거꾸로 교실 flipped classroom'(개인 시간에 녹화된 강의를 시청하고 교실에서는 팀을 이루어 과제를 해결하는 방식의 수업)의 프로젝트 기반 학습 모두에서 가장 중요한 요소다.

프로젝트 기반 학습이나 고전 세미나를 활용해 능동적인 학습자를 양성하려는 사람들의 목표는 칸트가 제시한 계몽의 목표와 매우 비슷하다. 바로 미성숙 상태에서 벗어나 자신의 배움에 책임을 지는 것이다. 학생들은 능동적이고 성숙한 사람이 되는 과정에 있으며, 그들이 무엇을 위해 성숙하는지는 미리 확정할 수 없는 문제다. 자유를 배우는 데는 여러 가지 방법이 있다. 학생은 미완성 단계, 혹은 성숙기에 있는 존재다. 칸트는 우리가 계몽된 시대가 아니라 계몽의 시대에 살고 있으며, 미성숙이 주는 '편의'에서 벗어나는 과정에 있다고 말했다.

미국의 존 듀이와 브라질의 파울루 프레이리 같은 교육철학자들도 칸트처럼 과정 중심적 관점에서 학생이 나아갈 길을 제시하고자 했다. 듀이는 교실을 학생들이 장차 공공 영역에 이바지할 수 있도록 독립심을 기르고 실천하는 공간으로 보았다. 프레이리는 인간됨의 핵심은 자유로움이며, 교육은 학생의 인간성을 개발하는 일이라고 강조했다. 그는 교실에서 비판적 대화를 실천하면 학생들이 억압을 잊고 자유를 이루는 데 필요한 역량을 키울 수 있다고 생각했다. 그가 구상한 비판적 대화는 학습자와 교사 간의 위계를 허물고,

함께 지식을 구성하는 평등주의적 관계로 위계를 대신하는 것을 목적으로 한다. 듀이와 프레이리는 미국의 교육 현장에 지대한 영향을 끼쳤다. 그리고 더 최근에는 인도의 예술가이자 철학자 라빈드라나트 타고르도 미국의 교육에 알게 모르게 많은 영향을 주었다. 타고르는 능동적 학습이란 학생이 더 많은 일을 하거나 더 많은 것을 습득하는 역량뿐만 아니라 학생의 감정, 특히 공감 능력을 키우는 것임을 강조했다. '우리는 지식으로 힘을 얻지만, 공감이 있어야 충만할 수 있다.'[38]

비판적 감정 활용과 교사의 역할

타고르의 말대로 '충만한' 삶을 살기 위해서는 지적 역량을 키우는 것만으로 충분하지 않으며, 우리 자신을 세상과 단절하는 정신과 마음의 습관을 버릴 필요가 있다. 가령 우리는 소크라테스적 전통에 바탕을 둔 비판적 사고를 통해 잘못된 추론에 의지하는 일을 줄이고, 우리를 오도하는 것들에 저항하는 능력을 기를 수 있다. 교사는 학생이 어떤 유형의 정보가 가장 믿을 만한지, 훌륭한 논증에는 무엇이 필요한지, 사람들을 조종하는 데 쓰이는 오류는 어떤 것들이 있는지를 가려낼 수 있도록 도와야 한다. 교육자들은 많은 사안에서 의견이 다르지만, 비판적 사고의 중요성에는 대체로 공감한다. 심지어 미국에는 '비판적 사고 재단Foundation for Critical Thinking'이라는 비영리단체도 있으며, 이 단체는 '명확성, 정확성, 엄밀성, 일관성, 관련성, 타당한 근거, 깊이, 폭, 공정성 등 주제의 차이를 초월하는 보편적인 지적 가치들'의 정당성을 입증하는 것을 목적으로 한다.[39] 어떤 분야를 공부하든 우리는 비판적으로 사고하며 자신이 안다고 생각하는 것을 정말로 알고 있는지 질문함으로써 더 나은 학생이 될 수 있다.

물론 인간은 논증과 증거로만 움직이는 존재가 아니라 감정의 동물이기도 하기에 우리는 논증과 증거보다 감정에 따라 무언가에 찬동하거나 분노를 느끼곤 한다. 인간은 집단에 소속되면 즐거움을 느끼고, 비판적 사고만으로는 학생들이 집단사고, 책임 전가, 적개심이 주는 쾌감을 포기하게 만들 수 없으며, 이성만으로는 감정을 대체할 수 없다. 따라서 학생들은 분노가 주는 만족을 대신할 정서, 즉 비판적 감정을 훈련할 필요가 있다.[40]

오늘날 미국에서는 분노와 자기 몰입, 외부인을 혐오의 대상으로 삼아 집단의 정체성을 강화하는 경향이 뒤섞여 나타나고 있다. 학생들은 권위를 가진 어른들에게서 이 같은 행태를 빠르게 배운다. 그런가 하면 지식인 집단은 분노를 아이러니로 승화해 집단의 규범을 공공연하게 내세우지 않고도 내집단의 경계를 지키곤 한다. 그렇게 하면 특정 집단에 속해 있음을 증명하는 신념을 내보이지 않은 채 외부인을 유머러스하게 무시할 수 있다. 보통은 자신이 열중하는 대상을 옹호하는 것보다는 다른 사람의 신념이 얼마나 순진한지를 비판하는 편이 쉬운 법이다. 플라톤의 『국가』에서 트라시마코스가 아이러니를 활용한 소크라테스의 회의주의에 불만을 토로한 이유도 여기에 있었다. '그자는 직접 답을 제시하지는 않으면서 다른 사람이 내놓는 답을 난도질한다.' 오늘날 지식인들은 소크라테스처럼 지적으로 겸손해서라기보다는 무언가에 열중하는 것 자체를 꺼리기 때문에 그 같은 태도를 보이는 듯하다.

그렇다면 이러한 경향을 막기 위해서는 어떤 식으로 비판적 감정을 활용해야 할까? 교사들은 학생들이 낯설거나 불쾌하게 느낄 수 있는 작품을 열정적으로 소개하거나, 작가이자 영문학자 마크 에드먼슨의 말처럼 자신이 사랑하는 것을 가르치며 학생들이 비판적 감정을 훈련하도록 돕는다.[41] 가령 학생들은 셰익스피어를 읽으며 공감 능력을 키우거나 미국의 흑인 작가 제임스 볼드윈의 작품을 읽으며 인종차별적 배신의 의미를 더 깊이 이해한다.[42] 우리는 학생들이 마냥 공감할 수만은 없는 소설 속 인물을 이해하거나 자신의 믿음에 반하는 주장을 존중하도록 도움으로써 지적인 영역뿐 아니라 정서적 영역까지 확장할 수 있다. 학생들이 입맛에 맞게 선별한 네트워크에서는 결코 접할 수 없는 정체성과 이념을 만나도록 이끌면 감정의 힘을 처리하는 능력을 길러줄 수 있다.

내가 가르치는 학생들은 아리스토텔레스가 습관을 논한 이유가 무엇인지, 루소는 왜 불평등을 사회 발전과 연관 지어 생각했는지, 제인 오스틴이 허영을 사랑의 장애물로 본 이유는 무엇인지, 토니 모리슨의 소설 『빌러비드』의 주인공 세서는 왜 자신을 괴롭히는 문제를 계속 붙들고 있는지 등을 이해하려 노력하면서 공감 능력을 발휘하고, 관대한 통찰의 힘을 기른다. 그러면서 학생들은 무엇이 자신의 감정을 자극하거나 방향을 바꾸는지를 더 잘 인식하게 된다. 또 학생들은 신경을 거스르는 인물이나 주장을 보고도 기꺼이 지적·감정적 연관성을 찾으려 하면서 세상을 보는 눈을 넓힌다. 학생들이 비판뿐만 아니라 분별력을 배우기를 바란다면, 혼자 힘으로는 접하기 힘든 생각이나 감정과 씨름할 기회를 더 많이 만들어주어야 한다.⁴³

자유 교양 교육에서 말하는 성숙은 스스로 생각하는 것뿐만 아니라 스스로 느끼는 것까지 포함하며 오래전부터 감정의 레퍼토리를 확장하는 일은 교양 교육의 한 부분으로 여겨졌다. 우리는 역사와 문학, 예술을 배우며 개인의 정체성이나 집단적 소속감을 넘어서는 감정과 창의성, 지성의 세계를 만난다. 학생들은 비판적 감정을 훈련하면서 사람들을 선동하고 오도하는 조작 행위와 분노의 정치에 저항하는 힘을 기르고, 다른 사람들이 자신이 하는 일에 관심을 보이는 이유를 더 열린 마음으로 이해하게 된다. 또 학생들은 세상의 복잡성을 탐구함으로써 세상과 지적·정서적으로 관계를 맺는 연습을 할 수 있다. 집단의 연대를 가장해 저급한 지역주의를 조장하는 정치와 문화가 팽배한 오늘날, 학생들이 비판적 감정의 힘을 키우도록 돕는 일은 그 어느 때보다 중요하다.

유능한 교사는 종종 학생들에게 매우 강력한 감정을 불러일으키지만, 최고의 교사는 자신의 가르침이 필요하지 않도록 학생들을 가르친다. 1874년 프리드리히 니체는 '너의 교육자는 너를 해방하는 사람 이상도 이하도 아니다'라고 말했다. 그리고 약 100년 뒤, 미국의 미술가 존 발데사리는 좋은 미술 교사가 되려면 언제 학생들에게 길을 비켜주어야 하는지를 알아야 한다고 말했다.⁴⁴ 교사의 목표는 학생이 수업의 관객이나 소비자로 머물지 않도록 돕는 것이다. 유능한 교사는 모든 학생이 학습 과정에 능동적으로 참여할 수 있는 환경을 만든다. 윌리엄 제임스는 교사들에게 쓴 글에서 '우리가 한 가지 특별한 기쁨을 제외하고 매사에 무감각해지는 것은 실용적인 존재가 되기 위해 어쩔 수 없이 치러야 할 대가'라고 말했다. 하지만 배움이 효과를 발휘하고 학생들의 창의적 지성이 생기를 얻으면 '관습적 가치체계 전체가 혼란에 빠져 자아에 균열이 생기고 편협한 이해관계가 산산조각 나면서 새로운 중심과 관점을 다시 찾아야 할 때가 온다'.[45]

교사는 학생들이 자신이나 세상과 관련해 혼자서는 발견하기 어려운 것들, 감정을 느끼는 새로운 방식이나 새로운 관점을 구축하는 데 도움을 주는 것들을 소개할 의무가 있다. 하지만 교사가 할 일은 새로운 중심으로 삼을 관점을 어디서 찾으면 좋을지 알려주는 것이며, 학생들은 교사의 조언을 참고해 직접 탐구에 나서야만 미성숙에서 벗어날 수 있다. 많은 학생은 학교를 졸업하고 오랜 시간이 지난 뒤에도 혼자서는 깨닫지 못했을 탐구와 감상의 가능성을 열어주고 적절한 순간에 길을 비켜준 훌륭한 교사들에게 더없이 고마운 마음을 간직한 채 살아간다. 그 이유는 교사가 학생이 무엇을 이해하고 싶어 하는지를 알아주기 때문만이 아니다(물론 이것도 중요한 이유 중 하나다). 더 중요한 것은 학생이 스스로 주의력과 분석력, 개방성을 키우도록 습관을 길러준다는 점이다. 학생들은 교사의 판단 기준을 받아들여 교사의 관점에 따라 세상을 바라보도록 배우지 않는다. 교사는 학생들이 다양한 경험과 현실을 접할 수 있도록 길을 안내하는 사람이다. 그리하여 훌륭한 교사는 함께 공부하는 학생들이 더 나은 학생이 되도록 돕는다.

어떤 대학을 선택할 것인가

나는 50여 년 전에 처음 대학에 발을 들였고, 이후 대부분의 시간을 여러 대학에서 일하며 보냈다. 그사이 대학에 진학하는 미국인의 비율은 급격히 증가했고, 많은 미국인이 고등교육을 학창 시절에 당연히 도달해야 할 종착지로 여기게 되었다. 이제 학생이라는 개념에 대한 논의를 마치기 전에 배움을 본연의 역할로 삼는 학생 신분을 최대한 활용하려면 어떤 방식으로 대학을 선택해야 할지 이야기해보겠다. 학생이 미성숙에서 벗어나는 과정에 있는 사람이라면, 대학생은 의존에서 자율로 들어서는 경계에 가장 가까이 있다고 할 수 있다. 어린아이들은 보통 어른들이 시키는 대로 교육을 받으며, 서구에서는 대개 청소년기까지 의무적으로 학교에 다녀야 한다. 게다가 오늘날 미국에서는 대학 학위가 없으면 생활에 필요한 최소한의 임금을 받기도 쉽지 않다. 대학 학위는 이제 한 사람이 어른으로 성숙했음을 보여주는 상징이 된 것이다. 과거 도제들은 더는 장인에게 의지하지 않고 자기 사업을 꾸릴 준비를 마쳤을 때 '자유를 얻는다'고 생각했다. 오늘날 졸업장을 받는 대학생들은 경제와 사회에서 자립할 만큼 자유로운 사람이 되었다고 여겨진다. 모든 졸업생이 그처럼 자유로운 사람이 될 수 있다면 더할 나위가 없을 것이다.

대학 진학을 준비하는 젊은이들은 중대한 선택의 갈림길에 서 있다고 느낀다. 어떤 학교가 어른의 세계로 들어가는 데 필요한 자원과 도전을 가장 적절한 수준으로 제공할까? 대학 진학을 고려하는 미국 학생은 흔히 경제적인 면을 염두에 두고 결정을 내린다. 학비는 얼마인지, 어느 학교가 집이나 직장과 더 가까운지 등을 주로 고려하는 것이다. 미국에서 고등교육에 등록하는 대다수 학생은 커뮤니티 칼리지에 다닌다. 커뮤니티 칼리지는 유럽의 대학처럼 학생 대다수가 통학을 하며, 학생들은 보통 학업과 일을 병행한다. 많은 미국인은 커뮤니티 칼리지에서 학위를 받고 기술을 익혀 경제적으로 자립 가능한 삶을 꾸린다. 한편 집에서 멀리 떨어진 학교에 진학하려는 학생은 보통 어떤 학교가 재정 지원을 가장 후하게 제공하는지를 따진다. 미국 대학의 엄청난 학비는 지난 25년 동안 갈수록 중요한 사회문제로 떠올랐다. 내가 대학생이었던 1970년대에도 학비는 가족을 위해 3년 안에 졸업해야겠다고 마음먹을 만큼 부담스러운 수준이었다. 비싼 학비에 따른 학자금 부채는 수백만 명의 학생을 괴롭히는 심각한 문제다. 구글 검색창에 학생이라는 단어를 입력하면 먼저 나오는 연관 검색어 중 하나가 바로 '대출'이다. 학창 시절부터 큰 빚을 진 상황에서 자율적이고 계몽된 어른이 되기란 쉬운 일이 아니다.

운이 좋은 젊은이들은 대학을 잘 선택한 덕분에 학업을 끝까지 마칠 수 있지만, 모든 학생에게 맞는 선택 공식은 존재하지 않는다. 많은 학생은 경제적 부담을 고려해 훗날 연봉이 가장 높은 일자리를 얻는 데 필요한 증명서를 주는 대학을 선택해야 한다고 생각한다. 하지만 이는 고등교육이 무엇을 제공해야 하는가에 관한 편협한 (게다가 근본적으로 비현실적인) 시각에서 나온 판단이다. 물론 대학을 졸업할 때는 좋은 일자리를 두고 경쟁할 만한 능력을 갖추는 것도 중요하다. 하지만 사회에 나와 처음 구한 일자리는 어디까지나 경력의 출발점일 뿐이며, 대학에서 학생들은 즉각 직업 전선에 뛰어드는 것 이상으로 많은 준비를 해야 한다.

대학 교육은 학생들이 평생에 걸쳐 기를 마음과 정신의 습관을 만들어 번영을 누리도록 준비하는 과정이어야 한다. 여기서 번영이란 자신의 역량을 실현하는 자유의 한 형태를 뜻한다. 그리고 자유 교양 교육은 학생들이 인생에 의미와 방향을 부여하는 역량을 갈고 닦는 동시에 자신도 몰랐던 능력을 발견하도록 이끌어야 한다.[46] 자유 교양 학습에 바탕을 둔 건강한 대학 교육은 철학자 마사 누스바움의 말대로 '다양한 번영의 가능성을 여는 새로운 공간'을 창출하도록 돕는다.[47]

이러한 번영의 가능성을 발견하는 것은 세상을 있는 그대로 받아들이고 순응하는 법을 찾는 것과는 정반대되는 일이다. 100여 년 전에 에머슨이 지적했듯, 세상은 너무나 빠르게 변화하고 있으며 내일은 오늘과 같지 않을 것이기에 순응은 실패로 끝날 수밖에 없다. 하지만 자신의 역량을 개발해 번영을 이루면 변화에 대처할 뿐만 아니라 변화를 만드는 법을 찾을 수 있다. 대학 시절을 잘 활용하는 학생은 보통 자신이 누구인지, 어떤 종류의 일에서 의미를 찾을 수 있을지를 알아내는 것을 목표로 삼는 반순응주의자이다. 나는 오랫동안 강의를 하며 그러한 유형의 학생들에게 큰 흥미를 느낄 때가 많았다. 역설적이게도 이 반순응주의자들은 자신이 활동하는 조직에 많은 가치를 더하며 주변인들의 시야와 기회를 넓히는 사람들이기도 하다. 이들은 개인으로서만이 아니라 공동체의 일원으로서도 많은 기술과 역량을 발휘한다.

대학생이 된 자신을 상상하며 앞으로 입학할 대학을 방문하는 사람들은 그곳에서 개성이 뚜렷하면서도 불안정한 젊은이들을 만난다. 이처럼 대학에서 과도기를 보내는 젊은이들이 캠퍼스라는 장소를 어떻게 느끼는지는 오랜 세월에 걸쳐 자리 잡은 학생 문화에 따라 달라진다. 학생 문화는 젊은이들이 졸업 이후 새로운 삶을 시작하는 데도 도움을 준다. 그리고 그러한 문화를 만드는 것은 교사나 관리자가 아니라 학생들이다. 대학 캠퍼스는 미국에서 가장 지적으로 활기차며, 학생들에게 기운을 불어넣는 동시에 학생들이 발산하는 기운에 부응하는 곳이다. 예비 대학생과 그 가족들은 캠퍼스를 방문해 그러한 기운을 확인하고자 한다. 그들은 캠퍼스에 스며들어 있는 기운을 느끼고, 그것이 자신에게 어떤 도움과 자극을 주는지 알고 싶어 한다. 캠퍼스에서 풍기는 에너지가 자신과 잘 맞는다고 느끼면, 그 학생은 대학을 선택할 준비를 마친 것이다.

학생들은 어떤 대학을 선택하든 그곳에서 세 가지를 배워야 한다. 첫 번째는 자신이 좋아하는 일을 발견하는 것이다. 이는 말처럼 쉽지가 않으며, 많은 젊은이가 자신이 잘한다고 칭찬받는 일을 좋아하는 일로 착각한다. 교사는 학생에게 '넌 수학에 재능이 있어', '넌 시를 참 잘 읽는구나' 같은 칭찬을 할 수 있지만, 그러한 강화reinforcement가 새로운 학문 분야나 탐구 방법을 시도할 기회를 방해해서는 안 된다. 대학 시절은 배움을 실험하고, 다양한 분야를 접하고 실천하며 어떤 활동이 의미와 즐거움을 가져다주는지 알아보는 시간이다.[48] 학창 시절 나는 운 좋게도 우연히 철학 입문 수업을 들었고, 탐구심을 자극하는 철학의 질문들을 보며 가슴이 벅차올랐다. 당시에는 철학 교수들과 그들이 가르치는 주제들을 만나며 살아 있음을 느끼는 동시에 머릿속이 혼란스럽기도 했지만, 철학에 몰두했던 경험은 지금까지도 소중한 기억으로 남아 있다.

대학에 진학하는 모든 학생이 두 번째로 배워야 할 것은 좋아하는 일을 더 잘하는 법이다. '자신의 열정을 발견'하는 것만으로는 충분하지 않으며, 학생들은 좋아하는 일에 더 능숙해지는 방법을 찾도록 자극을 받고 자신을 밀어붙여야 한다. 이를 위해서는 치열한 노력은 물론이고 학생들이 자신이 생각한 것보다 더 발전할 수 있음을 깨닫도록 돕는 교사가 필요하다. 다행히 나는 내 주장에 반박하고, 더 넓고 깊은 독서를 권하며, 제출한 과제가 빨간 글씨로 뒤덮일 만큼 정성껏 첨삭해주는 선생님들을 만날 수 있었다. 교사는 높은 기준을 요구하다 보면 학생들이 소외되지 않을까 하는 두려움을 극복해야 하며, 학생은 다른 사람의 비판을 방어해야 할 대상이 아니라 소중히 여겨야 할 조언으로 받아들일 줄 알아야 한다.

그리고 학생들은 자신의 기술이나 지식, 지혜를 다른 사람들과 나누는 법을 배워야 한다. 그것이 어떤 학교에 다니든 관계없이 모든 대학생이 세 번째로 배워야 할 점이다. 대학 시절을 가장 잘 활용하는 학생은 캠퍼스에서 배운 것을 캠퍼스 밖으로까지 전달할 줄 아는 사람들이다.

대학을 선택할 때는 '적합성'이나 '편안함'만 기준으로 삼거나 학교의 명성, 학교가 제공하는 편의 시설 등 지엽적인 문제만 고려해서는 안 된다. 학생은 자신이 가진 열망을 고려해 세상에서 더 많은 것을 발견하고 세상과 소통하는 역량을 키울 수 있는 곳을 선택해야 한다. 그리고 학생이 선택한 대학은 세상의 중요한 면면을 깨닫는 동시에 자기 자신을 이전보다 훨씬 잘 알게 되어 번영을 이루는 장소여야 한다.

대학은 우리 문화에서 평생학습을 향한 욕구를 키우는 중요한 기관으로 자리매김했지만, 대학이 평생학습을 실천할 유일한 장소는 아니다. 공자를 따른 사람들은 배움에 끝이 있다고 생각하지 않았으며, 전통이나 자신을 둘러싼 세계와 특정한 방식으로 상호 작용하면 그 안에서 자신의 위치를 더 잘 이해할 수 있으리라 믿었다. 소크라테스는 대담자들에게 무지는 결코 완전히 벗어날 수 없으며, 탐구 정신과 지적 겸손이 살 가치가 있는 삶(그리고 그 안에서 살 가치가 있는 정치체제)을 만든다는 점을 일깨웠다. 예수의 제자들은 스승을 따라야 할 길로 삼고 다가올 세상에 대비해 연민을 기르는 법을 배웠다. 위대한 스승들은 늘 학생으로서 배움을 멈추지 않았다. 그들은 칸트의 말대로 계몽이란 끝이 없는 여정임을 몸소 보여주었다. 그들은 경외감, 좋은 것을 이해하고 즐기는 능력, 탐구심을 일깨우는 사람들이다. 이처럼 언제까지나 학생의 자세로 배움을 구하는 사람들은 완성이 아니라 기쁨과 의미를 가져다주는 끝없는 수련을 목표로 삼는다. 그들은 우리가 평생에 걸쳐 함께해야 할 좋은 친구들이다.

| 옮긴이의 말 |

이 책은 시대와 장소, 문화와 제도를 가로지르며 '학생'이라는 존재가 어떻게 형성되어왔는지를 추적한다. 공자와 소크라테스, 예수의 제자들부터 중세의 도제, 근대의 대학생, 오늘날 대학 캠퍼스 밖에서 배움을 얻는 학습자에 이르기까지 오랜 세월 동안 학생은 스스로 생각하는 법을 배워 자유를 얻고, 더 나은 삶을 위해 자신을 갈고닦아야 하는 존재로 그려져왔다. 저자는 이러한 학생상을 다음과 같이 표현한다.

'학생이란 세상과 상호 작용하는 법을 탐구하면서 가르침을 얻고 그 가르침에 창의적으로 반응하는 상태를 말한다. 그러니 우리는 언제까지나 학생으로 남아 있기를 바라야 하지 않을까?'

저자의 정의는 학생이라는 단어의 의미를 확장하며 교육을 통해 길러내야 할 인간상을 다시 생각하게 만든다. 학생이 끊임없이 세상과 자기 자신을 배우는 상태라면, 이는 곧 나이나 직업, 환경과 관계없이 누구나 학생이 될 수 있고 또 되어야 한다는 뜻이다.

그러나 솔직히 말해 이 책이 제시하는 학생상과 교육관에 얼마나 많은 사람이 귀를 기울일지 생각하면 걱정이 앞선다. 몇 년 전부터 언론에서는 이른바 '4세 고시', '7세 고시'를 고발하는 기사를 심심치 않게 찾아볼 수 있다. 초등학교에도 입학하지 않은 아이들이 강남의 유명 영어학원에 입학하기 위해 중고등학교 수준의 문제가 나오는 시험을 본다는 것이다. 물론 이는 사교육의 폐해를 보여주는 극단적인 사례지만, 우리 사회에서 교육의 의미가 어떻게 바뀌고 있는지를 드러내는 것이기도 하다. 날이 갈수록 교육은 세상과 삶을 탐구하는 여정이 아니라 물질적 성공을 위한 도구가 되어가고 있다. 배움이 주는 기쁨은 사라지고, 점수와 순위에 대한 집착이 그 자리를 대신하고 있다. 아직 학교에 들어가지 않은 아이들조차 경쟁에서 뒤처지지 않아야 한다는 강박에 시달리는 사회에서 교육은 자유롭게 느끼고 생각할 능력을 길러주는 것이라는 말은 낭만적이거나 공허한 구호처럼 들릴지도 모른다. 하지만 지금은 그러한 이상을 이야기하는 것조차 어려운 시대이기에, 이 책이 전하는 메시지는 오히려 더 의미 있게 다가온다.

아이가 어른의 거울이듯, 학생은 사회의, 더 구체적으로는 사회가 만든 교육제도의 거울일 수밖에 없다. 그런데도 우리는 이 당연한 사실을 자주 잊곤 한다. 이 책에서도 지적하듯, 기성세대가 젊은 세대를 두고 자신들이 생각하는 학생의 모습에 부합하지 않는다는 이유로 불평하는 것은 어제오늘의 일이 아니다. 특히 제도적으로는 성인이면서도 아직 사회에 발을 내딛지 않은 대학생은 성인이자 학생으로서 두 가지 책임을 동시에 짊어지는 만큼 기성세대의 비난을 받기도 쉽다. 가령 최근에는 부모들이 대학생 자녀를 대신해 학교에 성적을 문의하거나 민원을 제기하는 일이 늘어나고 있다는 보도가 자주 나오는데, 이런 기사에는 어김없이 부모나 학생을 비난하는 댓글이 달린다. 하지만 이는 단순히 부모나 학생 개인의 문제라기보다 학생을 향한 사회의 기대와 실제로 학생들이 받는 교육이 서로 어긋나고 있음을 보여주는 신호이기도 하다. '7세 고시'의 사례처럼 어릴 적부터 출세를 목표로 경쟁에만 매달리던 아이들이 성인이 된다고 해서 갑자기 독립적·주체적으로 사고하는 사람이 되리라 기대하는 것은 앞뒤가 안 맞는 일이다. 학생은 사회의 가치관을 반영하는 존재이기에 학생을 향한 비판의 날은 우리 자신과 사회를 향해 돌려야 하며, '학생은 어떤 존재여야 하는가?'라는 물음은 '우리는 어떤 학생을 길러내고 싶은가?'라는 물음으로 바꿔서 생각할 필요가 있다.

게다가 우리는 지금 AI가 무서운 속도로 발전하면서 반복 작업은 물론 글을 쓰고, 그림을 그리고, 작곡을 하는 등 창의적인 활동까지 척척 해내는 시대를 살고 있다. 처음에는 그저 신기하게만 보였던 기술이 일상 깊숙이 들어오면서 이제는 나도 모르는 사이에 AI에 의존해 스스로 생각하는 힘을 점점 잃는 것이 아닐까 하는 걱정이 들 정도다. 그렇기에 이 책이 말하는 교육의 의미는 오늘날 인간에게 남아 있는 영역을 지켜야 한다는 간절한 요구처럼 보이기도 한다. AI가 인간의 사고를 모방해 인간이 하는 일을 대신하더라도

AI에게 질문을 던져 방향을 정하고 그 결정에 책임을 지는 것은 인간의 몫으로 남아 있어야 하며, 이를 위해서는 자신의 의지로 느끼고 생각할 줄 아는 능력이 무엇보다 중요할 것이기 때문이다.

저자는 랠프 월도 에머슨의 말을 인용하면서 '세상은 너무나 빠르게 변하고 있으며 내일은 오늘과 같지 않을 것이기에 순응은 실패로 끝날 수밖에 없다'고 단언한다. 이 말은 AI가 인간의 자리를 어디까지 대체할 수 있을지 가늠하기조차 어려운 지금 더욱 절박하게 다가온다. 한 치 앞을 내다보기도 어려울 만큼 빠르게 변화하는 세상에서 중심을 잡고 자신이 가진 능력을 발휘할 수 있는 학생은 어떤 사람일까? 주변 학생들을 경쟁 상대로 여기고 주어진 문제를 남들보다 더 빠르고 정확하게 푸는 데 집중해 좋은 성적을 받는 사람일까? 세상과의 관계 속에서 자신의 가능성을 묻고 의심하면서 자유롭게 느끼고 생각하는 법을 배우는 사람일까?' 이 물음의 답을 생각한다면, 저자가 제시하는 학생의 모습이 단순한 이상론으로 들리지는 않으리라 믿는다.

| 주 |

들어가며

1   다음 자료를 참고하라. Sylvia Goodman, "Researchers Did a Deep Dive into Efforts to Restrict Critical Race Theory. Here's What They Found," *Chronicle of Higher Education*, August 3, 2022. 저자는 다음 사이트의 데이터베이스를 참고했다. https://crtforward.law.ucla.edu/.

1 | 스승-공자, 소크라테스, 예수

1   Confucius, *The Analects: An Online Teaching Translation*, trans. Robert Eno(2015), 18:4(p. 100), https://chinatxt.sitehost.iu.edu/Analects_of_Confucius_(Eno-2015).pdf.
2   Ibid., 1:1(p. 1).
3   다음 자료를 참고하라. Klaus Mühlhand, *The Making of Modern China: From Great Qing to Xi Jinping*(Cambridge, MA: Harvard University Press, 2019), xx.
4   다음 자료를 참고하라. Stephen C. Angle, *Sagehood: The Contemporary Significance of Neo-Confucian Philosophy*(Oxford: Oxford University Press, 2009), p. 35.
5   다음 자료를 참고하라. Amy Olberding, "The Consummation of Sorrow: An Analysis of Confucius' Grief for Yan Hui," *Philosophy East and West* 54, no. 3(2004). '유교 전통에서 모범이 되는 인물은 보통 문화적 영웅이며, 문화에서 변화가 일어나면 새로운 맥락에서 사람들이 더 쉽게 공감할 수 있는 모범이 필요할 수 있다.'(p. 282)
6   Confucius, *Analects*, 5:4(p. 18). 군자는 단순한 그릇이 아니라는 구절은 같은 책의 다음 부분을 참고하라. 2:12(p. 6).

7   Ibid., 1:15(p. 4).
8   Ibid., 5:12(p. 20).
9   Amy Olberding, *Moral Exemplars in the Analects: The Good Person Is That*(New York: Routledge, 2002), p. 166.
10 Confucius, *Analects*, 7:11(p. 31), 11:22(p. 55), 5:7(pp. 18-19).
11 Ibid., 17:8(p. 96).
12 Ibid., 6:3(p. 24), 11:4(p. 52), 2:9(p. 6). 마지막으로 인용한 구절의 번역은 저자가 수정했다.
13 Ibid., 11:10(p. 53).
14 Ibid., 9:11(p. 41). 번역은 저자가 수정했다.
15 Annping Chin, *The Authentic Confucius: A Life of Thought and Politics*(New York: Scribner, 2007), p. 145, p. 150.
16 Xenophon, *Memorabilia*, book IV, chap. 7, p. 1. 원문은 다음 출처에서 쉽게 확인할 수 있다. https://philocyclevl.files.wordpress.com/2016/09/xenophonmemorabilia-or-the-recollections-cornell.pdf.
17 Ibid., book III, chap. 19, p. 3.
18 Ibid., book III, chap. 11, p. 1.
19 Ibid., book III, chap. 11.
20 Ibid., book III, chap. 13.
21 Ibid.
22 Plato, *Apology*, in *The Complete Works*, ed. John M. Cooper(Indianapolis: Hackett, 1997), p. 20.
23 Ibid., p. 22, p. 30. 마지막으로 인용한 구절의 번역은 저자가 수정했다.
24 Plato, *Republic*, in "*The Complete Works*," p. 982. 첫 번째로 인용한 구절의 번역은 저자가 수정했다.
25 Alexander Nehamas, *The Art of Living: Socratic Reflections from Plato to Foucault*(Berkeley: University of California Press, 2000), p. 40.
26 Ibid., p. 44.
27 Plato, *Republic*, p. 1136.
28 물론 동굴의 우화는 정의와 이상적인 국가에 관한 이 대화편의 핵심이다. 그림자에서 선으로, 감각에서 관념의 영역으로 향하는 사람들이야말로 도시의 지도자가 되어야 한다. 그들은 썩 내키지는 않겠지만 '통치욕이 가장 적은 사람이 장차 도시의 통치자가 되어야만 도시가 내분에서 자유로울 수 있다'는 생각으로 지도자의 자리에 오를 것이다. Ibid., p. 1137.
29 Plato, *Apology*, pp. 21-22.
30 Ibid., p. 35.
31 Ibid., p. 28, pp. 34-35.

2 | 근대 이전의 배움

1   Philippe Ariès, *Centuries of Childhood: A Social History of Family Life*(New York: Knopf, 1962). 피터 라슬렛, 로렌스 스톤 같은 영국 역사학자들은 아리에스가 내린 결론을 뒷받침한다. 스톤은 근대 초에 이르러서야 가족들이 아이들과의 관계에 무관심하던 단계에서 애정을 표현하는 단계로 나아갔다고 주장했다. 스톤의 주장에 관해서는 다음 자료를 참고하라. *The Family, Sex and Marriage in England, 1500-1800*(Charlottesville: University of Virginia Press, 1977).
2   Barbara A. Hanawalt, *"Of Good and Ill Repute": Gender and Social Control in Medieval England*(Oxford: Oxford University Press, 1998), ProQuest Ebook Central, http://ebookcentral.proquest.com/lib/wesleyan/detail.action?docID=4701349.
3   일반화를 하다 보면 많은 것을 놓칠 수밖에 없지만, 중세는 물론 16세기까지도 아이가 열 살 이전에 사망할 확률이 40퍼센트에 이르렀으리라는 추정은 충분한 근거가 있다. 당시 아이가 스무 살 이후까지 살아남을 확률은 50퍼센트도 되지 않았다. 다음 자료를 참고하라. Nicholas Orme, *Medieval Children*(New Haven, CT: Yale University Press, 2001), p. 113.
4   Nicholas Orme, "Children in Medieval England," in *Childhood in History: Perceptions of Children in the Ancient and Medieval Worlds*(London: Routledge, 2018), p. 328.
5   다음 자료를 참고하라. Daniel T. Kline, introduction to *Medieval Literature for Children*(London: Taylor and Frances, 2003).
6   Hanawalt, *"Of Good and Ill Repute,"* p. 160.
7   Shulamith Shahar, *Childhood in the Middle Ages*(New York: Routledge, 1990), p. 101.
8   한 예로 다음 자료를 참고하라. Hugh Cunningham, *Children and Childhood in Western Society since 1500*(New York: Pearson, Longman, 2005), pp. 83-86.
9   Hanawalt, *"Of Good and Ill Repute,"* p. 177.
10 몇몇 분야에서는 여자아이들에게 도제 자리를 제공하기도 했다. 다음 자료를 참고하라. D. L. Simonton, "Apprenticeship: Training and Gender in Eighteenth-Century England," in *Markets and Manufacture in Early Industrial Europe*, ed. Maxine Berg(London: Routledge, 1991), pp. 227-58.
11 Hanawalt, *"Of Good and Ill Repute,"* p. 182.
12 Ibid., p. 190.
13 역사학자 키스 토마스는 젊은이들이 '사유재산을 가볍게 여기고, 짓궂은 장난을 일삼았으며, 어른들이 시끄럽고 더럽다고 생각하는 일들을 즐겼다'고 정확히 묘사한다. 다음 자료를 참고하라. "Children in Early Modern England," in

Children and Their Books, ed. G. Avery and J. Briggs(Oxford: Oxford University Press, 1989), 57, quoted in Cunningham, *Children and Childhood*, p. 98.

14 다음 자료를 참고하라. Rahikainen Marjatta, Centuries of Child Labor: *European Experiences from the Seventeenth Century to the Twentieth Century*(New York: Routledge, 2004), pp. 5-6.

15 Pamela H. Smith, *The Body of the Artisan: Art and Experience in the Scientific Revolution*(Chicago: University of Chicago Press, 2004), pp. 7-8.

16 다음 자료를 참고하라. Jacob F. Field, "Apprenticeship Migration to London from the North-east of England in the Seventeenth Century," *London Journal* 35, no. 1(2010): pp. 1-21.

17 Ibid., p. 14.

18 다음 자료를 참고하라. Laura Gowing, *Ingenious Trade: Women and Work in Seventeenth Century London*(London: Cambridge University Press, 2021). 여성 도제들의 선례와 이후의 성장에 관해서는 다음 자료들을 참고하라. Stephanie R. Hovland, "Girls as Apprentices in Later Medieval London," in *London and the Kingdom: Essays in Honour of Caroline M. Barron*, ed. Matthew Davies and Andrew Prescott(Donington, UK: Paul Watkins, 2008), pp. 179-94; Marjorie Keniston McIntosh, *Working Women in English Society, 1300-1620*(Cambridge: Cambridge University Press, 2005); I. K. Ben-Amos and Ilana Krausman, "Women Apprentices in the Trade and Crafts of Early Modern Bristol," *Continuity and Change* 6, no. 2(August 1991): pp. 227-52; Keith Snell, *Annals of the Labouring Poor: Social Change and Agrarian England, 1660-1900*(Cambridge: Cambridge University Press, 1987), chap. 6; Joan Lane, *Apprenticeship in England, 1600-1914*(New York: Routledge, 1996); Deborah Simonton, "Apprenticeship: Training and Gender in Eighteenth-Century England," in Berg, *Markets and Manufacture in Early Industrial Europe*. 유럽 내 다른 국가의 사례는 다음을 참고하라. Danielle van der Heuvel, "Guilds, Gender Policies and Economic Opportunities for Women in Early Modern Dutch Towns," in *Female Agency in the Urban Economy: Gender in European Towns, 1640-1830*, ed. Anne Montenach and Deborah Simonton(New York: Routledge, 2013), pp. 116-33.

19 다음 자료들을 참고하라. Jan deVries, *The Industrious Revolution: Consumer Behavior and the Household Economy, 1650 to the Present*(Cambridge: Cambridge University Press, 2008); and Laura Gowing, "Girls on Forms: Apprenticing Young Women in Seventeenth-Century London," *Journal of British Studies* 55, no. 3(2016): pp. 447-73, doi:10.1017/jbr.2016.54.

20 Amy Louise Erickson, "Eleanor Mosley and Other Milliners in the City of

London Companies, 1700-1750," *History Workshop Journal* 71(2001): pp. 147-72.
21 Ibid., p. 164.
22 Jean-Jacques Rousseau, quoted in Alan Downing, "The Last Cabinotier of Saint Gervais: The Horological Curiosity in the Historic Centre of Geneva Watchmaking," *WatchesbySJX.com*, November 9, 2020, https://watchesbysjx.com/2020/11/bruno-pesenti-geneva-watchmaker.html, from Daniel Palmieri and Irène Herrmann, *Faubourg Saint-Gervais, mythes retrouvés* (Geneva: Slatkine, 1995).
23 Jean-Jacques Rousseau, *Confessions*, trans. Angela Scholar (Oxford: Oxford University Press, 2000), p. 31. 번역은 저자가 수정했다.
24 Ibid., p. 30.
25 Ibid., p. 42.
26 벤저민 프랭클린은 자서전에서 이 시기를 술회한다. *Autobiography of Benjamin Franklin*, ed. Frank Woodworth Pine (New York: Henry Holt, 1916), chap. 2, https://www.gutenberg.org/files/20203/20203-h/20203-h.htm#I. 다음 자료도 함께 참고하라. Walter Isaacson, *Benjamin Franklin: An American Life* (New York: Simon and Schuster, 2003), pp. 5-35.
27 미국 의회도서관의 다음 전시를 참고하라. *Franklin in His Own Words*, https://www.loc.gov/exhibits/franklin/franklin-printer.html.
28 Orme, *Medieval Children*, 129ff.
29 다음 자료를 참고하라. "The Protestant Education in the 16th Century," *Musée protestant*, n.d., https://museeprotestant.org/en/notice/the-protestant-education-in-the-xvithcentury/.
30 Cunningham, *Children and Childhood*, pp. 120-21.
31 존 웨슬리의 조언은 역사학자 앨리슨 P. 쿠데르의 인용을 참고했다. Allison P. Coudert, "Educating Girls in Early Modern Europe and America," in *Childhood in the Middle Ages and the Renaissance: The Results of a Paradigm Shift in the History of Mentality*, ed. Albrecht Classen (Berlin: Walter de Gruyter, 2005), p. 394. 쿠데르는 다음과 같이 덧붙였다. '복음주의자들 사이에서 부모의 훈육은 전적으로 자녀의 의지를 꺾는 데 초점을 맞춘다.'(p. 394)
32 Quoted in ibid., p. 395.
33 다음 자료를 참고하라. Robert Axtel, *Wisdom's Workshop: The Rise of the Modern University* (Princeton, NJ: Princeton University Press, 2016), p. 7.
34 Jacques Verger, *Les universités au Moyen Âge* (Paris: Presses Universitaires de France, 1973); Verger, "Patterns," in *A History of the University in Europe*, vol. 1: *Universities in the Middle Ages*, ed. Hilde De Ridder-Symoens (Cambridge:

Cambridge University Press, 1992), pp. 35-67. 다음 자료도 함께 참고하라. Axtel, Wisdom's Workshop, chaps. 1 and 2.

35 Henry Louis Gates Jr., "Writing 'Race' and the Difference It Makes," in "Race," *Writing, and Difference*(Chicago: University of Chicago Press, 1992). 다음 자료도 함께 참고하라. Andrew S. Curran, *The Anatomy of Blackness: Science and Slavery in the Age of Enlightenment*(Baltimore, MD: Johns Hopkins University Press, 2011), p. 118. 위의 두 저자가 편집한 다음 저서의 서문도 함께 참고하라. *Who's Black and Why: A Hidden Chapter in the 18th Century Invention of Race*(Cambridge, MA: Harvard University Press, 2022). 인용한 흄의 발언은 이 책의 41쪽에서 논의하고 있다.

36 다음 자료를 참고하라. *Slaves and Free Persons of Color: An Act, Documenting the American South*, https://docsouth.unc.edu/nc/slavesfree/slavesfree.html#:~:text=If%20any%20slave%20shall%20teach,his%20or%20her%20bare%20back.

37 *The Poems of Phillis Wheatley*, rev. ed., ed. Julian D. Mason(Chapel Hill: University of North Carolina Press, 1989), p. 52, p. 171. 다음 자료도 함께 참고하라. *The Poetry Foundation*, https://www.poetryfoundation.org/poets/phillis-wheatley#tab-poems.

38 다음 자료를 참고하라. Wheatley to Occom(1774), *The Poetry Foundation*, https://www.poetryfoundation.org/poets/phillis-wheatley#tab-poems. 필리스는 노예 신분에서 해방되고 몇 년 뒤 마찬가지로 자유인이 된 흑인 남성 존 피터스와 결혼했다. 당시 북미 지역은 정치적 불안과 경제적 혼란에 빠져 있었고, 두 사람 역시 어려운 시기를 보냈다. 필리스는 글을 계속 썼지만 가난과 질병으로 큰 고통을 겪었고, 서른한 살의 나이로 세상을 떠났다.

39 인용한 대목은 다음 자료를 참고했다. David W. Blight, *Frederick Douglass: Prophet of Freedom*(New York: Simon and Schuster, 2018), p. 39.

40 다음 자료를 참고하라. Heather Andrea Williams, *Self-Taught: African American Education in Slavery and Freedom*(Chapel Hill: University of North Carolina Press, 2005), p. 20.

41 Kabria Baumgartner, "*Incidents in the Life of a Slave Girl*, Education and Abolition," *Ethnic Studies Review* 32, no. 2(2009): p. 57.

42 다음 자료를 참고하라. Jarvis R. Givens, *Fugitive Pedagogy: Carter G. Woodson and the Art of Black Teaching*(Cambridge, MA: Harvard University Press, 2021). 기븐스는 흑인 교육을 더 넓은 의미에서 노예제도와 백인우월주의에 맞선 저항으로 보며, 그러한 저항을 '도망자' 전통이라고 표현한다.

43 Frederick Douglass, "What to the Slave, Is the Fourth of July"(1852), *National Museum of African American History & Culture*, https://nmaahc.

si.edu/explore/stories/nations-story-what-slave-fourth-july.

3 | 근대적 학생의 등장

1 Kant, "What Is Enlightenment?"(1784), https://resources.saylor.org/wwwresources/archived/site/wp-content/uploads/2011/02/What-is-Enlightenment.pdf. 여기서 '미성숙'과 '지도'는 칸트가 말한 운뮌디카이트 Unmündigkeit를 번역한 것이다.
2 Ibid.
3 *Kant in the Classroom*, https://users.manchester.edu/facstaff/ssnaragon/kant/Home/index.htm. 다음 자료도 함께 참고하라. Ernst Cassirer, *Kant's Life and Thought*, trans. James Haden(New Haven, CT: Yale University Press, 1981), p. 15.
4 Charles Rollin, *The Method of Teaching and Studying the Belles Lettres*, vol. 4(London, A. Betteworth and C. Hitch, 1734), p. 203, https://books.google.com/books?id=ttpCAQAAMAAJ&pg=PA203&lpg=PA203&dq=rollin,+%.
5 Charles Salas, "The Punic Wars in France and Britain"(PhD diss., Claremont Graduate School, 1996). 인용한 롤랭의 말은 다음 자료를 참고했다. "Dicours sur l'instruction gratuite," cited in Albert Charles Gaudin, *The Educational Views of Charles Rollin*(New York: Columbia University Press, 1939), pp. 15-18.
6 Rollin, *Ancient History*, 2:337, 다음 자료의 인용을 참고했다. Mark W. Graham, "Charles Rollins and Universal History in America," *Journal of Modern History* 17, no. 2(2018): p. 343.
7 미시간 대학의 『백과전서』 영어판을 참고하라. https://quod.lib.umich.edu/d/did/.
8 다음 자료를 참고하라. Andrew Curran, Diderot: *The Art of Thinking Freely*(New York: Other Press, 2018).
9 파이게가 작성한 '학업' 항목은 다음 자료에서 확인할 수 있다. Robert Morrissey and Glenn Roe, eds., *Research and Archival Materials, University of Chicago: ARTFL Encyclopédie Project*(Autumn 2022), https://artflsrv03.uchicago.edu/philologic4/encyclope die1117/navigate/6/324/.
10 Denis Diderot, "Learn," in *The Encyclopedia of Diderot & d'Alembert Collaborative Translation Project*, trans. Malcolm Eden(Ann Arbor: Michigan Publishing, University of Michigan Library, 2010), http://hdl.handle.net/2027/spo.did2222.0001.212. 원출처는 다음과 같다. "Apprendre," in *Encyclopédie ou dictionnaire raisonné des sciences, des arts et des métiers*(Paris, 1751), 1:555.
11 Jean-Baptiste le Rond d'Alembert, "School, Philosophy of the," in *The*

  Encyclopedia of Diderot & d'Alembert Collaborative Translation Project, trans. Jennifer Popiel(Ann Arbor: Michigan Publishing, University of Michigan Library, 2003), http://hdl.handle.net/2027/spo.did2222.0000.025. 원출처는 다음과 같다. "École, philosophie de l'," in *Encyclopédie ou dictionnaire raisonné des sciences, des arts et des métiers*(Paris, 1755), 5:303-4.

12 Diderot, "Learn."

13 Jean-Jacques Rousseau, *Emile; or, On Education*(New York: Basic Books, 1979), p. 34.

14 Ibid., p. 376.

15 Mary Wollstonecraft, *A Vindication of the Rights of Men and a Vindication of the Rights of Woman*(Cambridge: Cambridge University Press, 1995), p. 90.

16 Ibid., 251. 다음 자료의 인용을 참고했다. Sylvana Tomaselli, *Mary Wollstonecraft: Philosophy, Passion and Politics*(Princeton, NJ: Princeton University Press, 2021), p. 79. 울스턴크래프트가 1787년에 출간한 다음 자료도 함께 참고하라. *Notes on the Education of Daughters*(Cambridge: Cambridge University Press, 2014), p. 85.

17 M. Reuter, "'Like a Fanciful Kind of Half Being': Mary Wollstonecraft's Criticism of Jean-Jacques Rousseau," *Hypatia* 29, no. 4(2014): pp. 925-41. 다음 자료도 함께 참고하라. Sandrine Bergès, *The Routledge Guidebook to Wollstonecraft's "A Vindication of the Rights of Woman"*(London: Routledge, 2013).

18 Tomaselli, *Mary Wollstonecraft*, p. 179.

19 이 텍스트는 수십 년간 교육개혁가들 사이에서 널리 읽혔지만, 1896년에야 출간되었다. 훔볼트의 개혁 계획이 프로이센의 신학자 프리드리히 슐라이어마허와 어떤 관계가 있는지에 관해서는 다음 자료를 참고하라. Paul Reitter and Chad Wellmon, *Permanent Crisis: The Humanities in a Disenchanted Age*(Chicago: University of Chicago Press, 2021), pp. 58-60.

20 Louis Menand, Paul Reitter, and Chad Wellmon, eds., *The Rise of the Research University: A Sourcebook*(Chicago, University of Chicago Press, 2017), p. 105.

21 다음 자료를 참고하라. Andrea Wulf, *The Invention of Nature: Alexander von Humboldt's New World*(New York: Vintage, 2015).

22 Wilhelm von Humboldt, "On the Internal and External Organization of the Higher Scientific Institutions in Berlin"(1809), *German History in Documents and Images*, https://ghdi.ghi-dc.org/sub_document.cfm?document_id=3642.

23 Ibid.

24 인용한 훔볼트의 말은 다음 자료를 참고했다. Malte Brinkman, "Humboldt's Theory of Bildung as Embodied Bildung: An Attempt," *Research Gate*, October 2019, https://www.researchgate.net/profile/MalteBrinkmann/publication/336638107_Humboldts_Theory_of_Bildung_as_Embodied_Bildung_an_Attempt/links/5da91650a6fdccc99d911d75/Humboldt-s-Theory-of-Bildung-as-Embodied-Bildung-an-At tempt.pdf.
25 David Sorkin, "Wilhelm Von Humboldt: The Theory and Practice of Self-Formation(Bildung), 1791-1810," *Journal of the History of Ideas* 44, no. 1(1983): p. 63.
26 Ibid., p. 69.
27 George Ticknor, *Life, Letters and Journals*(Boston: James R. Osgood, 1876), p. 91.
28 Ibid., p. 98.
29 James Morgan Hart, *German Universities: A Narrative of Personal Experience, Together with Recent Statistical Information, Practical Suggestions, and a Comparison of the German, English and American Systems of Higher Education*(New York: Putnam, 1874), v.
30 하트는 독일의 작은 지방 학교들이 미국에 있는 대다수 고등학교보다 우수하다고 주장하기도 했다. 다음을 참고하라. ibid., pp. 277-78.
31 결투에 관한 하트의 언급은 다음을 참고하라. ibid., p. 79, p. 73, p. 67.
32 Ibid., p. 289, p. 287, p. 288.
33 Humboldt, in Menand, Reitter, and Wellmon, *The Rise of the Research University*, p. 112.
34 Hart, *German Universities*, p. 291, p. 274.
35 Ibid., p. 290, p. 295.
36 인용한 말은 제퍼슨이 타데우시 코시치우슈코에게 한 것으로, 다음 자료를 참고했다. Lorraine Smith Pangle and Thomas L. Pangle, *The Learning of Liberty: The Educational Ideas of the American Founders*(Lawrence: University of Kansas Press), p. 108.
37 Thomas Jefferson, Rockfish Report, in *Crusade against Ignorance: Thomas Jefferson on Education*, ed. Gordon Lee(New York: Teachers College Press, 1961), p. 119.
38 Ralph Waldo Emerson, "The School," in *The Early Lectures of Ralph Waldo Emerson*(Cambridge, MA: Harvard University Press, 1959), p. 48. 다음 출처도 함께 참고하라. *American Transcendentalism Web*, https://archive.vcu.edu/english/engweb/transcendentalism/authors/emerson/essays/education.html.

39 Ralph Waldo Emerson, "The American Scholar," in *Selected Writings of Emerson*, ed. Donald McQuade(New York: Modern Library, 1981), p. 51.
40 Ralph Waldo Emerson, "Celebration of Intellect," in *The Complete Works of Ralph Waldo Emerson*, vol. 12: *Natural History of the Intellect and Other Papers*(New York: Houghton Mifflin, 1904), https://quod.lib.umich.edu/e/emerson/4957107.0012.001/132:7?page=root;size=100;view=image.
41 Emerson, "An Address," in *The Early Lectures*, p. 199.
42 Emerson, "The Divinity School Address," in *Selected Writings*, p. 112, p. 110. 에머슨이 말한 순응을 거부하는 사고에 관해서는 다음 자료를 참고하라. Stanley Cavell, *Conditions Handsome and Unhandsome: The Constitution of Emersonian Perfectionism*(Chicago: University of Chicago Press, 1990), chap. 1.
43 Emerson, "The American Scholar," p. 56.
44 Robert D. Richardson, *Emerson: The Mind on Fire*(Berkeley: University of California Press, 1995), p. 265.
45 Emerson, "The American Scholar," p. 49.
46 Emerson, "Circles," in *Selected Writings*, p. 272.

4 | 대학의 학생

1 Derrick P. Alridge and Dorothy Strickland, *The Educational Thought of W. E. B. Du Bois: An Intellectual History*(New York: Teachers College Press, 2008), *ProQuest Ebook Central*, http://ebookcentral.proquest.com/lib/wesleyan/detail.action?docID=5405739.
2 David Levering Lewis, *W. E. B. Du Bois: Biography of a Race, 1868-1919*(New York: Henry Holt, 1993), p. 60.
3 Ibid., p. 61.
4 *Fisk Herald* 5, no. 10(June 1888), https://hbcudigitallibrary.auctr.edu/digital/collection/FUPP/id/1328/rec/4.
5 Lewis, *Du Bois: Biography of a Race*, 92; W. E. B. Du Bois, *The Autobiography of W. E. B. Du Bois*(New York: International, 1968), pp. 129-34.
6 다음 자료들을 참고하라. Lewis, *Du Bois*, 92; and W. E. B. Du Bois, "A Negro Student at Harvard at the End of the 19th Century," *Massachusetts Review* 1, no. 3(Spring 1960), https://www.massreview.org/sites/default/files/Du%20Bois%2C%20WEB.pdf.
7 David Leight, "Letters to a Former President," *Humanities*, July 2019, https://www.neh.gov/article/letters-former-president.
8 David Levering Lewis, *W. E. B. Du Bois: A Biography, 1868-1963*(New York:

Henry Holt, 2009), pp. 92-95; Anthony Appiah, *Lines of Descent: W. E. B. Du Bois and the Emergence of Identity*(Cambridge, MA: Harvard University Press, 2014), pp. 11-12.

9   Kenneth Barkin, "W. E. B. Du Bois' Love Affair with Imperial Germany," *German Studies Review* 28, no. 2(May 2005): pp. 285-302. 바킨은 듀보이스가 독일 제국에서 인정받을 수 있었던 데는 그의 옷차림이 큰 도움을 주었다며 '1890년대 독일에서는 복장이 인종보다 우선했다'고 주장했다(p. 297). 앤서니 아피아 역시 듀보이스가 '패 멋쟁이'였다고 언급했다(*Lines of Descent*, p. 12).

10 Lewis, *Du Bois: A Biography*, 1868-1963, p. 129.

11 Barkin, "W. E. B. Du Bois' Love Affair," p. 297.

12 Michelle Rief, "Rural Black Woman as Deliverer: Margaret Murray Washington, Her Vision and Life's Work," *Alexander Street*(2015), p. 2. 다음 자료도 함께 참고하라. Laurie Wilkie, *An Archaeology of Mothering: An African American Midwife's Tale*(New York: Routledge, 2003), pp. 182-83.

13 "The Tuskegee Woman's Club, written by Margaret Murray Washington, 1865-1925," *Southern Workman*, 49, no. 8(August 1920): pp. 365-69, 다음 자료의 인용을 참고했다. Rief, "Rural Black Woman," p. 7.

14 Louise W. Knight, *Jane Addams: Spirit in Action*(New York: Norton, 2010), p. 76.

15 Ibid., pp. 85-88.

16 스미스 칼리지에 관해서는 다음 자료를 참고하라. Helen Lefkowitz Horowitz, *Alma Mater: Design and Experience in the Women's Colleges from Their 19th Century Beginnings to the 1930s*(New York: Knopf, 1984).

17 호로비츠는 스미스 칼리지의 설립자들이 바사 칼리지 같은 여학교에서 볼 수 있는 여학생들 간의 강한 우정이 부자연스럽다고 생각해 이를 우려했다고 강조한다. Ibid., p. 75.

18 Ibid., p. 80.

19 Robert J. Sprague, "Education and Race Suicide," *Journal of Heredity* 6(May 1915): pp. 231-32, 다음 자료의 인용을 참고했다. Horowitz, *Alma Mater*, pp. 280.

20 Horowitz, *Alma Mater*, p. 289.

21 Ibid., p. 284. 다음 자료도 함께 참고하라. Lynn Peril, *College Girl: Bluestockings, Sex Kittens and Co-eds Then and Now*(New York: Norton, 2006), chap. 2.

22 Steven J. Novak, *The Rights of Youth: American Colleges and Student Revolt, 1798-1815*(Cambridge, MA: Harvard University Press, 2013), chap. 2.

23 Frederick Rudolph, "Neglect of Students as a Historical Tradition," in *The College and the Student: An Assessment of Relationships and*

Responsibilities in Undergraduate Education by Administrators, Faculty Members, and Public Officials, ed. Lawrence E. Dennis and Joseph F. Kauffman(Washington, DC: American Council on Education, 1966), p. 47.

24 다음 자료를 참고하라. Gerald Graff, *Professing Literature: An Institutional History*(Chicago: University of Chicago Press, 2007), p. 25.

25 Michael Hevel, "A Historiography of College Students 30 Years After Helen Horowitz's Campus Life," in *Higher Education: Handbook of Theory and Research*, vol. 32, ed. Michael B. Paulsen(Springer, 2017), p. 431. 이 글에서 헤벨은 다음 자료를 요약하고 있다. D. G. McGuigan, *A Dangerous Experiment: 100 Years of Women at the University of Michigan*(Ann Arbor, MI: Center for the Continuing Education of Women, 1970).

26 Andrew Delbanco, *College: What It Was Is and Should Be*(Princeton, NJ: Princeton University Press, 2014), p. 54.

27 Helen Lefkowitz Horowitz, *Campus Life: Undergraduate Cultures from the End of the 18th Century to the Present*(New York: Knopf, 1987), p. 14.

28 다음 자료에서 인용한 미국의 작가 리만 백Lyman Bagg의 말이다. Graff, *Professing Literature*, p. 26.

29 Graff, *Professing Literature*, p. 33.

30 Daniel A. Clark, *Creating the College Man: American Mass Magazines and Middle-Class Manhood, 1890-1915*(Madison: University of Wisconsin Press, 2010).

31 전통적인 프래터니티에서 배제된 남성들은 조직을 직접 만들기도 했으며, 그중 일부는 꽤 강력한 모임으로 발전했다. 다음 자료에서 설명한 아프리카계 미국인 프래터니티 알파 피 알파Alpha Phi Alpha의 사례를 참고하라. Gregory S. Parks and Stefan M. Bradley, eds., *Alpha Phi Alpha: A Legacy of Greatness*(Lexington: University Press of Kentucky, 2012).

32 Hevel, "Historiography," p. 473.

33 Clark, *Creating the College Man*.

34 Horowitz, *Campus Life*, p. 202.

35 다음 자료를 참고하라. Daniel A. Clark, "The Two Joes Meet-Joe College, Joe Veteran: The GI Bill, College Education, and Postwar American Culture," *History of Education Quarterly* 38, no. 2(1998): pp. 165-90.

36 David Potts, *Wesleyan University, 1910-1970: Academic Ambition and Middle-Class America*(Middletown, CT: Wesleyan University Press, 2015), pp. 64-67.

37 Horowitz, *Campus Life*, p. 167.

38 Babette Faehmel, *College Women in the Nuclear Age: Cultural Literacy and Female Identity, 1940-1960*(New Brunswick, NJ: Rutgers University Press, 2012), p. 180.

39 Deborah Elizabeth Whaley, *Disciplining Women: Alpha Kappa Alpha, Black Counterpublics, and the Cultural Politics of Black Sororities*(New York: State University of New York Press, 2010), pp. 3-5. 다음 자료들도 함께 참고하라. Walter M. Kimbrough, *Black Greek 101: The Culture, Customs, and Challenges of Black Fraternities and Sororities*(Madison, WI: Farleigh Dickinson University Press, 2000); Paula Giddings, *In Search of Sisterhood: Delta Sigma Theta and the Challenge of the Black Sorority Movement*(New York: William Morrow, 1988); Marjorie Parker, *Alpha Kappa Alpha through the Years, 1908-1988*(Chicago: Mobium, 1990).

40 다음 자료를 참고하라. Robert Cohen and Reginald E. Zelnik, eds., *The Free Speech Movement: Reflections on Berkeley in the 1960s*(Berkeley: University of California Press, 2002), p. 119. 그 밖에도 다음 자료를 참고하라. Irwin Unger and Debbi Unger, eds., *The Times They Were A'Changin: A Sixties Reader*(New York: Three Rivers, 1998).

41 마리오 사비오의 말은 다음 자료의 인용을 참고했다. Robert S. Cohen, *Freedom's Orator: Mario Savio and the Radical Legacy of the 1960s*(Oxford: Oxford University Press, 2009), p. 192.

42 다음 자료를 참고하라. Richard Flacks and Nelson Lichtenstein, *The Port Huron Statement: Sources and Legacies of the New Left's Founding Manifesto*(Philadelphia: University of Pennsylvania Press, 2015).

43 Horowtiz, *Campus Life*, p. 232.

44 Martha Biondi, *The Black Revolution on Campus*(Berkeley: University of California Press, 2012). 미국 중서부의 사례는 다음 자료를 참고하라. Joy Ann Williamson, *Black Power on Campus: The University of Illinois, 1965-1975*(Urbana: University of Illinois Press, 2003).

45 두 사건은 학생들이 피살당한 사건 중 가장 널리 알려졌지만, 1968년 사우스캐롤라이나 주립대학과 1969년 노스캐롤라이나 농업기술주립대학에서도 법 집행 기관의 조치로 학생이 사망하는 일이 있었다. 다음 자료를 참고하라. I. H. Rogers, *The Black Campus Movement: Black Students and the Racial Reconstitution of Higher Education, 1965-1972*(New York: Palgrave Macmillan, 2012).

5 | 쉬지 않고 배우며 스스로 생각하라

1 Helen Lefkowitz Horowitz, *Campus Life: Undergraduate Cultures from the End of the 18th Century to the Present*(New York: Knopf, 1987), chap. 11.

2 대학 진학률은 고등학교 졸업생의 절반 가까이가 대학에 진학할 만큼 높아졌으며, 특히 여성의 대학 진학률이 크게 올라갔다. 다음 자료를 참고하라. *National*

Center for Education Statistics, https://nces.ed.gov/programs/digest/d07/tables/dt07_191.asp.

3 훈련과 얽히고설킨 관계에 대해서는 다음 자료를 참고하라. Kari Weil, *Thinking Animals: Why Animal Studies Now?* (New York: Columbia University Press, 2012), pp. 58-59, pp. 147-49.

4 Horace Mann, "Mr. Mann's Seventh Annual Report: Education in Europe," *Common School Journal* 6(1844): p. 72.

5 Mark Seidenberg, *Language at the Speed of Sight: How We Read, Why So Many Can't and What We Can Do about It* (New York: Basic Books, 2018), p. 90, p. 113.

6 다음 자료들을 참고하라. John McWhorter, "We Know How to Teach Kids to Read," *New York Times*, September 3, 2021; Mark Seidenberg, *Language at the Speed of Sight*.

7 Elizabeth Green, "Building a Better Teacher," *New York Times Magazine*, March 7, 2010, https://www.nytimes.com/2010/03/07/magazine/07Teacherst.html. 같은 저자가 쓴 다음 자료도 함께 참고하라. *Building a Better Teacher: How Teaching Works (and How to Teach It to Everyone)* (New York: Norton, 2014), pp. 8-11, pp. 94-97.

8 José Antonio Bowen, *Thinking Change: How to Develop Independent Thinkers Using Relationships, Resilience and Reflection* (Baltimore, MD: Johns Hopkins University Press, 2021).

9 Horowitz, *Campus Life*, p. 250.

10 Allan Bloom, *The Closing of the American Mind: How Higher Education Has Failed Democracy and Impoverished the Souls of Today's Students* (New York: Simon and Schuster, 1987), p. 51.

11 다음 자료를 참고하라. Martha Nussbaum, "Undemocratic Vistas," *New York Review of Books*, November 5, 1987.

12 Allan Bloom, "Our Listless Universities," *National Review*, December 10, 1982, reposted at https://www.nationalreview.com/2006/09/our-listless-universities-williumrex/. 다음 자료도 함께 참고하라. Bloom, *The Closing of the American Mind*.

13 메넌드의 말은 다음 자료의 인용을 참고했다. Andrew Ferguson, "The Book That Drove Them Crazy," *Weekly Standard*, April 9, 2012. 이 에세이는 『미국 정신의 종말』 25주년 기념판의 후기로도 다시 쓰였으며, 다음 출처에서 읽을 수 있다. https://www.washingtonexaminer.com/weekly-standard/the-book-that-drovethem-crazy.

14 Roger Kimball, *The Long March: How the Cultural Revolution of the 1960s*

Changed America(New York: Encounter Books, 2001), p. 5.

15 Roger Kimball, "Tenured Radicals: A Postscript," *New Criterion*, January 1991, https://newcriterion.com/issues/1991/1/aoetenured-radicalsa-a-postscript.

16 이는 호로비츠의 저서『캠퍼스 라이프Campus Life』의 핵심 주제 중 하나로, 특히 제11장에서 자세히 다룬다.

17 Kimball, "Tenured Radicals."

18 대학들이 필독서로 지정하는 책들은 놀라울 정도로 비슷하다. 필독서 목록에는 가끔 새로 추가되는 책도 있지만, 대부분 소포클레스, 플라톤, 아리스토텔레스의 저서가 들어간다. 마틴 루터 킹의『버밍엄 감옥에서 온 편지』도 전국의 많은 대학에서 필독서로 지정했다. 컬럼비아 대학의 필수 커리큘럼은 플라톤과 아리스토텔레스에서 시작해 마지막 몇 주 동안 현대 작가를 다룬다. 하지만 39주가 넘는 커리큘럼에 포함된 여성 작가는 소수에 불과하다.

19 William Deresiewicz, "Don't Send Your Kids to the Ivy League," *New Republic*, July 21, 2014; and Deresiewicz, *Excellent Sheep: The Miseducation of the American Elite and the Way to a Meaningful Life*(New York: Free Press, 2015). 블룸과 데레저위츠에 관해서는 다음 자료를 참고하라. Chad Wellmon and Paul Reitter, "Melancholy Mandarins: Bloom, Weber and Moral Education," *Hedgehog Review* 19, no. 3(Fall 2018), https://chadwellmon.com/2018/02/24/melancholy-mandarins-bloom-weberand-moral-education. 데레저위츠는 정치적 올바름을 다룬 글을 쓰면서 점차 블룸과 비슷한 주장을 펼치고 있다. 다음 자료를 참고하라. "We Aren't Raising Adults. We Are Breeding Very Excellent Sheep," *Common Sense*, May 2022, https://www.commonsense.news/p/we-arentraising-adults-we-are-breeding?s=r.

20 애리조나 주립대학의 총장 마이클 크로는 이러한 논리에 주의를 환기하고 대안을 제시하고자 노력해온 대표적인 고등교육계의 지도자다. 그가 윌리엄 B. 다바스 교수와 함께 쓴 다음 저서를 참고하라. *Designing the New American University*(Baltimore, MD: Johns Hopkins University Press, 2015).

21 Anthony Abraham Jack, *The Privileged Poor: How Elite Colleges Are Failing Disadvantaged Students*(Cambridge, MA: Harvard University Press, 2019), p. 23.

22 다음 자료들을 참고하라. Tina Wildhagen, "'Not Your Typical Student': The Social Construction of the 'First-Generation' College Student," *Qualitative Sociology* 38(2015): pp. 285-303; Rachel Gable, *The Hidden Curriculum: First Generation Students at Legacy Universities*(Princeton, NJ: Princeton University Press, 2021).

23 Higher Education Act, *U. S. Department of Education*, https://www2.

ed.gov/about/offices/list/ope/trio/triohea.pdf. 다음 자료도 함께 참고하라. Rochelle Sharpe, "Are You First Gen? Depends on Who's Asking," *New York Times*, November 3, 2017, https://www.nytimes.com/2017/11/03/education/edlife/first-generationcollege-admissions.html?_r=0.

24 Robert K. Toutkoushian, Robert A. Stollberg, and Kelly A. Slaton, "Talking 'bout My Generation: Defining 'First-Generation College Students' in Higher Education Research," *Teachers College Record* 120, no. 4(2018): pp. 1-38, https://www.tcrecord.org, ID Number: 22042. 다음은 이 논문의 컨퍼런스 발표문에서 발췌한 내용이다. '1세대 대학생에 초점을 맞춘 정책은 이 학생들이 평균적으로 교육적 성취를 제약하는 특별한 어려움에 직면해 있다는 믿음을 바탕으로 한다.' https://www.insidehighered.com/sites/default/server_files/files/Talking%20Bout%20My%20Generation%20Fall%202015%20ASHE.pdf.

25 경제학자 라지 체티Raj Chetty의 계층 이동성 점수표를 참고하라. 이 표는 하버드 대학의 연구 기관 오퍼튜니티 인사이트Opportunity Insights에서 수집한 자료를 바탕으로 만든 것이다. https://opportunityinsights.org/education/.

26 Michael Sandel, *The Tyranny of Merit: What's Become of the Common Good?*(New York: Farrar, Straus and Giroux, 2020), p. 177.

27 Ibid., p. 60.

28 Richard Reeves, *Dream Hoarders: How the American Upper Middle Class Is Leaving Everyone Else in the Dust, Why That Is a Problem, and What to Do about It*(Washington, DC: Brookings Institute Press, 2017), p. 11, p. 700.

29 Terry Heick, "The Difference between Learners and Students," *Edutopia*, 2013, https://www.edutopia.org/blog/difference-between-learners-andstudents-terry-heick.

30 Saga Briggs, "The Difference between Skilled Learners and Good Students," at *informED*, April 19, 2015, https://www.opencolleges.edu.au/informed/features/the-difference-between-skilled-learners-and-good-students/.

31 Patricia A. Alexander, "A+ Students/C- Learners: Education's Report Card," *Psychology Today*, February 24, 2015, https://www.psychologytoday.com/us/blog/psyched/201502/studentsc-learners-education-s-report-card.

32 Kathleen McClaskey, "Learner vs Student: Who Do You Want in Your Classroom?" *Make Learning Personal*, September 30, 2018, https://kathleenmcclaskey.com/2018/09/30/learner-vs-student/.

33 다음 자료를 참고하라. "Active Learning Increases Student Performance in

Science, Engineering, and Mathematics," *PNAS*, June 10, 2014, pp. 8410-15. 다음 자료도 함께 참고하라. Cathy N. Davidson and Christina Katopodis, *The New College Classroom*(Cambridge, MA: Harvard University Press, 2022), pp. 29-38.

34   Beth McMurite, "Why the Science of Teaching Is Often Ignored," *Chronicle of Higher Education*, January 2022, https://www.chronicle.com/article/why-thescience-of-teaching-is-often-ignored.

35   코텀의 활동은 다음 자료의 설명을 참고했다. Cathy Davidson, *The New Education: How to Revolutionize the University to Prepare for a World in Flux*(New York: Basic Books, 2017), p. 130. 다음 자료도 함께 참고하라. Tressie McMillan Cottom, *Lower Ed: The Troubling Rise of For-Profit Colleges in the New Economy*(New York: New Press, 2017).

36   Anthony Kronman, *The Assault on American Excellence*(New York: Free Press, 2019).

37   Roosevelt Montás, *Rescuing Socrates: How the Great Books Changed My Life and What They Can Do for a New Generation*(Princeton, NJ: Princeton University Press, 2021), p. 3, p. 12, p. 217. 다음 자료도 함께 참고하라. Gayle Greene, *Immeasurable Outcomes: Teaching Shakespeare in the Age of the Algorithm*(Baltimore, MD: Johns Hopkins University Press, 2023).

38   John Dewey, *Democracy and Education: An Introduction to the Philosophy of Education*(New York: Free Press, 1916). 프레이리에 관해서는 그의 저서를 참고하라. *Pedagogy of the Oppressed*(New York: Bloomsbury, 2014). 타고르에 관해서는 다음 자료를 참고하라. Amiya Chakravarty, ed., *A Tagore Reader*(Boston: Beacon, 1961). 타고르가 끼친 영향을 보여주는 예로는 다음 자료를 참고하라. Martha C. Nussbaum, "Education and Democratic Citizenship: Capabilities and Quality Education," *Journal of Human Development* 7, no. 3(2006): pp. 385-95, doi:10.1080/146498806 00815974. 누스바움이 쓴 다음 저서의 제4장도 함께 참고하라. *Not for Profit: Why Democracy Needs the Humanities*(Princeton, NJ: Princeton University Press, 2010).

39   '비판적 사고 재단'에 관해서는 공식 웹사이트를 참고하라. https://www.criticalthinking.org/.

40   '비판적 감정'이라는 용어는 다음 저서에서 빌려왔다. Rolf Reber, *Critical Feeling: How to Use Feelings Strategically*(Cambridge: Cambridge University Press, 2016). 이어지는 단락은 내가 쓴 다음의 글을 바탕으로 한다. "A Focus on Critical Feeling," *Inside Higher Ed*, March 18, 2021, https://www.insidehighered.com/views/2021/03/18/collegesshould-teach-critical-feeling-well-critical-thinking-opinion.

41 Mark Edmundson, "Teach What You Love," *American Scholar*, Autumn 2020, https://theamericanscholar.org/teach-what-you-love/.

42 다음 자료들을 참고하라. Paula Marantz Cohen, *Of Human Kindness: What Shakespeare Teaches Us about Empathy*(New Haven, CT: Yale University Press, 2021); Eddie S. Glaude Jr., *Begin Again: James Baldwin's America and Its Urgent Lessons for Our Own*(New York: Random House, 2020).

43 다음 자료들을 참고하라. Rita Felski, *The Limits of Critique*(Chicago: University of Chicago Press, 2015); Felski, *Critique and Post-Critique*, ed. Elizabeth S. Anker and Rita Felski(Durham, NC: Duke University Press, 2017); and Eboo Patel, *We Need to Build: Field Notes for Diverse Democracy*(Boston: Beacon, 2022).

44 다음 자료를 참고하라. Friedrich Nietzsche, *Schopenhauer as Educator*(1876), in *Untimely Meditations*, ed. Daniel Breazeale(Cambridge: Cambridge University Press, 1997). 니체가 1872년에 한 강연들을 담은 다음의 자료도 함께 참고하라. *Anti-Education: On the Future of Our Educational Institutions*(New York: NYRB, 2015), ed. Paul Reitter and Chad Wellmon. 존 발데사리의 교육학에 관해서는 다음 자료들을 참고하라. Jacquelyn Ardam, "On Not Teaching Art: Baldessari, Pedagogy and Conceptualism," *ASAP* 3, no. 1(2018): pp. 143-71; and Deborah Solomon, "John Baldessari: An Artist in a Class by Himself," *New York Times*, January 7, 2020, https://www.nytimes.com/2020/01/07/arts/design/john-baldessari-art.html.

45 William James, "On a Certain Blindness in Human Beings," in *The Writings of William James: A Comprehensive Edition*, ed. John J. McDermott(Chicago: University of Chicago Press, 1977), p. 634.

46 나는 다음 저서에서 실용적인 자유 교양 교육의 역사를 설명했다. *Beyond the University: Why Liberal Education Matters*(New Haven, CT: Yale University Press, 2014).

47 Martha C. Nussbaum, *Frontiers of Justice: Disability, Nationality, Species Membership*(Cambridge, MA: Harvard University Press, 2006).

48 Frank Bruni, *Where You Go Is Not Who You'll Be: An Antidote to the College Admissions Mania*(New York: Grand Central, 2015), 113. 다음 자료도 함께 참고하라. Jeffrey Selingo, *Who Gets In and Why: A Year Inside College Admissions*(New York: Scribner, 2020).

| 찾아보기 |

1세대 학생(first-generation students) 206~7, 249n24
FGLI 학생(First-Generation Low-Income students) 206~8

| ㄱ |

가톨릭(Catholics) 93, 113, 118, 167
개신교(Protestants) 92~3, 113~5, 158
개인주의(individualism) 76, 173
게이츠, 헨리 루이스(Gates, Henry Louis) 101
게임화(gamification) 214
결투(dueling) 133~4
경건함(piety) 54~5
계몽(Enlightenment) 19, 109~38
　과정(process) 125, 126, 218, 229
　과학(science) 110, 111, 128, 129
　대학(universities) 125~43
　인종차별(racism) 101
　자유(freedom) 16, 110~1
　칸트의 정의(Kant's definition) 19, 119, 126, 128, 192~3
　학문의 자유(academic freedom) 127~9, 131~2, 134~9
계환자(季桓子) 33

고등교육법(Higher Education Act) 206~11
공공선(common good) 115
공자(孔子) 17~8, 25, 30, 31~42, 65, 69, 229
과신(overconfidence) 55~6
과학(science) 110, 111, 127~9
관용(tolerance) 194
괴롭힘(hazing) 98, 167
구덩이 학교(pit schools) 105~6
구원(redemption) 67
규범(virtues) 124
　도덕(moral) 74, 78, 88
　소크라테스(Socrates) 25
　예수(Jesus) 25, 65, 66~7
　유교(Confucianism) 25, 33, 35, 39~40
그린, 엘리자베스(Green, Elizabeth) 189~90
기븐스, 자비스 R.(Givens, Jarvis R.) 239n42
기업화(corporatization) 172
기하학(geometry) 98
기회 사재기(opportunity hoarding) 210

| ㄴ |

나이트, 루이스(Knight, Louise) 157~8

나폴레옹 보나파르트(Napoleon
   Bonaparte) 127
남녀공학 대학들(co-educational
   colleges and universities) 164
노스캐롤라이나 농업기술주립대학
   (North Carolina Agricultural
   and Technical State University)
   246n45
노예제(slavery) 71, 100~7
『논어(論語)』 34, 35, 36, 39
누스바움, 마사(Nussbaum, Martha) 226
뉴욕 시립대학(City University of New
   York) 172, 216
능동적 학습(active learning) 24, 212~9
능력주의(meritocracy) 200~1, 205~11
니체, 프리드리히(Nietzsche, Friedrich)
   222
닉슨, 리처드(Nixon, Richard) 182

| ㄷ |

다문화주의(multiculturalism) 196~7
달랑베르, 장 르 롱(d'Alembert, Jean le
   Rond) 116, 118
대학(universities)
  계몽(Enlightenment) 125~43
  수도원과 성당학교에서의 진화(evolution
   from monasteries and cathedral schools)
   96
  초기(early) 96~9
더글러스, 프레더릭(Douglass,
   Frederick) 105, 106~7
덕(德, 유교) 34~5, '규범' 참조
데레저위츠, 윌리엄(Deresiewicz,
   William) 199~200
데이비스, 제퍼슨(Davis, Jefferson) 149
데이비슨, 캐시(Davidson, Cathy) 216
데카르트, 르네(Descartes, René) 118

델반코, 앤드류(Delbanco, Andrew) 165
도(道, 유교) 35
도덕규범(moral virtues) 74, 78, 88
도제 제도(apprenticeships) 25, 71~89
  계약(contracts) 77~8
  도덕규범(moral virtues) 74, 78, 88
  독립(independence) 71~7, 79, 81, 82, 88~9
  실패(failure) 83~9
  아동기(childhood) 72~3
  위계(hierarchies) 78~9, 89
  자유(freedom) 82
  장인적 문해력(artisanal literacy) 80
독립(independence)
  개인주의(individualism) 76
  경제적(economic) 70, 81, 94, 100, 106,
   154, 156
  도제 제도(apprenticeships) 71~7, 80,
   81~2, 87~8, 100
  언어 사용(language use) 186
  여성(women) 122~3
  자유(freedom) 18, 21
  종교 교육(religious education) 93~4
  주체성(agency) 100
  훔볼트식 대학(Humboldtian universities) 129
  '자유' 참조
독일(Germany)
  계몽(Enlightenment) 127, 129
  대학 문화(university culture) 125~31
  듀보이스(Du Bois) 147, 151~2, 153,
   244n9
  학문의 자유(academic freedom) 127~9,
   131~2, 134~9
뒤코묑, M.(Ducommun, M.) 84~5
듀보이스, W. E. B.(Du Bois, W. E. B.) 20,
   144~54, 244n9
듀이, 존(Dewey, John) 187, 218~9
디드로, 드니(Diderot, Denis) 116, 117~8

찾아보기 253

|ㄹ|

라슬렛, 피터(Laslett, Peter) 236n1
라틴어(Latin language) 84, 89~91, 96~8, 111~2
레버, 롤프(Reber, Rolf) 250n40
로크, 존(Locke, John) 112~3, 115, 197
　『교육론(Treatise on Education)』 95
록포드 여자 신학교(Rockford Seminary for Women) 157~8
롤랭, 샤를(Rollin, Charles) 113~5, 137
　『교육론(Traité des études)』 114
루돌프, 프레더릭(Rudolph, Frederick) 163
루소, 장 자크(Rousseau, Jean-Jacques) 83~5, 88, 119~24, 165, 209, 221
루이스, 데이비드 레버링(Lewis, David Levering) 146, 149, 152
루터, 마르틴(Luther, Martin) 92
르네상스(Renaissance) 90~2
리브스, 리처드(Reeves, Richard) 210~1

|ㅁ|

마르쿠제, 헤르베르트(Marcuse, Herbert) 173
마르크스주의(Marxism) 196
마운트 홀리요크 칼리지(Mount Holyoke College) 161
마태(Matthew, 성경) 63, 64~6
만, 호레이스(Mann, Horace) 186~7
매컬리스터, 데이비드 P.(McAllester, David P.) 173
맥워터, 존(McWhorter, John) 188~9
맥클라스키, 캐슬린(McClaskey, Kathleen) 213
머신러닝(machine learning) 24
메넌드, 루이스(Menand, Louis) 194
모리슨, 토니(Morrison, Toni) 221

모릴법(Morrill Act, 1890년) 147
모슬리, 엘리너(Mosley, Eleanor) 82
몬타스, 로오세벨트(Montás, Roosevelt) 217
　『소크라테스 구하기(Rescuing Socrates)』 217
문법(grammar) 98
문해력(literacy) 89~93, 102~5, 186~9
미시간 대학(University of Michigan) 164
민권운동(civil rights movement) 176, 179~80
민주사회학생회(Students for a Democratic Society, SDS) 177~8
밀턴, 존(Milton, John), 『실낙원(Paradise Lost)』 114

|ㅂ|

바리새파(Pharisees) 64~5
바울(Paul, 성경) 63, 67~8
「바이 바이 버디(Bye Bye Birdie)」(뮤지컬) 16
바킨, 케네스(Barkin, Kenneth) 244n9
발데사리, 존(Baldessari, John) 222
『백과전서(Encyclopédie)』(디드로와 달랑베르) 116~8
버지니아 대학(University of Virginia) 138~9, 163
베드로(Peter, 성경) 63~4
베르길리우스(Virgil), 「아이네이스(Aeneid)」 91
베를린 대학(University of Berlin) 130, 150~2
베트남 전쟁(Vietnam War) 21, 176, 180, 181, 182
볼드윈, 제임스(Baldwin, James) 221
브라운, 노먼 O.(Brown, Norman O.) 173
블랙 파워 운동(Black Power movement) 180

블룸, 앨런(Bloom, Allan) 192~6, 198, 199
『미국 정신의 종말(The Closing of the American Mind)』 194, 195
비밀 모임(secret societies) 167
비스마르크, 오토 폰(Bismarck, Otto von) 147
비판적 감정(critical feeling) 220~2, 250n40
비판적 인종 이론(critical race theory) 22~3
빌둥(Bildung) 129, 140

| ㅅ |

사비오, 마리오(Savio, Mario) 176~7
사우스캐롤라이나 주립대학(South Carolina State University) 246n45
사학(quadrivium, 교양 교육) 98
산상수훈(Sermon on the Mount) 65~6
산수(arithmetic) 98, '수학' 참조
산업혁명(Industrial Revolution) 82
산타야나, 조지(Santayana, George) 149
살라스, 찰스(Salas, Charles) 114, 115
삼학(trivium, 교양 교육) 98
샌델, 마이클(Sandel, Michael) 208~9, 210
샌프란시스코 주립대학(San Francisco State College) 180~1
성리학(Neo-Confucianism) 31
세례자 요한(John the Baptist) 63
세이덴버그, 마크(Seidenberg, Mark) 188
셰익스피어, 윌리엄(Shakespeare, William) 221
소로리티(sororities) 168~9, 172~5
소크라테스(Socrates) 17~8, 25, 42~61, 69, 219, 220~1, 229
소포클레스(Sophocles) 248n18
소프트 스킬(soft skills) 168
소피스트(Sophists) 52~3

쇼르스케, 칼(Schorske, Carl) 173
수사학(rhetoric) 98
수평적 학습(lateral learning) 165
수학(mathematics) 110, 111, 189~90
슈피겔만, 아트(Spiegelman, Art), 『쥐(Maus)』 23
슐라이어마허, 프리드리히(Schleiermacher, Friedrich) 241n19
스미스 칼리지(Smith College) 157~60, 173~4, 244n17
스미스, C. S.(Smith, C. S.) 147~8
스미스, 소피아(Smith, Sophia) 158
스미스, 파멜라 H.(Smith, Pamela H.) 80
스탠퍼드 대학(Stanford University) 201
스토아주의(Stoicism) 122
스톤, 로렌스(Stone, Lawrence) 236n1
스트라우스, 레오(Strauss, Leo) 195
슬레이터 기금(Slater Fund) 150~1, 152~3
습관(habit) 112
시민 불복종(civil disobedience) 177
시카고 대학(University of Chicago) 201
신자유주의(neoliberalism) 200

| ㅇ |

아동기(childhood) 72~3, 119~20
아리스토텔레스(Aristotle) 248n18
아리에스, 필리프(Ariès, Philippe) 72~3, 236n1
아메리카 원주민계 학생(Native American students) 181
아벨라르, 피에르(Abelard, Peter) 96
아시아계 미국인 학생(Asian American students) 180~1
아테네(Athens, 그리스) 43, 52, 53~4
아프리카계 미국인(African Americans) '흑인 학생' 참조

찾아보기 255

안셀무스(Anselm) 75
안회(顏回) 36, 40~2
알키비아데스(Alcibiades) 54
알파 카파 알파(Alpha Kappa Alpha, AKA, 소로리티) 174~5
애덤스, 제인(Addams, Jane) 157~8, 161
애머스트 칼리지(Amherst College) 159
얀센주의(Jansenism) 113~4
에드먼슨, 마크(Edmundson, Mark) 221
에릭슨, 에이미 루이스(Erickson, Amy Louis) 82~3
에머슨, 랠프 월도(Emerson, Ralph Waldo) 20, 139~43, 226
에우튀프론(Euthyphro) 54~6
에우프락시아(Eupraxia, 좋은 삶) 47
엘리트 학교(elite schools) 21, 161, 200~3
여학생(women students)
  대학 진학률 상승(demographic rise) 20~1, 173~4, 246n2
  대학(colleges) 157~62
  독립(independence) 122~3
  사회 진출의 어려움(career obstacles) 174
  소로리티(sororities) 168~9
  터스키기 기술학교(Tuskegee Institute) 155~6
역사적 연속성(historical continuity) 32
연구 대학(research universities) 127~32
예(禮, 유교) 34
예수(Jesus) 17~8, 25, 61~9, 229
오비디우스(Ovid), 『변신 이야기(Metamorphoses)』 91
오스틴, 제인(Austen, Jane) 221
오컴, 샘슨(Occom, Samson) 104
올드, 소피아(Auld, Sophia) 105
우대 정책(affirmative action) 202, 203
우생학 운동(eugenics movement) 160
우화(fables) 74

울스턴크래프트, 메리(Wollstonecraft, Mary) 121~4
  『여성의 권리 옹호(A Vindication of the Rights of Woman)』 122
워싱턴, 마거릿 머레이(Washington, Margaret Murray) 155
워싱턴, 부커 T.(Washington, Booker T.) 150, 154~5
원격 학습(remote learning) 26
웨슬리, 존(Wesley, John) 93, 238n31
웨슬리언 대학(Wesleyan University) 170, 173, 206, 208
위계(hierarchies)
  노예제(slavery) 101
  능력주의(meritocracy) 200~1
  도제 제도(apprenticeships) 70, 79, 89
  아동기에 배움(childhood learning) 70, 76
  정치 운동(political movements) 178~9
  프래터니티(fraternities) 167~8
윈슬로, 리처드(Winslow, Richard) 173
유다(Judas, 성경) 63, 66~7
유대교(Judaism) 61~2
유대인 학생(Jewish students) 167, 170
유서 깊은 흑인 대학들(Historically Black Colleges and Universities, HBCUs) 147
유세비아(Eusebia) 53~4, 59
육예(六藝, 유교) 31, 34~5
음악(music) 98
이기심(self-interest) 115, 116
이민자 학생(immigrant students) 169
인(仁, 자애/인정/선함) 35
인공지능(artificial intelligence) 24
인본주의(humanism) 95, 129
인종 분리 철폐(desegregation) 175, 180
인종차별(racism) 20, 22~3, 101, 145, 149, 153

입학 선발(admissions selectivity) 202~4

| ㅈ |
자공(子貢) 36~7
자급자족(self-sufficiency) 76
자기 결정(self-determination) 129~30
자기 수양(self-cultivation) 31, 35, 39, 41, 142
자기 인식(self-awareness) 17, 70
자로(子路) 36, 38~9
자문(self-questioning) 56
자유 교양 교육(liberal arts education) 98, 146
자유 발언 운동(Free Speech Movement) 176
자유(freedom)
  계몽(Enlightenment) 16, 111
  노예제(slavery) 100~7
  능동적 학습(active learning) 24
  도제 제도(apprenticeships) 83, 224
  독립(independence) 18, 21
  문해력(literacy) 188~9
  배움(learning) 205~8, 218~9
  순응 거부(rejection of conformity) 20, 21
  자율성(autonomy) 124, 162
  정치적 행동주의(political activism) 177~80
  학문(academic) 127~9, 131~2, 134~9, 141
  '독립' 참조
자율성(autonomy) 123, 124, 125, 163~4, 184~5
자제력(self-control) 47, 48, 95
장인적 문해력(artisanal literacy) 80
재정 지원(financial aid) 170, 202, 205~6
잭, 앤서니 에이브러햄(Jack, Anthony Abraham) 205~6
잭슨 주립대학(Jackson State University) 181, 183

저소득층 학생(low-income students) 205~11
정의(justice) 53
정치적 행동주의(political activism) 23, 175~82, 198~9
제이콥스 자유학교(Jacobs Free School, 버지니아 주) 106
제이콥스, 해리엇(Jacobs, Harriet), 『린다 브렌트 이야기 : 어느 흑인 노예 소녀의 자서전(Incidents in the Life of a Slave Girl)』 106
제임스, 윌리엄(James, William) 148~9, 223
제자 신분(discipleship, 신봉자) 17, 25, 40, 61~9, 179, 204, 229
제퍼슨, 토머스(Jefferson, Thomas) 138~9, 162~3
조화(harmony) 32, 35
존스홉킨스 대학(Johns Hopkins University) 201
종교 교육(religious education) 92~5, 113~4
주체성(agency) 100, 185
준학사 신속 이수 프로그램(Accelerated Study in Associate Programs, ASAP) 216
직업학교(vocational schools) 126, 154, 192
질문(questions)
  소크라테스식(Socratic) 45~6, 51, 59
  자문(self-questioning) 56
집단 형성(cohort building) 215~6

| ㅊ |
책임감(accountability) 136
천문학(astronomy) 91, 98
철학(philosophy) 58~60, 118

찾아보기 257

충성심(loyalty) 38, 39, 54~5, 168, 172

|ㅋ|
칸트, 이마누엘(Kant, Immanuel)
   계몽의 정의(definition of enlightenment) 19, 119, 126, 128, 192~3
   「계몽이란 무엇인가에 대한 답변(What Is Enlightenment?)」 109, 112, 130, 135, 137
   고전 교육(classical education) 111~2
   과정으로서의 계몽(enlightenment as process) 126, 218, 229
   독일 대학에 끼친 영향(influence on German universities) 127
   듀보이스에게 끼친 영향(influence on Du Bois) 149
   루소에게서 받은 영향(Rousseau's influence) 121
   묻고 추론할 자유(freedom to question and reason) 110~1, 126
   지식의 보급(dissemination of knowledge) 116
칼뱅, 장(Calvin, Jean) 92~3
캘리포니아 대학 로스앤젤레스 캠퍼스(University of California at Los Angeles) 23
캘리포니아 대학 버클리 캠퍼스(University of California at Berkeley) 176~7
커뮤니티 칼리지(community colleges) 225
컬럼비아 대학(Columbia University) 217, 248n18
케이지, 존(Cage, John) 173
켄트 주립대학(Kent State University) 181, 183
코로나19 팬데믹(COVID-19 pandemic) 26

코텀, 트레시 맥밀런(Cottom, Tressie McMillan) 215~6
쿠데르, 앨리슨 P.(Coudert, Allison P.) 238n31
크로, 마이클(Crow, Michael) 248n20
크론먼, 앤서니(Kronman, Anthony) 216~7
크세노폰(Xenophon) 44~8, 57, 58
   『소크라테스 회상록(Memorabilia)』 45, 48
클럭메이커스 컴퍼니(Clockmakers Company) 82
키케로(Cicero), 『노년에 관하여(Cato Major)』 88
킴볼, 로저(Kimball, Roger) 195~6, 197
킹, 마틴 루터(King, Martin Luther), 『버밍엄 감옥에서 온 편지(Letter from a Birmingham Jail)』 248n18

|ㅌ|
타고르, 라빈드라나트(Tagore, Rabindranath) 219
타일러, 조지(Tyler, George) 82
터스키기 기술학교(Tuskegee Institute) 150, 154
테오도테(Theodote) 48~9, 50
토마스, 키스(Thomas, Keith) 236n13
투표권(voting rights) 180
트라시마코스(Thrasymachus) 52~3, 220
틱너, 조지(Ticknor, George) 131~2

|ㅍ|
파농, 프란츠(Fanon, Frantz) 197
파이게 드 빌뇌브, 조아킴(Faiguet de Villeneuve, Joachim) 116~7
팔복(八福) 65~6
퍼거슨, 앤드류(Ferguson, Andrew), 「그들을 열광에 빠뜨린 책(The Book

That Drove Them Crazy)」 247n13
펠그랜트(Pell Grants) 207
펠로폰네소스 전쟁(Peloponnesian War) 43, 54
포트 휴런 선언(Port Huron Statement, 민주사회학생회) 177~8
표준화된 시험(standardized tests) 203~4
풀러, 벅민스터(Fuller, Buckminster) 173
프랑스(France)
   노예제 금지(slavery abolished) 100
   대학(universities) 113, 127, 128~9
   자유 교양 교육(liberal arts education) 98
   중앙 집중화된 교육과정(centralized curriculum) 127
프래터니티(fraternities) 21, 167~9, 170~4, 245n31
프랭클린, 벤저민(Franklin, Benjamin) 83, 86~9, 238n26
프랭클린, 제임스(Franklin, James) 86~7
프레이리, 파울루(Freire, Paulo) 218~9
프로젝트 기반 학습(Project-Based Learning, PBL) 214~5, 218
프리단, 베티(Friedan, Betty), 『여성성의 신화(The Feminine Mystique)』 173~4
프린스턴 대학(Princeton University) 132, 163~4
플라톤(Plato) 43, 45, 50~3, 235n28, 248n18
   『국가(Republic)』 53, 56~7, 220~1
   『소크라테스의 변론(Apology)』 52, 58~9
   『에우튀프론(Euthyphro)』 54~6
피스크 대학(Fisk University) 145, 146~8, 154
피터스, 필리스 휘틀리(Peters, Phillis Wheatley) 102~4, 239n38

| ㅎ |

하버드 대학(Harvard University) 148~50, 156, 207~8
하우, 어빙(Howe, Irving) 172
하워드 대학(Howard University) 174
하트, 제임스 모건(Hart, James Morgan) 132~8, 139, 141~2, 144, 242n30
학문의 자유(academic freedom) 127~9, 131~2, 134~9, 141
해너월트, 바버라(Hanawalt, Barbara) 73, 76, 79
허무주의(nihilism) 195
헤벨, 마이클(Hevel, Michael) 164, 168
헤이스, 러더퍼드 B.(Hayes, Rutherford B.) 150~1
현재주의(presentism) 72, 197
협력(collaboration) 166, 214, 218
호로비츠, 헬렌(Horowitz, Helen) 161, 191, 197, 244n17
호혜(reciprocity) 37
홀, G. 스탠리(Hall, G. Stanley) 187
훔볼트, 빌헬름 폰(Humboldt, Wilhelm von) 126~31, 140, 241n19
   「베를린 고등 과학 기관의 내부 및 외부 조직에 관하여(On the Internal and External Organization of the Higher Scientific Institutions in Berlin)」 126
흄, 데이비드(Hume, David) 101
흑인 학생(black students)
   대학 생활(college and university experiences) 21
   사회 진출의 어려움(career obstacles) 174
   소로리티(sororities) 174~5
   정치적 행동주의(political activism) 180~1
   프래터니티(fraternities) 167, 245n31

더 스튜던트

초판 1쇄 인쇄 | 2025년 11월 3일
초판 1쇄 발행 | 2025년 11월 13일

지은이 | 마이클 S. 로스
옮긴이 | 윤종은
펴낸이 | 박남숙

펴낸곳 | 소소의책
출판등록 | 2017년 5월 10일 제2017-000117호
주소 | 03961 서울특별시 마포구 방울내로9길 24 301호(망원동)
전화 | 02-324-7488
팩스 | 02-324-7489
이메일 | sosopub@sosokorea.com

ISBN 979-11-7165-030-9 03370
책값은 뒤표지에 있습니다.

• 이 책 내용의 일부 또는 전부를 재사용하려면 반드시 (주)소소의 동의를 얻어야 합니다.
• 잘못 만들어진 책은 구입하신 서점에서 교환해드립니다.